북한의 역사 1

**북한의 역사 1** —— 건국과 인민민주주의의 경험 1945~1960

**초판 1쇄 발행** 2011년 10월 17일
**초판 6쇄 발행** 2022년 5월 9일

**지은이** 김성보
**기획** 역사문제연구소
**펴낸이** 정순구
**책임편집** 정윤경
**기획편집** 조수정 조원식
**마케팅** 황주영

**출력** 블루엔
**용지** 한서지업사
**인쇄** 한영문화사
**제본** 한영제책사

**펴낸곳** (주) 역사비평사
**등록** 제300-2007-139호 (2007. 9. 20)
**주소** 10497 경기도 고양시 덕양구 화중로 100, 506호(화정동 비젼타워21)
**전화** 02-741-6123~5
**팩스** 02-741-6126
**홈페이지** www.yukbi.com
**이메일** yukbi88@naver.com

ⓒ 김성보, 역사문제연구소 2011

ISBN 978-89-7696-325-3　04910
　　　 978-89-7696-320-8 (세트)

책값은 표지 뒷면에 표시되어 있습니다.
잘못 만들어진 책은 구입하신 서점에서 바꾸어 드립니다.

# 북한의 역사 1

— 건국과 인민민주주의의 경험 1945~1960

김성보 지음 | 역사문제연구소 기획

20世紀
韓國史
SERIES

역사비평사

■ 발간사

## '20세기 한국사'를 펴내며

'20세기 한국사' 시리즈는 지난 한 세기 동안 한국 사회가 겪었던 다양한 경험을 독자들에게 정확하게 전달하는 데 일차적인 목적을 둔 역사 교양서이다. 이 시리즈는 식민지, 해방과 분단, 전쟁, 독재와 경제성장, 민주화로 요약되는 20세기 한국사의 큰 흐름을 시기별, 주제별로 나누어 해당 분야에서 탁월한 연구성과를 남긴 전문 연구자들이 집필했다. 시리즈 각권은 필자 자신의 관점을 내세우기보다는 학계의 연구성과를 바탕으로 역사적 사실을 대중의 눈높이에 맞춰 서술하는 데 중점을 두었다. 역사적 사실을 객관적이고 공정하게 기술하여 가장 믿을 만한 역사책을 만들기 위해 노력했고, 역사적 사실을 해석하고 평가하는 일은 독자의 몫으로 남겨두었다. 이 시리즈가 왜곡된 역사적 사실을 바로잡아 있는 그대로 전달함으로써 독자 스스로 20세기 한국사를 해석하고, 이를 통해 건강한 역사의식을 가진 시민사회를 만들어가는 데 조금이나마 이바지하기를 기대한다.

역사문제연구소가 역사 교양서 '20세기 한국사' 시리즈를 발간할 수 있었던 것은 전적으로 김남홍 선생의 후원 덕분이다. 본인이 원치 않아 아쉽게도 선생에 대한 소개를 할 수 없지만, "우리 후손들에게 과거의 역사가 사실대로 알려지기를 바라는 나의 평소 소망을 담은 책"을 써달라는 선생의 간곡한 부탁만은 발간사를 빌려 밝혀둔다. 이 시리즈 발간을 통해 선생의 뜻 깊은 소망이 이루어지길 기원한다.

더불어 시리즈 발간 작업을 총괄해온 역사문제연구소 연구원 문영주, 배경식, 은정태 선생과 시리즈 간행을 흔쾌히 허락해주신 역사비평사 김백일 사장께도 깊은 사의를 표한다. 끝으로 '20세기 한국사' 시리즈 출간에 애써주셨던 고 방기중 소장께 고마움과 그리운 마음을 전한다.

역사문제연구소 소장
정태헌

■ 책머리에

# 인민민주주의 단계의 북한 역사에 주목하는 이유

| 1 |

불과 10여 년 전만 해도 남한에서 북한을 바라보는 시각은 극에서 극을 달렸다. 한편에는 북한 정권은 소련이 내세운 가짜 김일성에 의해 세워진 위성국가이며, 오늘날도 그 정권이 유지되는 것은 오직 김일성과 김정일의 독재 때문이라는 시각이 있었다. 그런가 하면 다른 한편에서는 북한은 미국에 종속된 남한과 달리 자주적이며 인민이 주인이 되는 사회주의 낙원, 주체의 국가라고 생각했다.

북한의 건국 과정을 알 수 있는 많은 자료가 공개되고 오늘날의 실상이 점차 알려지면서, 이제 그런 극단적인 사고를 하는 사람들은 소수가 되었다. '가짜 김일성론'을 주장하는 학자는 더 이상 찾아보기 힘들며, 북한이 사회주의 낙원이라고 외치는 목소리도 사그라들었다. 그렇지만 우리는 아직도 북에 대해 아는 바가 너무나 적다. 도대체 북한이라는 나라를 어떻게 이해해야 할지 참으로 난감한 경우가 많다. 비록 같은 민족이라 해도,

폐쇄적이며 체제와 이념이 전혀 다른 나라를 밖에서 제대로 이해하는 것은 결코 쉬운 일이 아니다. 서독의 경우 수십 년간 동독과 활발히 교류하고 내재적 접근법을 비롯한 다양한 연구 방법으로 동독을 알기 위해 노력했지만, 막상 1989년 11월에 베를린 장벽이 붕괴되기 직전까지도 서독인들은 동독의 실상을 알지 못했다. 서독은 동독이 그토록 빨리 와해되리라고는 전혀 상상조차 못하고 있었다.

장기지속적인 상호접근의 노력으로도 상대방을 알기 어렵다면, 과연 우리는 어떻게 해야 북한을 이해할 수 있는가? 오늘날 많은 뛰어난 북한 전문가들이 활동하고 있는 것은 사실이지만, 남의 북에 대한 지식의 총량은 여전히 빈약하기 이를 데 없고, 얄팍한 정보에 입각해 정책이 세워지고 여론이 조성되는 일을 목도하곤 한다. 무지가 무지를 낳고 편견이 편견을 낳으면서 가공의 북한 인식이 유통되고 있다. 이런 상황에서 북을 정말로 제대로 알고자 한다면, 먼저 북에 대한 지식이 거의 없는 현실을 솔직하게 받아들여야 한다. 섣불리 판단하고 재단하기에 앞서, 북을 잘 모름을 인정하고 오직 '실사구시'의 자세로 하나하나 북에 대해 정확한 지식을 쌓아가야 하리라.

오늘의 북한을 깊이 이해할 수 있는 첩경은 바로 그 오늘의 북한을 있게 한 과거를 편견 없이 실증적으로 되돌아보는 데 있다. 북한이 걸어온 길을 찬찬히 들여다보면 왜 북한이 그토록 이념적으로 경직되고 권력이 한 개인에게 집중되었는지, 외부 세계에 대해 왜 그리 자존심을 내세우는지, 그리고 남한보다 한때는 경제와 과학기술에서 앞섰던 북한이 왜 급속히 뒤처지게 되었는지 이해할 수 있을 것이다.

| 2 |

역사문제연구소가 기획한 '20세기 한국사' 시리즈에서 『북한의 역사』는 두 권으로 기획되어 있다. 제1권에 해당하는 이 책은 1945년부터 1950년대 말까지 정부 수립과 전쟁, 사회주의 개조 과정을 주로 다룬다. 1950년대 말까지의 사회주의 체제 형성기에 북한은 정치·사회적으로는 사회주의 세력을 중심으로 하면서 그 외 다양한 세력이 공존하는 통일전선의 권력 형태를 취했고, 경제적으로는 국영기업·협동조합·사영기업과 개인 토지소유가 공존하는 혼합경제 형태를 갖추고 있었다. 이처럼 통일전선과 혼합경제를 기본으로 하는 사회를 일컬어 '인민민주주의'사회라고 부른다.

인민민주주의사회에서는 모든 것을 사회주의적으로 응집시키려는 '획일화'의 방향과 비사회주의적인 요소들을 최대한 포용하려는 '다원화'의 방향이 상호 긴장관계에 놓여 있다. 해방 직후 남북의 사회주의자들이나 소련 주둔군이 표방한 애초 구상에서는 획일화보다 다원화에 방점이 찍혀 있었다. 그러나 이후의 사태는 다원성이 급속히 소멸하고 획일성이 강화되는 방향으로 전개되었다. 획일화에 반대하는 목소리는 하나 둘 동심원의 바깥에서부터 제거되었다. 이 획일화의 길은 사회주의자들이 속으로 감추고 있던 본성에서 비롯된 것인가, 아니면 분단과 냉전의 영향으로 인해 나타난 의도하지 않은 결과인가? 당시 북한사회 건설 과정에서 등장했던 다양한 정파의 주장과 노선은 오늘날 어떻게 평가할 수 있는가? 북한의 초기 역사는 그 외에도 많은 의문점을 남기고 있다.

북한의 사회주의 체제 형성기를 획일화의 힘과 다원화의 힘 사이의 긴장을 기본 갈등구조로 하는 인민민주주의사회의 역사로 본다면, 그 역사는 다시 네 시기로 구분할 수 있다.

제1기(1945. 8~1947. 2)는 인민민주주의 정권 성립기이다. 소련과 한반도, 남과 북, 민족주의자와 사회주의자, 위로부터의 권력 구축과 밑으로부터의 자생적 권력 형성 흐름이 상호 길항하면서 북에 사회주의 세력을 중심으로 한 통일전선 권력과 혼합경제구조가 형성되는 시기이다. 이 기간은 다시 모스크바 삼상회의 결정이 알려지는 1946년 1월 초를 경계로 그 이전의 유동적 국면(1장)과 그 이후 인민위원회 권력 집중과 '민주개혁' 국면으로 구분된다(2장).

제2기(1947. 2~1948. 9)는 인민민주주의 분단국가 성립기로서, 합의에 의한 통일국가 수립의 가능성이 멀어지고 북에서 사회주의 세력이 권력을 집중하면서 과도적 성격의 정권이 배타적인 헌법을 갖춘 국가로 전환되는 시기이다(3장).

제3기(1948. 9~1953. 7)는 인민민주주의 통일국가 수립의 모험이 좌절되는 시기로서, 중국혁명에 자극받은 북한이 전시체제를 구축한 다음 전쟁이라는 수단을 통해 남한을 흡수통일하고자 했지만 좌절하고, 그 과정에서 북한 내부의 다양성과 역동성이 극도로 위축되는 시기이다(4장).

제4기(1953. 7~1960)는 인민민주주의 국가에서 사회주의 국가로의 전환기이다. 이 시기는 전후 복구와 사회주의 전환의 길을 놓고 다양한 정파, 학자들이 광범한 토론을 벌인 '논쟁의 시대'이다. 동시에 정치·사회·경제의 위기 속에서 권력에 대한 도전을 물리치고 전쟁 기간 동안 노출된 문제를 처리하는 과정에서 오늘날과 같은 고도로 집중화·획일화된 권력구조를 형성하게 되는 시기이기도 하다(5장, 6장).

|3|

북한 사회주의 체제 형성기를 인민민주주의사회의 역사로 파악하면서, 이 책에서 특히 유의한 점은 다음의 두 가지였다.

첫째, 비록 짧은 기간이지만 북한이 약 15년간 인민민주주의를 경험했다는 점이 오늘날 북한 체제의 성격 형성에 어떤 영향을 미쳤는지에 관심을 기울이고자 한다. 제2차 세계대전 이후 동아시아에서는 사회주의 진영에 속한 북한, 중국, 몽골, 북베트남이 신민주주의 또는 인민민주주의를 표방하면서 국가를 세우고 사회개혁을 진행했다. 이 나라들이 사회주의 혁명을 바로 선언하지 않고 인민민주주의를 표방한 데는 비사회주의적인 다양한 정파와 계층을 끌어들이려는 정치적인 이유도 컸다. 그렇지만 보다 근본적으로는 당시 그 나라들이 사회주의 체제로 바로 들어설 만한 토대를 거의 갖추지 못한 점을 사회주의자들 스스로 잘 알고 있었기 때문이었다. 식민지 또는 반¥식민지 상태에서 제대로 벗어나지 못했고 근대적인 정치 제도나 사회경제 발전이 미진했으며 노동자 계급이 제대로 형성되지 못한 상황에서 즉각적인 사회주의 혁명은 불가능했다. 때문에 북한을 비롯한 동아시아의 사회주의자들은 프롤레타리아 국제주의보다 반反제국주의 민족해방을 강조하고 사회주의 계급혁명보다 반反봉건 민주주의 개혁을 중시했다. 계급보다 민족을, 노동자보다 인민을, 근대를 넘어서는 사회주의 혁명보다 근대적인 민주주의 개혁을 강조하면서, 북한 등 동아시아의 사회주의자들은 소련·동유럽과 상당히 다른 성격의 체제를 건설하게 되었다. 분단과 냉전, 열전을 겪으며 동아시아의 인민민주주의 국가들은 빠르게 사회주의 국가로 전환했지만, 초기의 민족·인민·근대 중심의 지향성은 강하게 각인되어 이후의 역사에도 기본적으로 지속되었다. 그렇기에 북한을 제대로 이해하기 위해서는 인민민주주의 단계의 역사에 관심을 기울이지 않을 수 없다.

둘째, 이 책은 북한 체제의 역사성을 이해함과 더불어, 공식적인 역사에서 배제되고 망각된 비공식적인 기억의 역사를 회복하는 것을 주된 관심사로 삼는다. 북한의 역사는 마치 옆으로 누인 깔때기 같다. 처음에는 다양하고 역동적인 모습을 보여주다가 시간이 흐르면서 점차 원이 줄어들어, 결국 김일성과 김정일 중심의 획일적인 권력구조로 수렴되어버렸다. 그런데 북한의 공식 역사서들은 아예 처음부터 김일성이 강력한 권력을 지니고 모든 것을 지도해온 것처럼 서술하고 있다. 밖으로는 소련과 중국의 영향력을 서술에서 제외하고, 안으로는 초기의 다양한 정치사회 세력들과 계파들을 서술에서 빼버리거나, 아니면 문제를 일으켜 배제될 수밖에 없었던 존재들로만 묘사한다.

어느 시대에나 공식 역사서는 승자 중심으로 기록되기 마련이다. 그러므로 다양성이 인정되지 않는 북한에서 오직 김일성 중심의 역사가 재생산되는 것도 의외의 일은 아니다. 하지만 패자와 이름 없는 민초의 역사는 단지 감추어졌을 뿐, 과거에 실재했던 역사의 일부임이 분명하다. 이미 지나가버린 과거의 다양성과 역동성을 되살리는 작업이 오늘날 경직된 북한 체제의 현재와 미래를 전망하는 데 과연 조금이라도 의미가 있겠는지 반문할 수 있다. 북한의 권력이 급변하지 않는 한 망각된 과거는 계속 잊힌 채로 남아 있을 터이다. 그럼에도 필자가 망각된 역사에 많은 지면을 할애하고자 하는 이유는, 그런 역사의 이면을 알아야 오늘날 북한 체제의 성격을 제대로 알 수 있기 때문이며, 또한 비록 좌절했어도 역사에 실재했던 가능성은 언젠가 현실의 가능성으로 복원될 수 있다고 보기 때문이다.

사람의 성격 유형을 파악하는 방법으로 애니어그램이라는 것이 있다. 이 방법에 따르면, 모든 사람은 개발된 성격과 타고난 성격을 함께 지니고 있다. 겉으로 드러나는 성격은 개발된 성격이지만, 타고난 성격은 내면에서 계속 영향을 미치며 조건이 주어지면 밖으로 드러나게 된다. 사람의 성격 유형이 그렇듯, 사회집단의 성격 유형에도 개발된 성격과 타고난 성격이 있으리라. 분단, 전쟁, 냉전, 남북대립 속에서 개발된 사회 성격이 한편에 있다면, 그 과정에서 억눌렸던 타고난 사회 성격이 있을 터이다. 그렇다면 북한의 체제 형성 과정에 존재했던 다양한 면모들은 여전히 잠재되어 있으며, 필요에 따라 겉으로 모습을 드러낼 가능성도 있지 않을까? 오늘날 중국이 개혁개방 이후 추진하는 정책들은 다름 아니라 건국 초기에 다원적 정치 경제 제도의 장기지속을 표방했던 신민주주의론의 부활로 볼 수도 있다는 점이 한 예이다. 북한 역시 변화하는 세계 속에서 생존·발전하기 위해서는 분단과 냉전 속에 덮어버려야 했던 다양한 가능성과 역동성을 다시 회복하지 않을 수 없을 터이다.

  이 책을 쓰면서 많은 분들의 연구성과를 참고했다. 전문 학술서가 아니어서 본문에 일일이 출전을 인용하지 못했고, 다만 책 말미에 주요 참고문헌을 밝혔다. 북에 대한 남측의 인식이 극단적인 부정과 공조의 이분법을 넘어 북의 체제 성격에 대한 비판적이며 깊이 있는 이해를 바탕으로 남북이 공존하며 궁극적으로 통일의 길을 예비할 수 있는 데까지 나아가기를 바라는 심정에서, 부족하나마 한 권의 책을 세상에 내놓는다.

## 차례

발간사 : '20세기 한국사'를 펴내며 · · · · · · · · · · · · · · · · · · · · · · · · 4

책머리에   인민민주주의 단계의 북한 역사에 주목하는 이유 · · · · · 6

## 01 해방, 인민위원회, 소련군의 주둔

해방의 기쁨 속에 인민위원회를 세우다 · · · · · · · · · · · · · · · · · · 20
소련군의 진주와 인민위원회 개편 · · · · · · · · · · · · · · · · · · · · · 24
김일성의 등장과 조선공산당 북조선분국 · · · · · · · · · · · · · · · · · 33
조만식의 조선민주당 창당과 민공연립정치 · · · · · · · · · · · · · · · · 42
스페셜 테마 : 소련군은 왜 북한에 진주했을까? · · · · · · · · · · · · · 53

## 02 북조선 임시인민위원회 수립과 '민주개혁'

조선민주당의 재편과 청우당·신민당의 부상 · · · · · · · · · · · · · · 62
북조선 임시인민위원회의 수립 · · · · · · · · · · · · · · · · · · · · · · · 70
토지개혁 · · · · · · · · · · · · · · · · · · · · · · · · · · · · · · · · · · · · · · 81
1946년 여름의 사회개혁과 건국사상 총동원운동 · · · · · · · · · · · 91
스페셜 테마 : 북한의 친일 반민족 행위자 처벌 · · · · · · · · · · · · · 98
스페셜 테마 : 경제 건설을 위해 남은 일본인 기술자들 · · · · · · · 101

## 03 분단의 갈림길에서 인민공화국이 수립되다

북조선노동당의 창당과 북조선 인민위원회 수립 · · · · · · · · · · 106

문화 건설과 교육개혁 · · · · · · · · · · · · · · · · · · · · · · · · · 113

'민족간부'를 양성하다 · · · · · · · · · · · · · · · · · · · · · · · · · 118

헌법 제정에서 인민공화국 수립까지 · · · · · · · · · · · · · · · · · 127

스페셜 테마 : 1947년 화폐개혁의 명암 · · · · · · · · · · · · · · · 135

## 04 전쟁의 소용돌이

전쟁이 일어나다 · · · · · · · · · · · · · · · · · · · · · · · · · · · · · 140

전쟁과 권력 변동 · · · · · · · · · · · · · · · · · · · · · · · · · · · · · 149

전쟁의 상처와 사회경제의 변화 · · · · · · · · · · · · · · · · · · · · 158

스페셜 테마 : 신해방지구 개성, 남북교류의 공간 · · · · · · · · · 167

## 05 전후 사회주의 건설의 노선투쟁과 권력집중

전후 복구에 나서다 · · · · · · · · · · · · · · · · · · · · · · · · · 174

농업 협동화와 사회주의 개조 · · · · · · · · · · · · · · · · · · · 182

1956년 8월 전원회의 사건과 권력 변동 · · · · · · · · · · · · · · 194

스페셜 테마 : 동독 건축가 레셀의 눈으로 본 북한 · · · · · · · · · 205

스페셜 테마 : 평률리 민주선전실장의 농촌생활 · · · · · · · · · · 208

## 06 북한식 사회주의의 형성

천리마운동과 청산리방법 · · · · · · · · · · · · · · · · · · · · · 212

독자외교의 모색과 재일 조선인 귀국 사업 · · · · · · · · · · · · · 218

학술 논쟁의 시대 1950년대 · · · · · · · · · · · · · · · · · · · · 228

사회주의 건설에 나선 문학예술인 · · · · · · · · · · · · · · · · · 234

## 07 글을 맺으며 _ 북한의 역사에서 찾아본 열린 가능성

북한은 소련의 위성국가였는가? · · · · · · · · · · · · · · · · · · · · · · · 243

북한은 어떻게 초기 경쟁에서 남한에 우위를 점했는가? · · · · · · · · 246

북한 체제는 왜 경직되기 시작했는가? · · · · · · · · · · · · · · · · · · · 249

**부록**  주요사건일지 · · · · · · · · · · · · · · · · · · · · · · · · · · · · · · · · · 254

참고문헌 · · · · · · · · · · · · · · · · · · · · · · · · · · · · · · · · · · · · 260

찾아보기 · · · · · · · · · · · · · · · · · · · · · · · · · · · · · · · · · · · · 263

# 01

▶ 1945년 8월, 갑작스러운 해방의 기쁨 속에서 한국인들은 새로운 주권국가를 수립하기 위해 분주히 움직이기 시작했다. 38도선을 경계로 남과 북에 각각 미국군과 소련군이 들어온다는 소식을 접하면서 미래에 대한 불안감이 엄습하긴 했지만, 설마 분단정부가 수립되고 전쟁까지 치르게 될 줄은 누구도 생각하지 못했다. 8월부터 12월 말까지 약 5개월간은 낙관과 불안감이 공존하던 시기였으며, 한반도의 미래에 대해 아직 연합국들도 구체적인 결정을 내리지 못한 유동 국면이었다.

갑자기 분단된 상황에서 평양은 북한의 중심지로 떠올랐다. 이곳에서 주도권을 먼저 잡은 쪽은 조만식을 비롯한 민족주의자들이었다. 이들은 새로운 국가의 수

# 해방,
# 인민위원회,
# 소련군의 주둔

립을 위해서라면 사회주의자들과도 협력할 용의가 있었으며, 그것은 사회주의자들도 마찬가지였다. 각지에서 민족주의자들과 사회주의자들이 손을 잡고 인민위원회를 세웠다. 소련 주둔군은 인민위원회를 용인하되 그 뒤에서 소련에 우호적인 세력을 육성하기 위해 노력했다. 소련 주둔군과 민족주의자, 사회주의자 3자의 긴장관계 속에서, 만주에서 돌아온 김일성은 "힘 있는 사람은 힘으로, 지식 있는 사람은 지식으로, 돈 있는 사람은 돈으로" 전 민족이 건국 사업에 나설 것을 주장하며 일약 북한 정치의 중심에 등장했다. 조만식과 김일성 두 사람으로 대표되는 이 시기 '민공연립정치'를 소련 주둔군은 어떤 시선으로 바라보았을까?

## 해방의 기쁨 속에 인민위원회를 세우다

'대동아공영권'을 쫓던 일본제국의 꿈은 미국·소련 연합군의 공격과 민족해방운동 세력의 저항, 그리고 원자폭탄 피폭으로 사라졌다. 1945년 8월 15일 천황은 항복을 선언했다. 일본의 패망으로 해방을 맞은 한민족은 큰 기쁨 속에 새로운 국가 건설에 나섰다.

한인들은 일제의 식민지 지배 아래 쌓였던 분노를 다양한 형태로 표출했다. 그 대표적인 방식의 하나는 참배를 강요받았던 신사를 없애버리는 일이었다. 8월 15일에 평양 신사가 한인의 손으로 불태워진 것을 시발로, 16일에는 정주, 안악, 온정리 신사, 17일에는 안주, 삭주, 영변, 천내리, 재령 신사, 18일에는 겸이포, 선천, 박천, 소록도 신사, 21일에는 용천 신사 등이 소각되었다. 신사 소각은 주로 이북 지역, 그중에서도 평안남북도와 황해도에서 발생했다. 신사 참배에 거부감이 강한 기독교인들이 많이 모여 살고 있었기 때문으로 보인다. 한인들은 일본인들을 직접 공격하는 일은 자제하였다.

일본의 식민지 지배기구를 더 이상 인정하지 않는 한인들은 각 지역에서 조직을 만들며 자치 활동에 나섰다. 자치 활동은 한인들이 그토록 염원하던 새로운 국가의 수립을 염두에 둔 것이었다. 건국준비위원회 지부, 인민위원회 등 다양한 이름으로 세워진 이들 지방 조직들은 그 지역에서 꾸준히 활동하던 민족주의자와 사회주의자 등에 의해 연합전선의 형태로 건설되었다.

해방 이후 북한 지역의 정치적 중심지는 평양이었다. 일제하에 평양을 비롯한 평안남북도 지역에는 민족자본가층이 두텁게 존재했으며 민족주의운동, 특히 기독교 민족주의운동이 활발했다. 그런데 해방 시점에 이곳 평안남북도의 기독교 세력, 민족주의 세력에게는 큰 약점이 있었다. 안타깝게도 일제 말기에 이곳의 민족주의자들과 기독교인들 상당수가 친일의 오점을 남겼던 것이다. 예를 들어 수양동우회의 주요인물 중 한 명인 김동원은 1937년에 오윤선 등과 '애국단체시국간화회'를 만들었으며, 평양 유지들과 함께 '애국평남호' 헌납을 위한 평남 국방기재 헌납기성회 활동을 했다. 대한예수교 장로회 평북노회는 내심 반대했지만, 외적으로는 신사 참배를 결의하는 굴욕을 맛보지 않을 수 없었다.

이곳 기독교 민족주의 세력의 또 다른 약점은, 농촌에 깊이 뿌리 내리지 못하고 도시 중심으로 교세를 유지했다는 점이었다. 농촌에서 지주제가 발달하고 소작쟁의가 심해지는 와중에, 이들은 농민의 처지를 적극 대변하며 농민운동에 나서지 못했다. 그렇다고 이곳에서 사회주의 세력이 힘을 지녔던 것은 아니다. 평안남북도의 농촌에서는 천도교세가 강했다.

해방 직후 평안남도에서 건국운동을 주도한 세력은 바로 기독교 민족주의자들이었으며, 그 지도자는 조만식이었다. 조만식은 인화단결을 중시하는 기독교 민족주의자로서, 마르크스주의 유물론과 무신론에 반대하면서도 사회주의 사회 정책에는 호의적이었다. 1927년 신간회가 창립되었을 때 평양지회에서 중요한 역할을 담당한 경력도 있는 조만식은, 해방 이후 평안도 지역에서 좌우를 아우르며 건국의 토대를 만드는 데 지도자로서 적합한 인물이었다. 한편 부위원장 오윤선은 평양을 대표하는 기독교계의 장로로서, 앞서 언급했듯이 친일 경력의 오점을 지닌 인물이었다.

조만식의 주도 아래 8월 17일에 출범한 '평안남도 건국준비위원회'(이하 평남건준)의 간부 명단은 아래와 같았다.

평안남도 건국준비위원회 간부 명단
위원장 조만식, 부위원장 오윤선
총무부장 이주연, 치안부장 최능진, 선전부장 한재덕, 교육부장 홍기주,
산업부장 홍정모, 재정부장 박승환, 생활부장 이종현, 지방부장 이윤영,
외교부장 정기수
무임소위원 김병연·한근조·김이진·지창규·박현수·김병서·김광진 등

평남건준은 조만식 등 평남 지역 기독교도와 민족주의자들 중심으로 구성되었다. 하지만 이주연과 한재덕·김광진 등 사회주의 성향의 인물들도 조직에 동참했다. 조만식을 비롯해 김병연, 한근조, 지창규는 민족협동전선 조직이었던 신간회의 평양지회를 주도한 경험이 있는 인물들로서, 민족주의 계열뿐만 아니라 사회주의 계열도 부분적으로 포용하는 자세를 취했던 것이다. 총무부장을 맡은 이주연 또한 신간회 본부에서 중앙집행위원직을 수행했던 함경남도 단천 출신의 사회주의 농민운동가였다. 그런데 신간회 평양지회에서 조만식 계열과 마찰을 빚었던 노동운동가, 사회주의자들은 막상 평남건준에 참여하지 않았다. 평양에서 신간회 경험이 건국준비위원회의 토대가 된 것은 사실이지만, 신간회 활동가들 모두 해방 이후 다시 손을 잡게 된 것은 아니었다. 평남건준은 기본적으로 우익 기독교도와 민족주의자 중심의 조직이었으며, 사회주의자들은 일부가 개

별적으로 참여했을 뿐이었다.

이 같은 민족주의 진영의 움직임과 별도로 평양에서는 현준혁, 김용범, 박정애 등이 중심이 되어 8월 17일에 조선공산당 평남지구위원회를 결성했다. 하지만 이들은 소련군이 진주하기 전까지는 그 세력이 미약했다.

평안북도에서는 8월 16일에 민족주의자 이유필을 중심으로 신의주 치안유지회가 결성되었다. 8월 26일에는 평안북도 자치위원회가 결성되고, 위원장에 이유필, 부위원장에 좌익 계열인 백용구가 선출되었다. 보안부장에는 공산주의자 한웅, 문교부장에는 함석헌이 선출되었다.

해방 직후 함경남도의 사회 세력은 친일 경력자, 민족주의자, 공산주의자의 세 부류로 나뉘어 있었는데, 그중 가장 활발한 쪽은 공산주의자들이었다. 8월 16일에 함흥형무소에서 약 2백 명의 정치범·경제범이 석방되었다. 석방된 정치범 송성관·김재규·박경득·문회표·최호민·주치욱 등은 이 지역 사회운동가들과 회동하여 그날 밤 '함경남도 인민위원회좌익'을 결성했다. 이 조직에 모인 사람들은 조선 독립의 조건이 구비되었다는 취지의 전단을 각처에 뿌리면서 과거의 동지들을 모아 함남 각지에 조직운동가를 파견하는 등 활발한 운동을 전개했다. 그 결과 2, 3일 만에 이미 함흥에서만 백 명에 가까운 동지들을 결집시킬 수 있었다. 규모가 커지자 함경남도 인민위원회좌익은 자진 해산하고, 대신 '함경남도 공산주의자협의회'가 결성되었다. 이와 별도로 도용호·최명학 등은 함경남도 건국준비위원회를 결성하여 민족주의자들과 행동을 함께했다. 도용호는 신간회 함흥지회에서 활동했으며, 서울-상해계로서 조선공산당 경력도 있는 중도 좌파의 인물이었다.

황해도에서는 민족주의자와 사회주의자 사이에 세력이 균형을 이루는 가운데, 김덕영을 위원장으로 한 공산당 황해도 지구위원회와 김응순을 위원장으로 한 건국준비위원회 황해도지부가 만들어졌다.

이렇게 평안남북도와 함경남도, 황해도에서는 소련군이 진주하기 이전에 이미 한인들 스스로 자치 활동과 국가 건설운동을 시작하고 있었다. 각 지역마다 건국운동에 나선 주도 세력에는 차이가 있었다. 평안남북도 지역에서는 기독교 민족주의 세력이 주도하여 건국준비위원회 지부 등을 결성했다. 반면 혁명적 농민조합, 노동조합운동의 전통이 강했던 함경남북도에서는 사회주의자들이 주도권을 잡았다. 황해도에서는 사회주의 계열과 민족·자본주의 계열 중 어느 쪽도 주도권을 잡지 못한 가운데 두 세력이 경쟁하는 양상을 보였다. 한 가지 분명한 점은, 해방 직후 건국운동에서 지역마다 주도 세력에 차이가 있었다고는 하지만, 좌우대립이 드러나지는 않았으며 서로 협력하는 모습을 보이고 있었다는 사실이다. 다만 함경북도는 소련군이 일본군과 전투를 벌이며 상륙했던 곳이어서, 소련군이 주둔해 있는 상황에서 자치 조직이 만들어지게 되었다. 이제 소련군은 어떤 경로를 거쳐 북한에 진주하게 되었으며, 이후 어떤 영향을 미쳤는지 살펴보자.

## 소련군의 진주와 인민위원회 개편

소련군은 8월 8일 밤과 9일 새벽 사이 0시에 일본에 선전포고를 했다.

소련군은 일본 관동군과 만주국군을 무너뜨리기 위해 제1극동전선, 제2극동전선 및 자바이칼전선 등 3개 전선을 조직했다. 극동전선 1군(사령관 K. A. 메레츠코프 원수)은 연해주 지역에서 만주로 진격하도록 되어 있었으며, 한반도 작전지역에 포함되어 있었다. 극동 소련군 총사령관인 A. M. 바실레프스키 원수가 작전을 총지휘했다.

한국 해방을 직접 담당한 부대는 I. M. 치스차코프 대장이 지휘한 제25군이었다. 제25군은 태평양함대와 연합작전을 펼쳐 8월 11일에서 20일까지 웅기, 나진, 청진과 나남을 점령했다. 8월 21일 상륙부대는 군항 원산을 점령했으며, 8월 24일과 25일 소련 공수부대들은 산업 중심지인 함흥과 평양에 낙하산으로 투하되어 일본군 수비대의 항복을 받아냈다. 제25군 일부는 일본군과 헌병대, 경찰의 무장을 해제시키면서 계속 남쪽으로 진격해, 9월 초에 미국이 제안한 38도선 분할점령안에 해당하는 전 지역을 점령했다.

북한에 주둔한 소련군은 각 지역에 경무사령부를 설치했다. 8월 26일 평양에 총사령부를 설치한 데 이어, 연해주군관구 군사평의회의 명령에 따라 6개 도, 85개 군, 7개 시(평양, 진남포, 청진, 함흥, 신의주, 해주, 원산)에 경무사령부를 각각 설치했다. 이들은 일본군에게 항복을 받고 무기를 접수했으며, 행정기관, 경찰서, 법원은 물론 일본인 소유 대기업, 철도, 통신수단, 은행 등을 관리했다.

소련군은 자신의 점령지역에서 한인들이 자발적으로 조직을 결성하는 것에 대해 어떻게 대응했을까? 제2차 세계대전 시기에 소련의 대對한반도 정책은 다음의 추상적인 기본 방침만을 가지고 있었다. ① 일본 및 다른

**평양에 도착한 소련군을 지켜보는 시민들**
1945년 8월 9일 0시를 기해 일본에 선전포고를 한 소련군은 일본 관동군과 만주국군을 무너뜨리며 만주와 한반도로 진군하여 9월 초까지 미국이 제안한 38도선 분할점령안에 해당하는 전 지역을 점령했다. 북한에 주둔한 소련군은 8월 26일 평양 총사령부를 시작으로 점령지역에 경무사령부를 설치하여 일본군의 항복을 받고 무기를 접수했으며, 행정기관·경찰서·법원은 물론 일본인 소유 대기업·철도·통신수단·은행 등을 관리했다.

국가들이 다시는 한반도를 소련 침략의 근거지로 사용하지 못하도록 한반도에 소련에 우호적인 정부를 수립할 것, ② 한반도 문제를 소련 단독으로 처리하는 것은 불가능하므로 미국 등 연합국들의 이해관계를 고려하면서 합의점을 도출한다는 방침이었다. 그리고 더 나아가 1945년 8월, 미국이 공식적으로 한반도의 군사적 분할점령을 제의해옴에 따라, 한반도에서 소련의 국가이익을 확보하기 위해 우선적으로 북한 지역에 소련군을 주둔시킨다는 방침이 세워졌을 뿐이었다.

8월 15일 소련 제25군 사령관 치스차코프 대장이 발표한 호소문은, 소련군이 조선 인민의 행복을 창조할 수 있는 조건을 마련해주었으며, 그 실현은 조선 인민 자신의 몫이라는 점, 소련군은 조선 기업소들의 재산을 보호하고 정상적 작업을 원조한다는 '해방자'로서의 선언적 내용만을 담고 있었다. 구체적인 소련의 정책은 호소문에 담겨 있지 않았다. 보다 정확하게 표현하면, 제25군에게는 아직 구체적인 정책이 주어져 있지 않았다.

미국군은 남한 지역에 주둔하면서 조선총독부 기구를 그대로 활용한다는 방침을 표명하여 한국인들의 불만을 야기한 바 있었다. 그에 비해 '해방자'를 자처하고 들어온 소련군은 조선총독부 기구를 부정할 수밖에 없었다. 그들은 일단 한인들의 도움을 얻어 치안과 행정을 유지하는 쪽으로 움직였다.

소련군은 각 지역에서 건국 준비를 위해 자생적으로 조직되고 있던 각종 자치기구들을 주목했다. 소련군은 이들 자치 조직을 주둔 정책의 협력자로서 인정했다. 다만 여기에는 단서가 붙었다. 자치 조직에는 민족주의자들과 사회주의자들이 동등한 비율로 함께 참여해야 한다는 것이었다. 그 방침은 먼저 함경도 지역에서 취해졌으며, 평양에서도 동일하게 적용되었다. 그 결과 함경도에서는 해방 직후부터 사회주의 혁명을 추구하는 사회주의자들의 급진성이 통제되며, 평안남북도에서는 상대적으로 미약했던 사회주의자들이 자치 조직에서 민족주의자들과 대등하게 활동하는 길이 열리게 된다.

8월 14일 소련군이 함경북도 나진에 진주한 뒤 대표를 자처하는 한국인들이 소련군을 환영하러 나왔을 때, 사령관은 "자치단체의 지도자들은 시민들 자신이 선출"해야 한다고 못박았다. 정치부와 위수사령관들은 보다 신중하게 검토된 민주적인 길을 선택하라고 권고했다. 즉 집회를 통해 활동적이고 훌륭한 애국자들을 선출하고, 시 자치기관에서 노동자와 주민 여러 계층의 이익을 대표하도록 그들에게 전권을 부여해야 한다는 것이었다. 나진에서는 이 원칙에 입각하여 이홍덕이라는 의사에게 시 자치기관의 지도권이 위임되었다. 청진과 웅기에서도 시 자치기관이 구성되었다. 함경북도 인민위원회는 9월 말 청진에서 결성되었는데, 초대 위원장은 도회의원이자 나진의 실업가였던 이창인이 맡았다.

함남에서는 소련군이 주둔하기 전에 미리 조직되어 있던 함경남도 공산주의자협의회와 함경남도 건국준비위원회가 '조선민족 함경남도 집행위원회'라는 하나의 단체로 통합되어 소련군의 인정을 받았다. 간부진은 두 조직의 대표 각각 11명씩 총 22명으로 구성되었다. 이 조직은 8월 30일에 함경남도 인민위원회로 개편된다.

8월 26일 평양에 입성한 소련군은 평안남도 건국준비위원회를 건준 측과 공산 측 위원 각 16명씩으로 된 '평남 인민정치위원회'로 개편하도록 유도했다. 위원장에는 조만식이 유임되었으며, 부위원장으로는 건준 측의 오윤선 외에 공산 측의 현준혁이 선출되었다. 조만식은 치스차코프와의 첫 만남에서 "소련군은 해방군인가, 아니면 점령군인가"를 물었고, 치스차코프는 "소련군이 온 목적은 조선 해방"이라고 대답했다고 한다. 소련군의 호의를 믿은 조만식은 이들에게 협조했다. 소련군은 조만식의 주도권을 인정하고 그와 협조하며 주둔 정책을 펼쳤다. 당시 평양에서 공산주의자들의 힘은 아직 미약했다. 1945년 9월 28일 시점에 조선공산당 평양시당의 당원은 후보당원을 포함해 1,151명에 불과했다.

평안북도에는 8월 27일 소련군 선발대가 진주했으며, 30일에 치스차코프 일행이 신의주에 입성했다. 31일에 치스차코프는 평북 임시인민정치위원회에 행정을 이양한다고 선언했다. 이 위원회는 평북 자치위원회가 단지 이름만 바꾼 것이었다.

지방 인민위원회들은 산하에 총무부, 산업부, 농림부, 교육부, 보안부, 교통부 등 여러 부서를 두었다. 건준 지부, 또는 인민위원회의 이름으로 조직되는 지방자치기구들은 어떤 뚜렷한 정치이념, 노선, 세력을 기반으로 건설된 것이 아니었다. 해방 직후의 혼란 속에서 지역 기반을 가진 활동가들이 널리 연계망을 형성해 조직한 자생조직이었다. 이들은 일반대중의 의견을 수렴하여 각종 현안을 처리했다. 철수한 일본인들의 재산·기업·농지를 관리하고, 친일 반민족 행위자들을 처벌했다. 또한 식량 문제의 해결에 나섰으며, 지주와 소작농이 수확물을 3대 7로 나누도록 하는 소작료 3·7제를 실시하여 농민의 부담을 줄였다. 1945년 11월 20일에 열린

평남 인민정치위원회 간부들

북한에 진주한 소련군은 각종 자치 조직들을 주둔 정책의 협력자로 인정하고 인민위원회들을 좌우연립기구로 개편한 뒤 이를 통합하는 데 주력했다. 이 방침에 따라 조만식 등 기독교 민족주의자들이 주도하던 평남 건준은 건준 측과 공산 측 위원 각 16명으로 구성된 '평남 인민정치위원회'로 개편되었다. 위원장에는 조만식이 유임되었으며, 부위원장으로는 건준 측의 오윤선 외에 공산 측 현준혁이 선출되었다.

전국 인민위원회 대표자대회에서 발표된 통계에 의하면, 38도선 이북에 인민위원회는 7개 도(경기도 포함), 9개 시, 70개 군, 28개 읍, 564개 면에 조직되었다.

소련 주둔군은 각지에 들어선 인민위원회들을 하나로 통합하는 데 주력했다. 38선이 분단선으로 확정되지 않은 상황에서 일단 북한 전역에서 인민위원회의 협조를 받으며 효과적으로 주둔 정책을 펼치기 위함이었다. 10월 8~10일 사이에는 평양에서 '북조선 5도 인민위원회 연합회의'가 개최되었다. 이 회의에는 각 도 인민위원회 대표 111명, 평양의 각계 대표 39명, 그리고 소련 군사령부 대표 20명 등 총 170명이 참가했다. 각 도 인민위원회 대표 111명 가운데 51명이 공산주의자들이었다.

치스차코프의 연설 이후 5개 분과별로 논의가 진행되었는데, 그 의제는 ① 식량을 확보하는 문제, ② 군수공장의 민수공장으로의 전환 문제, ③ 금융 재정 문제, ④ 지방기구의 정비 통일 문제였다. 이 회의에서는 여러 의제 중 하나로 "광범한 모든 반일 민주주의 정당과 조직들의 블록에 기초해 민주적인 권력을 창출하는 문제를 논의했으며, 1945년 11월에 전체 리민里民대회에서 이장을 선출하며 농촌과 촌락에서 선출된 선거인들의 면대회에서 7~8명으로 구성된 면 인민위원회 선거를 실시하기로" 했다. 또한 "시·군·도 임시인민위원회들은 다양한 반일 민주주의 조직의 대표자들로 구성되어 있는 현재대로 놓아두기로" 했다. 당시 시 위원회는 27명까지, 군 임시인민위원회는 17~19명, 도 임시인민위원회는 45~47명까지 구성되어 있었다. 임시인민위원회들의 조직 구성을 보면, 각 도 인민위원회에는 위원장, 내무국장, 보안국장, 공업국장, 재정국장, 상업국장, 농업국장이 있었으며, 군 임시인민위원회도 유사하게 구성되어 있었다.

그렇지만 북한 지역에 강력한 권력기구를 만들고자 했던 소련군의 구상은 그대로 실현되지는 못했다. 대신 각 도 인민위원회 활동을 총괄할 북조선 행정국이 1945년 11월에 설치되었다. 소련 주둔 군사령부는 "경제생활을 급속히 정제식히며 경제생활의 통일적 지도와 관리 사업의 만전을 기하며 민정에 관한 협의"를 해나가기 위하여 평양을 소재지로 한 북조선 행정 10국을 조직하고 국장들을 임명했다.

북조선 행정 10국

공업국장 정준택, 재무국장 이봉수, 교통국장 한희진, 교육국장 장종식,

농림국장 이순근, 보건국장 윤기영, 상업국장 한동찬, 사법국장 조송파,

체신국장 조영렬, 보안국장 최용건

그리고 소련 군사령관의 검사감독에 관한 고문관으로 한낙규가, 재판에 관한 고문관으로 양태원이 임명되었다. 북조선 행정국의 사업은 "신조선 건설, 국내 경제생활 개선, 민족문화 발전 및 인민의 생활형편을 향상시킴에 방향"을 두었다.

면 인민위원회 선거 등을 통해 강력한 권력기구를 세우려던 소련군의 계획에 차질이 생긴 것은 조만식을 비롯한 민족주의자들의 반대 때문이었던 것 같다. 조만식은 북한에 독자적인 행정기구를 만드는 데 대해 비판적인 자세를 취했다. 그는 11월 15일에 김일성과의 대담에서 "이승만, 김구,

김일성 등을 포함하는 중앙정부의 수립에 참여해야 한다"고 주장하면서, 이를 위해 자신이 서울을 방문하겠다고 말했다. 김일성은 이에 대해 "인민의 참여에 기초해서 밑으로부터 정권기관을 수립해나가고 나중에 중앙정부를 수립해야 한다"고 답변했다. 조만식은 "12월 1일 이전에 중앙정부를 수립해서 외국 군대의 철수 문제를 제기할 수 있도록 서둘러야 한다"고 주장했다. 조만식은 김일성이 점령군의 철수를 방해하고 있다고 비판했다. 조만식의 즉시 중앙정부 수립론은 먼저 북한 지역에 권력기관을 수립하고 그 다음에 중앙정부를 수립한다는 김일성의 단계적 중앙정부 수립론과 충돌하고 있었다.

## 김일성의 등장과 조선공산당 북조선분국

앞에서 밑으로부터 인민위원회가 조직되는 과정과 그 인민위원회가 소련군의 영향력 아래 개편되는 사정을 살펴보았다. 인민위원회는 북한에서 각 지방권력의 토대를 형성하게 된다. 그런데 북한에서 중앙권력은 이런 지방권력을 반영하기는 했지만, 그와 별도로 각 정당과 사회단체들이 중앙 차원에서 형성되고 경쟁하면서 그 기본 골격을 만들어나가고 있었다. 따라서 북한 국가의 수립 과정과 성격을 이해하려면 밑으로부터의 인민위원회 형성과 더불어 위로부터의 정치권력의 형성에 주목해야 한다. 특히 권력의 핵심을 이루게 되는 사회주의 세력의 동향이 중요하다.

해방을 전후하여 북한에서는 함경남북도 지역의 농민조합·노동조합운동가들을 비롯해 오기섭·주영하 등 국내 사회주의자들이 활동하고 있었다. 그리고 9월에는 김일성을 비롯한 동북항일연군 계열의 사회주의자들이 귀국했으며, 12월에는 조선독립동맹 소속 활동가들이 귀국했다.

동북항일연군은 본래 만주에서 활동하다가 관동군의 토벌을 피해 소련 경계 내로 후퇴한 뒤, 1942년에 소련군의 지도 아래 동북항일연군 교도려(일명 88여단)로 재편되었다. 대일전쟁 종결 시점인 1945년 8월 25일 당시 교도려의 부대 전체 인원은 1,354명이었는데, 그중 한인이 103명이었다.

동북항일연군 교도려 소속 한인들은 1945년 7월, '조선공작단위원회'를 조직했다. 위원회 서기는 최용건이었으며, 김일성·김책·안길·서철·최현 등이 위원이었다. 김일성은 이 위원회에서 정치군사 부문의 책임자였다. 조선공작단위원회는 8·15 이후 북한에서 동북항일연군 세력이 정치적 영향력을 확대하는 토대가 된다. 김일성을 비롯한 이들 유격대원 다수는 1936년에 조직된 '동북항일연군'과 '(재만한인)조국광복회' 등에서 활동한 인물들로서, 그 역사적 경험 위에서 해방 후 건국 과정에 참여하게 되었던 것이다.

전쟁이 종결된 시점에서 교도려 소속 한인과 중국인 대원들에게 주어진 기본 임무는 만주와 북한의 연고지역에 투입되어 소련군의 점령 정책을 도와주는 것이었다. 이들은 군 경무사령부 활동지역에서 질서를 유지하고 주민 사이에서 영향력을 강화하기 위해 도·시 경무사령부 부사령관이나 고문, 지역 방위 담당 등으로 배치되었다. 103명의 한국인들 가운데 47명은 각 지역 경무사령부 부사령관 및 고문으로, 15명은 통역요원으로, 37명은 지역 방위 및 그 외 기관으로 배속되었다. 간부급은 모두 각 경무사령부로 배속하도록 되어 있었다. 김일성은 평양에 부임하도록 하고, 김책은 함흥, 안길은 청진, 김일은 신의주, 최현은 강계, 서철은 원산, 김경석은 진남포, 최용진은 정주, 임춘추는 사리원으로 각각 부임하도록 했다. 김일성 일행은 블라디보스토크에서 소련 군함 뿌가초프호를 타고 출발하여 9월 19일 원산항에 도착했다. 김일성이 귀국할 때 소련군 지도부에게서 받은 직책은 평양 주둔 경무사령부 부사령관이었다.

김일성이 평양의 군중 앞에 모습을 드러낸 것은 1945년 10월 14일 평양 공설운동장에서 열린 소련군 환영대회 석상이었다. 뒷날 '김일성 장군 조국개선 평양시 환영대회' 또는 '김일성 장군 환영 평양 시민대회'로 불리는 이 대회에는 7만여 명의 군중이 참가했다고 한다.

김일성은 이날 「모든 힘을 새 민주조선 건설을 위하여」라는 제목으로 연설했다. "힘 있는 사람은 힘으로, 지식 있는 사람은 지식으로, 돈 있는 사람은 돈으로" 전 민족이 건국 사업에 참여하여 민주주의 자주독립 국가를 건설하자는 내용이었다.

이 대회에서는 김일성이 일반인의 예상과 달리 너무 젊어 보여 가짜가 아닌가 하는 소동이 잠시 일어났다. 이를 잠재우기 위해 대회가 끝난 뒤 기자들을 만경대 김일성 생가로 데리고 가서 그의 조부모 등 친인척을 소개하기도 했다. 김일성 가짜설은 이후에도 계속 부활했다.

오늘날 수많은 관련 문헌 자료가 공개되어 더 이상 북한의 지도자 김일성이 항일운동에 참여한 적이 없다는 가짜설은 설 땅을 잃게 되었다. 그렇지만 그와 함께 조선인민혁명군의 활동은 북한 주장대로 독자적으로 이루어진 것이 아니라 중국공산당의 지도 아래 있었다는 것도 이미 20여 년

전에 밝혀졌다. 김일성 가짜설이나 김일성의 독자적 항일무장투쟁설 모두 남북대립의 조건 속에서 정치논리에 의해 왜곡되거나 신화화된 주장임이 객관적 사실 확인을 통해 드러난 것이다. 일단 드러난 객관적 사실은 북한의 역사서술에도 영향을 미친 것으로 보인다. 항일무장투쟁에 대한 자료들이 풍부히 공개된 뒤에 작성된 김일성 회고록『세기와 더불어』를 보면, 김일성 스스로 자신이 동북항일연군 소속이었음을 밝히고 있다. 오늘날 역사학계의 논의는 김일성의 항일운동 여부 자체가 아니라, 동북항일연군 소속 한인들이 펼친 활동을 한국의 민족운동사 전체의 흐름 속에 어떻게 자리매김할 것인가의 수준에서 진행되고 있다.

한편 동북항일연군 계열과 달리 소련군과 함께 국내에 들어온 또 다른 인물들이 있었다. 흔히 '소련계'라고 불리는 소련 국적의 한인들, 즉 고려인들이다. 1937년 스탈린의 강제이주 정책에 의해 중앙아시아 지역으로 이주당했던 고려인들 가운데 일부 우수인력이 차출되어 이북으로 파견되었고 실무에 투여되었다. 그 대표적인 인물이 허가이이다.

그 밖에도 국외에서 민족해방운동에 참여했던 공산주의자들 상당수가 서둘러 평양으로 귀국했다. 대표적인 세력은 중국 화북 연안지역에서 활동하여 흔히 '연안파'라고 불렸던 화북 조선독립동맹 출신들이었다. 이 단체에 참여한 이들은 중국공산당과 함께 활동하기는 했지만 본래 민족주의 성향이 강했다. 상하이 임시정부 의정원 의원을 지낸 김두봉이 주석직을 맡고 있었다. 또한 이들은 조선의용군이라는 무장부대를 거느리고 있었는데, 중국공산당 팔로군 포병부대 사령관이었던 무정이 유력한 지도자였다.

평양공설운동장에서 열린 환영대회(위)
연설문을 읽고 있는 김일성(아래)

1945년 9월 19일 원산항을 통해 비밀리에 평양에 들어온 김일성은 10월 14일 평양공설운동장에서 열린 소련군 환영대회에서 대중 앞에 첫 모습을 드러냈다. 김일성이 너무 젊어 보여 가짜 소동이 일어나자, 대회가 끝난 뒤 기자들을 만경대 김일성 생가로 데리고 가서 그의 조부모 등 친인척을 소개하기도 했다.

해방이 되자, 조선독립동맹은 조선의용군을 거느리고 귀국을 서둘렀다. 화북 조선독립동맹 간부들과 조선의용군 선발대 1,500명은 일제가 패망한 이후 안동에서 압록강을 건너 신의주에 도착했다. 그러나 '정부 없는 민족에 군대가 있을 수 없다'는 이유로 소련군이 동원한 평안북도 임시인민정치위원회 산하 보안부대에 의해 강제로 무장을 해제당하고 국경 밖으로 퇴각할 수밖에 없었다. 김두봉을 비롯한 조선독립동맹 간부들은 부득이하게 1945년 12월 13일에야 무장 해제된 채 귀국했다. 이들은 입북 이후 김두봉을 중심으로 조선신민당을 만들어 독자적인 활동을 개시했다. 그중에서 무정 등 중국공산당 당원이었던 이들은 조선공산당에 입당했다.

해방 이후 북한 지역에는 서울에 본부를 둔 조선공산당으로부터 상대적인 독자성을 지니는 북조선분국이 설치되었다. '러시아 사회정치사 문서 보관소'에 소장되어 있는 한 문서에 의하면, 조선공산당의 정책 방향을 세우고 북조선분국을 창설하기로 공식 결정을 내린 '서북 5도당 책임자 및 열성자대회'는 10월 13일에 열렸다. 이 대회에서 "조직 문제에 대하여 오기섭과 김일성이 보고 연설을 했다"는 기록이 있는데, 그렇다면 김일성은 이 시기에 이미 당 조직 문제에서 중요한 역할을 담당하고 있었다고 볼 수 있다. 한편 이 문서에는 1945년 10월 1일에 이미 평양에서 북조선의 도당 책임자 및 열성자들의 회의가 열렸고, 여기서 "박헌영을 지도자로 하는 조선공산당 중앙위원회"에 종속된 "북조선의 당 조직 지도를 위한 조직국 창설이 발의되었다"는 기록이 있다. 또한 북조선분국 결성 문제를 토론하기 위한 예비회의가 1945년 10월 5일부터 열렸다는 북한 측의 기록도 있다. 예비회의의 정확한 개최 일자는 불확실하지만, 1945년 10월 13

조선독립동맹 간부들

조선독립동맹은 해방과 동시에 조선의용군을 거느리고 입국을 시도했지만 신의주에 도착한 선발대가 무장해제 당한 채 중국으로 쫓겨나고, 1945년 12월에 간부들만 비무장 상태로 귀국했다. 이들은 입북 이후 김두봉을 중심으로 조선신민당을 만들어 독자적인 활동을 하다가 1946년 8월 28일 북조선공산당과 합당하여 북조선노동당을 결성했다. 사진은 입국 직후인 1945년 평양에서 촬영한 것이다. 앞줄 왼쪽부터 박효삼, 최창익, 한빈, 김두봉, 무정이다.

일의 공식대회인 '서북 5도당 책임자 및 열성자대회'를 앞두고 이 대회의 준비를 위한 사전 예비회의가 여러 차례 열렸고, 그 과정에서 일부의 반대를 물리치고 조선공산당 북조선분국 창설 방침이 확정된 것으로 보인다.

위 회의의 결정에 따라 조선공산당 북조선분국 중앙이 실제로 조직된 시점은 10월 20일이었다. 북조선분국 설치와 더불어 책임비서 김용범·오기섭의 지도하에 북한 6개 도에 도 위원회가 설치되었다. 12월 17~18일에 열린 조선공산당 북조선분국 중앙 제3차 확대집행위원회에서는 "당 활동의 비약적 전개와 전 혁명 세력의 총집결"을 위하여 김일성을 책임비서로 추천하고 연안에서 돌아온 무정을 간부부장으로 영입했다. 이때 새롭게 짜인 조선공산당 북조선분국의 간부 구성은 다음과 같았다.

조선공산당 북조선분국 간부 명단
제1책임비서 김일성
제2책임비서 김용범
간부부장 무정, 조직부장 오기섭, 선전부장 윤상남, 노동부장 허가이,
농민부장 박창섭, 청년부장 양영순, 부인부장 박정애

북조선 6도당 책임 진용
평남도위원회 책임 장시우, 황해도위원회 책임 최경덕, 평북도위원회 책임 김명,
함남도위원회 책임 정달헌, 함북도위원회 책임 장순명, 강원도위원회 책임 김대봉

조선공산당 북조선분국은 '부르주아 민주주의(자본 민주주의)' 정권을 수

립하는 것을 국가 건설 노선으로 삼았다. 여기서 부르주아 민주주의 정권이란 부르주아(자본가)가 권력의 주체가 되는 정권이라는 의미가 아니라, 세계사에서 부르주아가 수행한 근대적 개혁 과제를 실현하는 정권이라는 뜻이다. 제국주의 시대에 부르주아는 이미 개혁성을 상실했으므로, 개혁을 추진할 권력의 중심 주체는 노동자, 농민 등 근로자여야 한다는 것이 당시 사회주의자들의 생각이었다. 계층적으로는 노동자·농민은 물론 자본가 등을 포괄하며, 정치적으로는 "모든 반일 민주주의당들과 정치적 단체들의 넓은 연합의 기초" 위에 수립하는 통일전선 정권 수립론이었다. 이 시기에 사용되던 부르주아 민주주의라는 표현은 이후 점차 인민민주주의라는 용어로 바뀌게 된다.

북조선분국 중앙 제3차 확대집행위원회 시점에 북조선분국의 당원 수는 4,530명에 불과했다. 그중 노동자는 30%에 머물렀으며, 농민 34%, 지식인과 상인 및 기타 성분이 36%였다. 당 조직에 친일분자들이 잠입한 사례도 있었으며, 당 세포 조직 사업은 부진을 면치 못했다. 당원은 숫자에서 미약했을 뿐만 아니라 그 자질이나 성분에서도 아직 북한 전역을 이끌어갈 만한 능력을 갖추지 못하고 있었다.

소련 주둔군은 취약한 조선공산당 북조선분국을 적극 지원하면서 사회주의 세력이 영향력을 확대하도록 지원했다. 북조선분국은 1946년 4월경에 북조선공산당으로 명칭을 변경하면서 서울 중앙으로부터 형식적으로나 실질적으로 독립하게 된다.

## 조만식의 조선민주당 창당과 민공연립정치

사회주의자들이 조선공산당에 결집하고 있던 시기, 북한의 민족주의자들은 조만식을 중심으로 조선민주당 창당에 나섰다. 당시 소련군은 반일 민주주의 정당과 단체의 동맹에 기초해서 권력을 만들어갈 것을 지시받은 터였다(「스페셜 테마: 소련군은 왜 북한에 진주했을까?」 참고). 그에 따라 소련은 조선민주당의 창당에 호의적이었다.

1945년 11월 3일, '조선민주당'이 창당되었다. 조만식은 소련군이 주둔해 있는 상황에서 공산주의자들과의 협조가 필요함을 인식하고 있었다. 조만식은 처음에 김일성에게 입당을 권유했지만, 김일성이 같은 동북항일연군 출신인 최용건을 추천하여 그가 대신 참여했다. 최용건은 조만식과 구면이었다. 그는 정주의 기독교 학교인 오산학교에서 수학하면서 교장 조만식의 가르침을 받은 바 있었으니, 스승과 제자가 한 정당에서 활동하게 된 셈이다. 최용건은 조선민주당에 참여하면서도 실제로는 공산당원의 신분을 포기하지 않았다.

당수에 조만식, 부당수에 이윤영·최용건이 선출되었으며, 백여 명의 중앙집행위원과 30여 명의 상무집행위원을 중심으로 운영되었다. 조선민주당 간부진은 조만식의 지도력이 관철되는 직계와 그 외 인물들이 대체로 반반씩 구성되었다. 조만식은 주로 장로교 쪽의 기독교 민족주의자들을 기반으로 했다. 비非조만식 계열로는 최용건 같은 인물 외에도 3·1운동에 참여했던 감리교 목사 홍기주, 기업가 홍기황 등이 참여했는데, 이들은 뒷날 모스크바 삼상회의 결정 찬반 논의에서 조만식과 다른 편에 선다.

조선민주당 결당대회

북한의 민족주의자들은 조만식을 중심으로 1945년 11월 3일에 조선민주당을 창당했다. 소련 군정은 조선민주당 창당에 호의적이었으며, 조선민주당은 소련 등 연합국과 협조하여 '민주주의공화국'을 수립하는 것을 목표로 하고, 민족자본가, 도시 소자산가, 기독교인들을 주요 기반으로 표방했다. 그러나 지방 조직에는 중소지주 등도 참여하고 있었고 반공주의 성향의 인물들이 정치 조직의 필요성을 느껴 참여하는 경우도 있었다.

창당한 지 한 달도 지나지 않아 조선민주당은 공산당보다 더 많은 당원을 확보했다. 또 세 달도 못되어 당원 수는 수만 명으로 증가했다. 조선민주당은 민족자본가, 도시 소자산가, 기독교인들을 주요 기반으로 표방했다. 그러나 지방 조직에는 중소지주 등도 참여하고 있었고, 반공주의 성향의 인물들이 정치 조직의 필요성을 느껴 참여하는 경우도 있었다. 당수 조만식은 사회주의 사회 정책에도 호감을 지닌 진보적인 인사였지만, 이 정당에는 기독교 민족주의자, 기업인 외에 지주 등 보수적 색채의 계층도 다수 참가했으며, 특히 지방 당부의 성격은 상당히 반공적인 성향이 강했다. 조선민주당의 창당 당시 강령과 정책의 전문을 소개하면 다음과 같다.

조선민주당 강령

1. 국민의 총의에 의하야 민주주의공화국의 수립을 기함
2. 민권을 존중하여 민생을 확보하야 민족 전체의 복리증진을 도모함
3. 민족문화를 앙양하야 세계문화에 공헌함
4. 종교·교육·노농·실업·사회 각계 유지의 결합을 요함
5. 반일적 민주주의 각 당파와 우호 협력하야 전 민족의 통일을 도함
6. 소련 및 민주주의 제 국가와 친선을 도하야 세계평화의 확립을 기함

조선민주당 정책

1. 국민은 언론·출판·집회·결사 및 신앙의 자유와 선거 및 피선거권을 유함. 민족 반역자는 5대 자유와 공권을 박탈함
2. 의회 제도와 보통선거제의 실시

3. 교육·보건의 기회균등
4. 문화 및 사회 사업 기관의 확충
5. 문화인 및 과학기술자의 육성과 우대
6. 국제무역의 진흥과 국내 상업의 발전 촉진
7. 물가와 통화를 적정 조절하야 국민생활의 안정 기도
8. 소작 제도의 개선, 자작농 창정의 강화, 농업기술의 향상
9. 균정 간편한 세제의 확립
10. 노농운동의 정상적 발전을 조성함
11. 노자 문제의 일치점을 득하야 생산의 지장이 없기를 기함
12. 실업자의 대책 수립, 공장법·생산보험·건강보험·최저임금제의 지정

조선민주당은 창당하면서 소련 등 연합국과 협조하면서 '민주주의공화국'을 수립하겠다고 천명했다. 그런데 조선민주당은 소련 및 사회주의자들과 우호적으로 지내기에는 보수적인 성향이 강했다. 강령과 정책에 친일 세력의 청산이나 토지개혁에 대한 언급이 전혀 없는 것만 봐도 그랬다. 조선민주당의 소작제 개선론은 곧 출현하게 될 중앙정부를 염두에 두고 제시한 기본적인 방침으로서, 토지 문제 해결에 분명한 한계를 보여주고 있다. 정치적으로는 의회 제도와 보통선거제를 실시하는 등 의회민주주의를 지향했다. 전반적으로 조선민주당 창당 당시의 강령은 남한의 한국민주당 강령보다 오히려 더 보수적이라 할 정도였다. 소련과 협조한다는 자세를 가지고 있었지만, 기본적인 지향점은 보수적인 성향을 보이고 있었던 것이다.

당수 조만식은 사회주의 사회 정책에도 호감을 지닌 진보적인 인사였지만, 이 정당에는 기독교 민족주의자, 기업인 외에 지주 등 보수적 색채의 계층도 다수 참가했으며, 따라서 당의 전반적인 성격, 특히 지방 당부의 성격은 상당히 반공적인 성향이 강했다.

1945년 12월까지 조선민주당과 소련군 및 공산당 사이에는 대체로 근본적인 대립이나 갈등은 벌어지지 않았다. 조만식은 12월에 미군정 사령관 하지에게 보낸 밀서에서 "소련 군정이 북한에서 나름대로 적절한 개혁을 수행하여 북한 주민들은 소련군의 정책에 만족하고 있다"고 했다. 신탁통치 문제가 발생하기 전까지 조만식은 북한에서의 소련군 정책에 긍정적이었다.

그렇다고 해도 조만식 계열과 소련군 및 사회주의 세력 사이에는 여러 가지 작은 갈등이 있었고, 그 속에서 불신이 싹트고 있었다. 예를 들어 『조선 종전의 기록』에 의하면, 자금 문제로 평남건준과 소련군 사이에 갈등이 있었음이 확인된다. 평남건준의 조만식 위원장은 잔류 일본인들의 모임인 일본인회에 자신의 비서를 보내서 정치자금 30만 원을 기부하도록 요구했다. 일본인회는 이미 공산 측에 기부한 바 있었기 때문에 요구를 거절하기 곤란했다. 그리하여 11월 18일에 조선 지폐 2만 원, 일본 지폐 5만 엔을 평남건준에 전달했다. 그러나 11월 하순에 이것이 문제가 되어 일본인회 간부들이 보안서에 구금되고, 조만식의 비서도 체포되는 사건이 있었다.

해방 후 북한에서 발생한 최초의 대규모 반공운동은 1945년 11월 23일의 '신의주 학생사건'이었다. 대지주 등 자산가들과 기독교인들이 다수

거주하던 신의주는 초기부터 반공적인 분위기가 강한 곳이었다. 해방 직후인 9월 초에는 이곳에서 윤하영·한경직 목사 등이 보수적인 '기독교사회민주당'을 결성하기도 했다. 11월 18일 용암포 제일교회에서 열린 인민위원회 주최의 시민대회에서 한 학생 대표가 공산당의 횡포를 비난하자 좌우익 간에 충돌이 발생한 것이 사건의 발단이 되었다. 11월 23일에는 신의주 시내 중고등학생 3,500여 명이 보안서 등을 향해 시위행진을 했는데, 시위대에 총격이 가해져 사망자 23명, 부상자 700명이 발생했다. 사건 직후 급파된 김일성은 시민들 앞에서 스스로 공산주의자임을 밝히면서도 신의주 지방의 공산당 간부들을 비판하고 학생들을 관대하게 처분하겠다고 약속하는 한편 전 민족이 총단결하여 민주국가를 건설할 것을 주장해 대중적 지지도를 넓히는 계기로 삼았다.

이처럼 1945년 11월 이후 북한에서는 반공주의자들과 사회주의자들 사이에 균열이 발생하고 있었다. 소련군은 반공주의자들에 대해서는 억압책을 실시하면서도 이들과 분리하여 조만식 계열의 민족주의자들과는 우호적인 관계를 유지하고자 노력했다. 사회주의 세력이 취약한 상황에서 민족주의자들과의 협조는 불가피했기 때문이다. 1945년이 저무는 시점에 소련군은 당시 북한의 상황을 어떻게 판단하고 있었을까?

모스크바 삼상회의 결정이 확정되기 직전인 12월 25일 극동최고사령부의 군사소비에트 위원 쉬킨은 소련 외무인민위원부 부장 몰로토프 및 차장 로조프스키 등에게 북한의 정치 상황에 대한 보고서를 제출했다. 쉬킨은 제1극동전선 군사소비에트 위원인 슈티코프의 상관으로서, 1946년부터 소련 국방성 정치사령부장으로 활동하게 되는 중요 인물이다.

### 신의주 학생사건 현장에 내려간 김일성

좌우익 학생들 간의 충돌로 23명이 사망하고 700명이 부상을 입은 신의주 학생사건은 해방 후 북한에서 발생한 최초의 대규모 반공운동이다. 사건 직후 현장에 급파된 김일성은 시민들 앞에서 신의주 지방의 공산당 간부들을 비판하고 학생들을 관대하게 처분하겠다고 밝히는 한편 전 민족이 총단결하여 민주국가를 건설할 것을 주장해 대중적 지지도를 넓히는 계기로 삼았다. 사진은 신의주항공대를 찾은 김일성이 항공대 훈련생들의 요청에 따라 비행기 앞에서 기념촬영을 한 모습이다.

이 문건은 '쉬킨 구상'이라고 불러도 좋을 정도로, 당시 극동에서 정치문제의 최고 담당자였던 쉬킨이 북한 정세를 나름대로 점검하고 그에 입각해 내린 정책 구상을 담고 있다. 이 문건에서 쉬킨은 조만식과 조선민주당에 대해 대체로 긍정적인 평가를 내렸다. 이 정당이 소련군 및 사회주의자들과 협조하고 있음을 중시하고, 그 지도자 조만식은 과거에 민족운동에 참여한 인물이라고 하면서 존중하는 자세를 보였다. 그러나 다른 한편 쉬킨은 조만식이 소련에 대한 태도를 아직 결정짓지 못하고 있다고 일말의 불안감을 드러내기도 했다. 그리고 김일성에 대해서는 그를 여러 공산주의 지도자들 중 한 명으로 보면서 "조선과 만주에서 빨치산투쟁의 지도자였던 김일성이 대중들 사이에서 대단한 명성을 누리고 있다"고 특별히 긍정적인 평가를 내렸다. 그는 다음의 5가지 사항으로 이 보고를 맺었다.

1. 반일 민주주의 정당 단체의 광범한 블록에 기반을 둔 북한의 부르주아 민주주의 개조는 극히 지연되고 있다.
2. 현재 북한에서 우리는 조선에서 우리 군대가 철수할 때 우리의 국가이익(이해관계)을 보장해줄 수 있는 항구적인 경제적 정치적 지위를 아직 획득하지 못했다. (…)
3. 북한 경제를 급속히 재건하고 민족간부들을 양성하는 과제를 위해서는 북한 영역에서 권력을 집중한 다음 이를 민주적인 조선인 활동가들의 손에 넘겨줄 필요가 있다.
4. 대지주의 토지 지배가 현존하고 있음은 인민민주주의 투쟁의 발전에

장애가 된다. 가까운 시일에 농업개혁이 실현되어야 할 필연성을 신중히 제기한다.
5. 25군 사령부 산하의 민정기구는 북한의 경제적 정치적 생활을 효과적으로 다룰 숙련된 간부들을 조직적으로 마무리하고 강화할 것이 요구된다. 군관구, 군대의 군사소비에트에서 소련에 우호적이며 조선에서 우리의 정치적 지위를 강화하도록 효과적으로 보장해줄 새로운 민주적 간부들을 선별하고 준비하는 문제들에 더 주의하게 한다.

쉬킨은 이 보고서를 소련군이 조만간 철수하게 될 수 있다는 전제하에서 쓴 것으로 보인다. 그는 소련의 '국가이익'을 보장해주기 위한 부르주아 민주주의 개조 작업이 늦어지고 있으며, 앞으로 민주적 민족적 간부 양성, 권력의 집중화와 조선인에 대한 이양, 그리고 토지개혁이라는 3대 과제를 실현해나가야겠다는 정책 구상을 하고 있었다. 소련군이 한국인에게 주권을 완전히 넘긴다는 발상은 소련의 국가이익을 보장해줄 정치사회적 기반을 북한에 확고히 세우겠다는 의지의 표현이었다. 또한 이런 구상이 대지주의 토지 지배를 없애버리는 토지개혁과 함께 이루어지고 있는 점도 주목된다. 1946년 2월과 3월에 각각 실현되는 북조선 임시인민위원회 창설과 토지개혁 방침은 이미 1945년 말부터 극동의 소련군 내에서 모색되고 있었다.

이런 구상은 어디까지나 남북 분단국가 수립을 전제로 했다기보다는, 목전에 대두할 통일정부 수립에 앞서 북한 지역에 먼저 소련의 국가이익을 보장할 기반을 만든다는 데 초점이 있었다. 그렇지만 그 기반을 확보하기 위하여 구상한 제반 조치들은 만약 실현될 경우 남한의 정치사회와 미국 측에게 분단국가 수립 과정으로 비춰질 수 있었고, 또 사실상 그런 경향성이 짙었다. 다만 이러한 현지 주둔군의 건의가 모스크바 삼상회의에서 미·소 간 협조 기조를 유지하는 가운데 채택된 한국 문제 결정에 직접적인 영향을 미친 것 같지는 않다. 한반도 현지에서는 내적으로 분단구조가 형성되고 있었지만, 소련 본국 차원에서는 아직 미·소 간의 국제적 협조에 의한 한국 문제 처리 방침이 기본적이었다.

 소련 주둔군이 자신의 관점에서 북한 지역에 소련의 국가이익을 보장해 줄 부르주아 민주주의 권력을 형성한다는 정책을 펼쳐나갔다면, 그 영향력 아래 있던 한국인 사회주의자들은 국토 양단의 조건 속에서 어떤 권력 형성의 밑그림을 그리고 있었을까? 조선공산당 함경남도위원회 기관지인 『옳다』 12월 15일자에는 소련 주둔군 사령부가 발표한 「지방자치기관 선거에 관한 지령」이 실려 있다. 이를 받아들이면서 조선공산당 함남위원회는 지방 인민위원회 선거를 통해 통일된 전국적 인민주권 수립을 위한 진정한 민주주의적 토대를 하루빨리 만들어야 한다고 주장했다. 선거라는 민주주의적 절차를 통해 우선 북한 지역에 정당성을 지닌 권력기구를 창출하자는 주장이었다. 이 논리는 미·소 강대국의 분할점령이라는 조건 속에서 북한 지역에 먼저 혁명의 근거지를 마련하고 이를 바탕으로 한반도 전체에서 반제국주의 반봉건 혁명을 실현하겠다는 단계적 혁명론, 즉 '민주기지'론을 드러내고 있다. 민주기지론은 통일정부 수립을 기본 목표로 하지만 일단 북한 지역에 권력기구를 형성한다는 발상을 가진 것으로, 분단이 고착화될 경우 분단정부 수립의 논리로 전환될 수 있는 사고방식이었다. 이런 사고방식은 대체로 1945년 12월 즈음 형성되었으며, 1946년 1월에 '탁치정국'을 통해 한반도의 정치사회가 좌우익으로 극심하게 분열 대립하게 됨에 따라 더욱 확고해졌다.

**스페셜테마**

## 소련군은 왜 북한에 진주했을까?

미국과 소련은 한국인들의 의사도 묻지 않은 채 북위 38도선을 경계 삼아 한반도를 두 개의 군사점령지역으로 분할했다. 과연 북한에 진주한 소련군의 의도는 무엇이었을까? 소련군은 해방자였을까, 점령자였을까?

소련군이 일본과의 전쟁에 참전한다는 것은 이미 얄타회담 당시 연합국들 사이에서 협의된 사항이었다. 얄타회담에서 소련은 대일전쟁 참가의 조건으로 사할린 및 부속 도서의 반환, 뤼순 항구의 조차권 등 옛 러시아제국이 극동 지역에서 누렸던 이권들을 다시 확보하기로 미국의 약속을 받았다. 그 효력을 확보하기 위해 소련은 얄타회담에서 천명한 바와 같이 독일 패망 이후 3개월이 지난 뒤 8월 9일 0시에 선전포고를 한 것이다.

소련군은 만주 관동군을 무너뜨리며 빠르게 한반도 북부로 진출했다. 그 진출의 한계선은 미국이 소련과 중국에게 동의를 구한 '일반명령 제1호'에서 획정되었다. '일반명령 제1호'는 일본군의 항복 접수와 관련하여, 중국·타이완 및 북위 16도 이북의 인도차이나에서는 일본군이 중국의 장제스에게 투항하며, 만주와 북위 38도 이북의 한국 및 사할린에서는 소련군 사령관이 항복을 받고, 일

북한 상륙작전을 준비하고 있는 소련 해군 병사들

본·필리핀 및 북위 38도선 이남의 한국에서는 맥아더 장군이 항복을 받도록 각국의 접수 영역을 구분했다.

트루먼이 15일에 한반도 분할안을 담은 일반명령 제1호 초안을 스탈린에게 제안하자, 스탈린은 16일자 회신에서 아래와 같은 수정 제안을 내놓았다.

1. 3대국 크리미아회담의 결정에 의거, 소련이 영유하기로 된 쿠릴열도를 일본군의 대소련군 항복지구에 포함시킬 것
2. 사할린과 홋카이도 사이의 소야해협 북방에 접한 홋카이도 북부를 일본군의 대소련군 항복지구에 포함시킬 것

8월 18일 미국은 위의 1항, 즉 쿠릴열도를 소련군 항복지구에 포함시키자는 제의에 동의한 반면, 일본 본토 일부에 소련군이 진주하도록 해줄 것을 요구하는 제2항은 명백히 거부했다. 소련은 일본 본토의 일부, 즉 홋카이도 북부에 대한 군사 주둔 요구를 미국에 의해 거부당함에 따라 동북아시아에서 소련의 안보를 더 확고하게 보장받기 위해 한반도에 더욱 집착하게 된다.

얄타회담 당시 소련이 미국에게서 보장받은 이권은 만주 지역에 한정되었다. 그러나 소련은 만주 외에 한반도에서의 군사 활동에 크게 집착했다. 왜 소련은 한반도에 집착했을까? 단지 자신들이 무너뜨릴 관동군의 작전관할지역에 38도선 이북이 포함되어 있었기 때문일까?

소련은 대일전쟁 참전 이전부터 한반도를 안보상 긴요한 지역으로 파악하고 있었다. 한반도가 일본 등 해양국가들에 의해 소련에 진출하기 위한 작전 근거지로 이용되어왔다는 점 때문이었다. 전쟁 종료 이전 한국에 대한 소련의 관심

과 구상을 알 수 있는 최초의 자료는 1945년 6월 29일자로 제2극동국장 주코프와 부국장 자브로딘이 작성한 보고서이다. 이 보고서는 한반도가 역사적으로 일본의 대륙 침략 통로로 이용되어왔으며, 그런 이유에서 한반도에서 일본의 영향력은 완전히 배제되어야 하고, "한국이 소련에 대한 미래의 공격 근거지로 전환되지 않게" 하기 위해 미래의 한국 정부는 소련과 우호적인 관계를 맺어야 한다는 점을 지적했다. 특히 "일본이 한국을 통해 아시아대륙으로 팽창하려 한 데 대해 러시아가 투쟁한 것은 역사적으로 정당한 행위"였음에도 러시아가 일본의 진출을 막지 못한 주된 이유로 '외교적 고립'을 들고 있으며, 그런 맥락에서 또다시 고립되지 않기 위해 한반도에서 후견제(신탁통치)가 실시되면 소련이 이에 참여해야 한다고 강조했다. 한국 문제에 관해서는 국제적 신탁통치 실시와 '적절한 시기'의 독립 허용이라는 막연한 일반원칙이 세워진 가운데, 미·소 두 국가 모두 한반도에서 자신의 발언권을 뒷받침하기 위해 한반도에 대한 군사적 진출을 모색하고 있었다.

전반적으로 소련의 대(對)한반도 정책은 일본의 '비군사화·민주화'라는 동아시아 정책의 일반적 목표와 관련을 가지면서, 한반도가 다시는 소련을 향한 침략기지가 되지 않도록 이 지역에 소련에 우호적인 정부를 수립하는 것이었다고 요약할 수 있다. 1946년 3월 서울에서 열린 미소공동위원회 첫 회의에서 소련 대표 쉬트코프가 발언했듯이, 소련은 해방 이후에도 이런 자신의 목표를 기회가 있을 때마다 천명하곤 했다.

북한 지역에 주둔한 소련 극동군 제25군은 구체적인 주둔 정책을 하달받지 못한 상태에서 처음 한 달을 보냈다. 드디어 9월 20일, 스탈린은 소련군 최고사령관의 자격으로 북한 지역 주둔에 대한 구체적인 방침을 하달했다. 그 전문은 소련 붕괴 이후 비로소 공개되었다.

「북한에서 소련 군부대와 지방정권기관 및 주민의 상호관계에 대해 소련 극동사령관, 연해주군관구 군사회의와 제25군에 내린 소련군 최고사령관의 지시」

1. 북한 영토 안에 소비에트 및 소비에트 권력의 다른 기관을 수립하지 말고 소비에트 제도를 도입하지 말 것
2. 모든 반일 민주주의 정당 단체의 광범한 동맹에 기초하여 북한에 부르주아 민주주의 권력을 수립하는 데 협력할 것
3. 붉은 군대가 점령한 한국 땅에서 반일 민주주의 정당 단체 결성을 방해하지 말고, 그들의 사업을 도와줄 것
4. 지방 주민에게 아래와 같이 홍보할 것

(개) 붉은 군대의 북한 진주는 일본 강점자를 섬멸하는 것이 목적이며 한국 영토를 탐내거나 소비에트식 질서를 부식시키자는 것이 아님

(내) 북한 인민의 개인적·사회적 소유는 소련군 당국의 보호를 받음

5. 지방 주민들에게 자신의 평화적인 사업을 계속하도록 호소하며, 그리하여 공업·상업·교통 및 기타 기업들의 정상 가동을 도모하고, 소련군 당국의 지시와 요구에 응하여 사회질서를 유지하는 데 협력하도록 알릴 것
6. 북한에 진주한 소련군 장병들에게 군기를 엄격히 지키고 주민을 괴롭히지 말며 행동을 잘하도록 훈시할 것. 종교예식 수행과 행사 등을 방해하지 말고 사찰과 기타 종교 시설에 손대지 말 것
7. 북한의 민간행정에 대한 지도는 연해주군관구 군사평의회에서 수행할 것

스탈린 비밀전문의 요점은, 북한 지역에 소련에 우호적인 권력을 수립하도록 하기 위해 반일 민주주의 정당 사회단체를 육성 지원하되, 그 권력의 형태는 소비에트가 아닌 '부르주아 민주주의'적인 것이어야 한다는 점이었다. 이는 소련군이 단지 일본군 무장해제만을 목적으로 주둔한 것이 아니라 한반도에서 소련의 국가이익을 보장받아야 한다는 정치적인 이유에서 주둔한 것임을 명확히 보여준다.

그렇지만 다른 한편 이 비밀전문에는 권력 수립의 문제와 관련해 문장만으로는 그 진의를 정확히 파악하기 어려운 부분이 있다. 북한 지역에 친소적인 권력 수립을 지원한다면, 그것은 연합국 간 합의사항인 한반도 신탁통치 방침과 어떤 관련성을 지니는가? 한반도 전역의 신탁통치 방침을 실현 불가능한 것으로 미리 전제하고 분단정부를 수립하겠다는 의도인가, 그렇지 않으면 한반도 문제를 연합국 간에 합의하여 처리하기 전에 일부 지역에 우선 친소 권력을 수립하여 그를 바탕으로 신탁통치 문제에서 유리한 위치를 선점하고자 한 임시권력·지역권력 수립방안이었을까?

9월 20일은 런던에서 미·소·영 3개국의 제1차 외상회의(9월 11일~10월 2일)가 열리고 있던 시점이었다. 러시아 외교 문서에 의하면, 당시 소련은 한반도의 4개국 신탁통치에 참여하며 그와 더불어 부산, 진해, 인천, 제주도 등 남한 지역 항구들을 사용할 수 있는 권한을 요구하고자 했다. 당시 분단정부 수립을 계획하고 있었다면 이런 구상은 나오지 않았을 것이다. 그런 점에서 소련은 한반도를 국제적으로 관리한다는 미국 측의 일관된 주장에 일단 보조를 같이하되, 향후 수립될 한국 정부에서 소련의 안보상 이해관계가 최대한 보장되도록 하기 위해 북한 지역에 먼저 자신의 지지기반을 임시적으로 창출하려 한 것이었다고 이 훈령의

의도를 파악해도 무리가 없을 것이다. 이후 소련군의 북한 주둔 정책은 이 원칙에 입각하여 진행되었다. 소련은 한편으로 연합국들과 신탁통치 문제를 논의하면서, 다른 한편 북한 지역에서 친소적인 임시권력 수립을 현실화해나갔다. 그리고 미소공동위원회에서 그 권력을 전제로 해서 남한 지역의 민주적 정당 사회단체들과 연립하여 통일 임시정부를 수립하고 이를 연합국들이 후견하는 방향으로 나아가게 된다. 분단정부 수립 방침은 적어도 1945년 시점에는 세워져 있지 않았다.

# 02

**1945년 12월 모스크바 삼상회의의** 조선 문제 결정은 한반도에 엄청난 충격을 주었다. 이 결정은 한국인들의 뜻을 존중해 통일 임시정부를 세워주겠다는 신호와 함께, 연합국이 신탁통치를 하면서 한국 문제에 계속 개입하겠다는 신호를 동시에 밝힌 것이었다. 사회주의 세력과 이에 우호적인 세력들은 앞 신호에 주목하여 통일정부 수립운동의 길로 들어섰고, 민족주의자들과 반공주의자들은 뒷 신호에 주목하여 신탁통치 반대운동의 길로 진입했다. 결국 교차로에서 양측이 충돌하면서 한반도는 좌와 우로 분열되고 만다.

# 북조선 임시인민위원회 수립과 '민주개혁'

반탁을 곧 반소련으로 간주한 소련 주둔군은 이를 용납하지 않았다. 조만식을 비롯한 반탁 진영은 물리적 압박 속에 몰락했다. 미소공동위원회에서의 통일 임시정부 수립 논의를 앞둔 1946년 2월, 북한에서는 북조선공산당과 재편된 조선민주당, 그리고 천도교청우당과 조선신민당의 통일전선을 기반으로 북조선 임시인민위원회가 수립되었다. 임시인민위원회는 3월에 토지개혁을, 8월에 중요산업 국유화를 단행하며 반제국주의 반봉건 '민주개혁'을 실행에 옮겼다. 이 개혁은 북풍이 되어 남한사회에도 큰 영향을 미치게 된다.

## 조선민주당의 재편과 청우당·신민당의 부상

1946년은 한반도에 수립될 국가가 통일국가가 될지, 분단국가가 될지 그 기본 방향이 결정되는 중요한 한 해였다. 모스크바 삼상회의의 결정에 입각하여 미국과 소련은 그해 3월 공동위원회를 열어 통일 임시정부 수립 문제를 논의하기로 했다. 그러나 남북한사회는 이미 1946년 초에 이른바 '탁치정국' 속에서 급속히 좌우익으로 분열되고 만다.

북한에서 좌우익의 대립 구도가 명확해지는 시점은 1946년 초 '신탁통치' 문제를 둘러싸고 남한에서 좌우익이 분화하는 시기와 일치했다. 모스크바 삼상회의의 결정이 한반도에 전달된 1945년 12월 28일 이후, 북한에서는 사태가 급속도로 전개되었다. 1946년 1월 2일 조선공산당 북조선분국, 조선독립동맹, 조선노동조합 전국평의회 북부조선총국 등 5개 단체는 삼상회의의 결정을 지지하는 공동성명서를 발표했으며, 1월 3일에는 북조선 10행정국장 회의에서 삼상회의 결정 지지성명서를 발표했다. 그리고 1월 8일 민주청년동맹 지방 열성자협의회는 삼상회의의 결정을 반대하는 자를 '반동분자'로 규정했으며, 민주주의 조선 임시정부에 반민주주의적 정당 사회단체를 절대 참가시키지 말 것을 주장했다. 열흘 사이에 이미 북한 내 정치 역학관계의 근본적인 개편이 이루어지기 시작한 것이다. 특히 이후 미소공동위원회에서 협의에 참여할 정당 사회단체의 범위에 삼상회의 결정을 반대하는 조직은 포함시키지 말라는 주장이 이때 이미 나왔다는 점이 주목된다.

조선민주당은 1946년 초 모스크바 삼상회의의 조선 문제 결정에 반발하면서 소련 주둔군 및 조선공산당 북조선분국과 마찰을 빚게 된다. 모스크바 삼상회의의 결정에 대해 조만식은 "경성의 다른 정당들과 연락한 뒤 태도를 결정하겠다"며 일단 유보적인 자세를 취했고, 평남도 인민정치위원회에서 일하는 조선민주당 소속 직원들을 사직하게 하여 소환했다. 조만식은 고민 끝에 신탁통치 반대의 뜻을 표명했다. 그는 통일된 조선 독립정부의 수립을 염원했고, 신탁통치가 그 길에 장애물이 된다고 판단했던 것으로 보인다. 조만식은 북한만의 독자적인 정권기구인 북조선 행정국을 만들려는 소련의 구상에도 반대했던 것으로 알려져 있다. 모스크바 삼상회의 결정 전까지 상당히 협조적이던 조만식이 반대의 태도를 취하자, 소련군은 크게 당황했다. 결국 조만식은 연금 상태에 들어갔다. 사회주의자들은 조만식이 소련군의 정책에 비협조적이라는 점을 비판하면서, 덧붙여 그의 친일 경력을 거론했다. 『매일신보』 1943년 11월 16일자에 「학도에게 고한다」라는 제목의 글이 조만식의 이름으로 실린 것을 문제 삼은 것이었는데, 이는 과연 조만식 자신이 쓴 글이 맞는지, 아니면 이름을 도용당한 것인지조차 불투명한 한 편의 기사일 뿐이었다. 지도자를 잃은 조선민주당은 당권투쟁에 휘말렸다. 당권 경쟁에서 조만식 계열은 역부족임을 깨닫고 월남의 길을 택했다.

1946년 2월 5일에 개최된 조선민주당 열성자협의회에서는 조만식 계열을 비판하는 선언문과 결정서가 채택되었으며, 조선공산당에 협조적인 인물들로 중앙위원회를 개조하고 김일성의 외척인 강양욱이 임시당수대리가 되었다. 최용건은 부당수가 되었다. 조만식 계열에 속하지 않는 민족주의자 홍기주와 홍기황 등은 계속 남아 중앙위원으로 활동했지만, 이들이 북한 지역의 민족주의 세력 전체를 대표할 수는 없었다. 조만식의 몰락은 곧 북한 민족주의 세력의 분열과 위축을 의미하는 것이었다. 이로써 민족주의자들과 사회주의자들 사이에 유지되었던 균형적 협조관계는 종식되었다. 조선민주당과의 민공연립정치가 좌절되는 대신, 천도교청우당과 조선신민당이 창당되어 공산당의 '우당友黨'으로서 활동하게 된다.

천도교계는 현실참여 전통을 바탕으로 1945년 8월 해방 후 신국가 건설 과정에서도 자신들이 추구하는 이상국가 건설을 위해 정치 활동에 적극 참여했다. 천도교청우당은 그 정치 활동을 담당한 천도교계 정치 조직으로, 남북한에서 각각 남조선 천도교청우당과 북조선 천도교청우당이 조직되었다.

본래 천도교청우당은 1931년 2월 천도교 신파의 천도교청년당과 구파의 천도교청년동맹이 합동하여 만든 천도교의 정치사회단체였으나, 신구파 분규가 재연되어 1933년 3월부터 다시 천도교청년당과 천도교청년동맹으로 복귀된 바 있었다.

은둔하고 있던 천도교 활동가들은 해방 직후 각 지역 조직들을 복원하기 시작했다. 소련 주둔군 보고서에 의하면, 북한 지역에서는 1945년 10월까지 지방에서 당 조직들이 만들어졌다. 10월 31일에는 지방 당 조직 대표들이 참석한 가운데 천도교청우당 부활 전당대회가 개최되었다. 대회에서 김기전이 위원장으로, 이응진이 부위원장으로 선출되었다. 그리고 분단 조건을 고려하여 북한에 '당 서부지부'를 창설하기로 결정했다. 서부지부 중앙위원회는 김정주의 지도 아래 13명으로 구성되었다.

1946년 1월 25일 중앙위원회는 당 지방 조직 대표회의를 소집했다.

이 회의에서 당 지방 조직 대표의 대다수는 북조선에 독립적인 청우당을 창설할 것을 요구했다. 1946년 2월 8일, 북조선 천도교청우당이 창당되었다. 위원장은 김달현, 부위원장은 김정주·박윤길이었다. 당 검열위원장으로는 김명희가 선출되었다.

위원장 김달현은 1884년 함경남도 고원군에서 태어나 1903년에 천도교에 입도했다. 그가 사회 활동에 나서게 된 것은 1919년 3·1운동부터였다. 3·1운동 당시 고원군에서는 천도교도들이 만세운동을 주도했고, 김달현도 고원군 종리원장 조동원의 지도하에 만세운동에 참여했다. 이후 김달현은 1922년 무산자동지회 활동에 참여했으며, 서울의 한 파업에도 관여했다. 또 조선농민사 교양부장으로 활동하고, 1933년에는 천도교청년당 중앙위원, 1934년 1월에는 천도교 고원군 종리원장이 되었다. 그해 12월 제8회 천도교 임시대회에서 의장으로 당선되어 전국적인 인사가 되었다.

천도교청우당은 창립대회 당시 당원이 52,959명이었으며, 조선민주주의인민공화국이 수립되는 1948년 9월 시점에는 당원 수가 289,494명으로 늘어났다. 청우당원의 80%는 농민 출신이었다. 그 외 노동자가 7%, 사무원이 3%로서, 노동자·농민이 전체의 90%에 달했고, 상인·기업가·수공업자·학생 등이 부분적으로 참여했다. 북조선 천도교청우당은 주로 농촌에 거주하는 천도교인들로 구성되었음을 알 수 있다. 조선민주당과 기독교계가 주로 도시에 근거를 두고 있었다면, 천도교는 반대로 농촌에 근거를 두고 있었던 것이다. 1948년 11월 시점에 북조선 천도교청우당은 6개 도 위원회, 13개 시 위원회, 83개 군 위원회, 617개 면 위원회를 포괄하는 정당으로 성장했다.

**김일성과 함께한 북한 정당 대표들**

1946년 평양 주둔 소련 군정 핵심 지도부와 북한 정당 대표들의 모습. 왼쪽부터 레베데프 정치사령관, 김일성 북조선공산당 책임비서 겸 임시인민위원장, 발라사노프 정치고문, 홍기주 민주당 부위원장, 김달현 천도교청우당 당수이다. 소련 군정은 조만식이 모스크바 삼상회의 결정에 반대하자 정치 활동을 금지시키고 조선공산당에 협조적인 인물들로 중앙위원회를 개조했다. 이로써 공산주의와 민족주의 세력의 협조관계가 깨지면서 천도교청우당이 북조선공산당의 '우당'으로서 북한의 정권 수립과 사회개혁에 동참하게 되었다.

천도교청우당은 '인내천人乃天'을 종지로 하고 '물심일원物心一元 성신쌍전性身雙全 교정일치敎政一致'를 강령으로, '보국안민輔國安民 포덕천하布德天下'를 목적으로 했다. 청우당의 4대 강령은 아래와 같았다.

1. 민족 자주의 이상적 민주국가 건설을 기함
2. 사인여천事人如天의 정신에 맞는 새 윤리 수립을 기함
3. 동귀일체同歸一體의 신생활 이념에 기한 신경제 제도의 실현을 기함
4. 국민개로제를 실시하여 일상 보국의 철저를 기함

청우당은 미국식 자본독재와 소련식 무산자독재 모두를 비판하고 전 인민의 자유와 평등을 보장하는 조선적 신민주주의를 지향했다.

북조선 천도교청우당은 모스크바 삼상회의 결정을 지지하고 토지개혁에 동참하는 등, 조선공산당 북조선분국의 '우당'으로서 활동했다. 그러나 청우당은 1948년 3·1재현운동 사건으로 천도교인들 다수가 검거되면서 조선공산당 측과 심각한 갈등에 빠지기도 했다. 3·1재현운동은 남북의 분단정부 수립을 반대하기 위해 남북의 천도교계가 손을 잡고 일으킨 통일운동이었는데, 이미 분단정부 수립의 길로 들어선 공산당 측은 이를 용인하지 않았다.

조선공산당의 또 다른 '우당'은 화북 조선독립동맹을 모태로 하는 조선신민당이었다. 화북 조선독립동맹은 중국 관내에서 활동하던 한인 사회주의자들과 민족주의자들이 1942년 7월에 화북의 태항산太行山 부근에서 결성한 조직으로, 산하에는 조선의용군이 있었다. 독립동맹에 참여한 사

람들은 크게 세 부류였다. 하나는 무정 등 중국공산당 해방구에서 활동하던 중국공산당 당원들이었으며, 다른 하나는 최창익·한빈 등 사회주의자이면서 중국국민당지구에서 민족주의자들과 행동을 같이했던 이들 및 그들을 따르는 급진적인 청년들이었다. 그리고 세 번째 부류는 박효삼이나 양민산 등 본래 민족주의자이자 조선민족혁명당 당원으로서 조선의용대 제3지대에 소속되었던 이들이었다. 그들은 서로 활동 경험이나 이념이 달랐지만, 항일투쟁을 위해서는 통일전선을 결성해야 한다는 필요성에 공감하여 함께 독립동맹을 만들었다. 독립동맹의 주석으로는 한글학자로서 대한민국 임시정부, 한국독립당, 한국 대일전신 통일동맹, 민족혁명당에서 활동한 중도 좌파의 김두봉이 선출되었다. 독립동맹원들은 앞서 언급한 것처럼 1945년 12월에 무장을 해제한 채 귀국했다.

　귀국 이후 독립동맹은 처음에는 그 이름을 그대로 사용했다. 독립동맹은 모스크바 삼상회의의 결정을 지지하면서 조선공산당 북조선분국과 보조를 맞추는 한편, 공산당에 가입하지 않은 진보적인 인사들을 널리 영입했다. 1946년 1월에 부주석 한빈은 서울로 향했다. 남한에서의 조직 작업을 위해서였다. 그 결과 2월 5일에 경제학자 백남운을 위원장으로 하는 독립동맹 경성특별위원회가 결성되었다. 독립동맹은 1946년 2월 16일에 당 명칭을 조선신민당으로 개칭하여 정당 활동에 나섰다. 조선신민당의 간부진은 아래와 같았다.

조선신민당 간부 명단
주석 김두봉, 부주석 최창익·한빈

조직부장 이유민, 선전부장 김민산, 비서처장 변동윤, 총무처장 장철(이상 본부)

위원장 백남운, 부위원장 정노식

조직부장 심운, 선전부장 고찬보, 비서처장 구재수(이상 남조선)

조선신민당은 강령에서 "친일분자, 팟쇼분자 및 전쟁범죄자 등 일체 반동 세력을 철저히 소멸"할 것과 "전 국민의 의사를 대표한 보편적 평등적 선거에 의한 새로운 민주정권을 수립할 것"을 주장했다. '조선민주주의공화국' 건립론이었다. 이런 주장은 해방 이전 조선독립동맹의 국가 건설 방략을 계승한 것이었다. 화북 조선독립동맹은 해방 직전에 작성한 강령 초안에서, 반일 민족통일전선을 결성하고 그를 통해 "자주독립 강성번영한 조선민주공화국을 건립"할 것을 제창한 바 있었다. 이 반일 민족통일전선 밑에 "조국 독립을 위해 투쟁하는 각 계층, 각 당파, 각 개인의 모든 역량을 집결"하자고 주장했다. 그들은 이 통일전선 안에 지주층까지도 참여할 수 있다고 보았다. 다양한 민족운동 세력이 동등하게 참여해 하나의 통일적 지도기관을 세울 것을 모색했다. 그들에게는 통일전선의 결성에 의한 민족 문제 해결이 최대의 과제였기 때문이다.

조선신민당은 1946년 8월 28일 북조선공산당과 합당하여 북조선노동당으로 합류하기 전까지 북조선공산당에 가장 협조적인 '우당'으로서 활동했다.

1946년 2월에 수립된 북조선 임시인민위원회는 해방 이후 각지에 세워진 인민위원회들을 하부 기반으로 하고, 위에서 언급한 정당들을 상부 기반으로 하여 건설되었다. 그리고 각종 대중 조직들이 그 활동을 뒷받침했다. 1945년 11월에는 북조선 직업총동맹과 북조선 여성동맹이 결성되었다. 1946년 1월에는 공산청년동맹 등이 통합되어 북조선 민주청년동맹이 조직되었다. 그리고 1월 31일 북조선 농민동맹이 결성되었다.

## 북조선 임시인민위원회의 수립

제1차 미소공동위원회 개막 이전에 북한의 사회주의 세력과 소련 측이 세운 목표는 두 가지였다. 첫째, 북한에서 수립되는 '정권' 형태를 미소공위를 통해 수립될 조선 임시정부에 확대 적용시키며, 둘째, 미소공위 문제를 차치하고라도 북한 체제를 확고히 굳힘으로써 장차 통일정부 수립은 물론 남한의 단독정부 수립에도 대처하는 것이었다.

북한에서는 이미 1945년 11월에 사법국 등 10개 행정국이 세워지면서 국가기구의 토대가 마련되어 있었기 때문에, 중앙주권기관을 수립하는 일은 정치권의 결단만 남겨둔 상황이었다.

1946년 2월에 들어서 조선공산당 북조선분국을 비롯한 정당 사회단체 대표들은 북한 지역에 중앙주권기관을 세우기 위한 발기위원회를 조직했다. 발기위원회 위원장은 김책이 맡았으며, 부위원장은 강양욱·주영하, 위원은 김용범·최경덕·김달현·이주연 등으로 구성되었다.

발기위원회는 2월 5일에 북조선 임시인민위원회를 수립할 것을 결정했으며, 같은 날 개최된 조선공산당 북조선분국 중앙상무집행위원회도 북한에 이미 통일적 중앙정부를 수립할 수 있는 기초가 마련되었다고 확인한 뒤, 북조선 임시인민위원회를 수립하기 위해 당의 모든 부서와 당원을 동원하기로 결정했다. 이 자리에서 김일성은 북조선 임시인민위원회를 수립하기 위해 정당 사회단체 대표들과 도·시·군 인민위원회 위원장, 행정국 국장 등이 참가하는 예비회의를 개최한 뒤 대표협의회를 소집하여 선언서와 당면 과업을 채택하고 인민위원들을 선거할 것을 지시했다고 한다.

2월 7일에는 '북조선 임시인민위원회를 수립하기 위한 정당 사회단체 대표들의 예비회의'가 열렸다. 예비회의에는 북조선공산당 2명, 민주당 2명, 독립동맹 2명, 노동조합 2명, 농민조합 2명, 여성동맹 1명, 민주청년동맹 1명, 종교단체 1명, 조쏘문화협회 1명 및 도·시·군 인민위원회 위원장들과 행정국 국장들이 참가했다. 회의에서는 북조선 임시인민위원회의 당면 과업을 토의하고, 인민위원 선거에 관해 논의했다.

다음 날인 2월 8일엔 북조선 임시인민위원회를 결성하기 위한 '북부조선 각 정당·각 사회단체·각 행정국 및 각 도·시·군 인민위원회 대표 확대협의회'가 평양에서 개최되었다. 대표단은 정당 대표 6명, 사회단체 대표 8명, 행정국장 11명, 각급 인민위원회 관련자 등 137명으로 구성되었다. 개회 제1일에는 김일성의 「목전 북부조선 정치 형세와 북부조선 인민위원회의 조직 문제에 관한 보고」와 그에 대한 토론이 있었다. 그리고 다음 날 북조선 임시인민위원회 위원 선거가 이루어졌다. 인민위원으로 23명이 선출되었으며, 그중에서 김일성이 위원장을 맡고, 김두봉과 강양욱이 각각 부위원장과 서기장을 담당했다.

북조선 임시인민위원회는 '북조선 최고행정주권기관'으로 간주되었다.

사법권은 재판소와 검찰소가 담당하도록 되었지만, 이들은 북조선 임시인민위원회 사법국이 관할하므로 엄밀한 의미의 사법권 독립은 아니었다. 입법권 또한 북조선 임시인민위원회가 장악했다. '최고 행정주권기관'이기는 하지만 별도의 독립된 입법부와 사법부가 없는 상태에서 임시인민위원회는 행정권뿐만 아니라 입법권·사법권까지 장악한 명실상부한 국가최고기관이었다. 북조선 임시인민위원회가 입법권과 행정권을 모두 장악했던 것은, 민주적 선거에 의해 조직된 독자적인 인민 대표기관이 존재하지 않았기 때문이었다. 북조선 임시인민위원회는 최고행정주권기관이었을 뿐만 아니라 입법권과 사법권까지 장악한 명실상부한 국가최고기관이었다. 「북조선 임시인민위원회 구성에 관한 규정」에 따르면, 임시인민위원회는 "북조선의 인민·사회단체·국가기관이 실행할 임시법령을 제정·발포할 권한"(3조)을 지니며, 임시인민위원회의 "각 국과 각 도 인민위원회 등의 옳지 못한 결정을 시정하며, 또는 정지"(4조)할 수 있는 북조선 최고행정주권기관이었다. 그렇다면 임시인민위원회와 소련군의 관계는 어떻게 조정되었을까?

위의 규정에 따라 "쏘련 군사령부에 속하여 있든 각 국局은 북조선 임시인민위원회의 지배를 받으며 그 기관으로 편성"(8조)되었다. 그렇기는 하지만 임시인민위원회는 "붉은군대 총사령부가 행하는 모든 행사"를 도와주어야 했다(2조). 그리고 인민위원회의 각 국은 임시인민위원회에 대해서만이 아니라 "쏘련 군사령부에 제출할 법령과 결정의 초안을 작성"하며, 임시인민위원회와 "쏘련 군사령부에서 발포한 모든 법령과 결정을 실시"해야 했다(10조). 이처럼 임시인민위원회 출범 이후 중앙의 권위는 임시인민위원회와 소련군 양자에 의해 공유되고 있었다.

　임시인민위원회 내에는 상무위원회를 두어 임시인민위원회 폐회 기간 중 최고행정주권기관의 역할을 하도록 했다. 상무위원회는 임시인민위원회 위원장, 부위원장, 서기장 3인에 2인의 위원을 추가하여 5인으로 구성했다. 임시인민위원회 산하에는 10국과 3부를 두었으며, 각 국장들은 인민위원 중에서 선임되었다. 보안국장 최용건, 산업국장 이문환, 교통국장 한희진, 농림국장 이순근, 상업국장 한동찬, 체신국장 조영렬, 재정국장 이봉수, 교육국장 장종식, 보건국장 윤기영, 사법국장 최용달 등이 임시인민위원회의 첫 국장이 되었다. 그리고 기획부장에는 정진태, 선전부장에는 오기섭, 총무부장에는 이주연이 임명되었다.

　7월 10일에는 "행정 각 기관 간부에 관한" 인사 문제를 관장하는 간부부가, 9월 14일에는 노동부가, 12월 23일에는 "계획 및 통계 사업"을 관장하는 기획국이 각각 신설되었다.

　선출된 북조선 임시인민위원회 위원들은 1946년 2월 9일 김일성이 제안한 「북조선 임시인민위원회의 당면 과업에 대하여」를 토의한 뒤 이를 만장일치로 통과시켰다. 통과된 11개조 '당면 과업'은 친일 잔재의 청산, 토지개혁, 주요 산업의 발전 지원, 중소 상공업 육성, 노동운동 지원, 민주주의적 교육·문화 정책 등을 주 내용으로 했다. 이는 북한 정치·사회 세력들이 자신의 신국가 건설 노선을 구체화한 것이라기보다는 '당면 과업'이라는 명칭 그대로 미소공동위원회를 앞두고 북한 지역에서 우선적으로 실행되어야 할 정책 과제들을 천명한 것이었다. 인민민주주의적 개혁 과정에서 핵심적인 사항이 되는 중요산업 국유화 방안이 제시되지 않은 점은, 아직 국가 수립의 단계가 아니라는 점과 함께 소련군이 장악하고 있던 주요 산업의 향방이 이 시기에 아직 미정 상태였음을 보여주는 것으로 해석할 수 있다.

'당면 과업'에서 제시된 토지개혁은 다음 달인 3월 5일에 전격적으로 시행되었다. 그 후 3월 20일에 열리게 되는 제1차 미소공동위원회를 전후하여 북조선 임시인민위원회의 국가 건설 노선이 보다 정교화되었다. 위원장 김일성은 1946년 3월 23일에「20개조 정강」을 발표했다.

20개조 정강

1. 조선의 정치경제생활에서 과거 일본 통치의 일체 잔여를 철저히 숙청할 것
2. 국내에 있는 반동분자와 반민주주의적 분자들과의 무자비한 투쟁을 전개하며 팟쇼 및 반민주주의적 정당 단체 개인들의 활동을 절대 금지할 것
3. 전체 인민에게 언론 출판 집회 및 신앙의 자유를 보장할 것. 민주주의적 정당·노동조합·농민조합 및 기타 제 민주주의적 사회단체의 자유롭게 활동할 조건을 보장할 것
4. 전 조선 인민은 일반적으로 직접 또는 평등적으로 무기명 투표에 의한 선거로써 지방의 일체 행정기관인 인민위원회를 결성할 의무와 권리를 가질 것
5. 전체 공민들에게 성별 신앙 및 자산의 다소多少를 불구하고 정치경제생활 제 조건에서의 동등한 권리를 보장할 것

북조선 임시인민위원장 시절 김일성의 공식 사진

북조선 임시인민위원회 위원장에 임명된 김일성은 3월 23일에 토지개혁, 중요산업 국유화 등의 내용을 담은 「20개조 정강」을 발표했다. 「20개조 정강」은 미소공동위원회에서 논의하게 될 통일 임시정부가 지향할 바를 천명한 것으로서, 북조선 임시인민위원회가 천명한 전국적 범위의 국가 건설 노선이라는 성격을 지녔다.

6. 인격 주택의 신성불가침을 주장하며 공민들의 재산과 개인의 소유물을 법적으로 보장할 것

7. 일본 통치 시에 사용하며 그의 영향을 가진 일체 법률과 재판기관을 폐지하며 인민재판기관을 민주주의 원칙에서 건설할 것이며 일반공민에게 법률상 동등권을 보장할 것

8. 인민의 복리를 향상시키기 위하여 공업 농업 운수업 및 상업을 발전시킬 것

9. 대기업소 우수기관 은행 광산 삼림을 국유로 할 것

10. 개인의 수공업과 상업의 자유를 허락하며 장려할 것

11. 일본인 일본 국가 매국노 및 계속적으로 소작을 주는 지주들의 토지를 몰수할 것이며 소작제를 철폐하고 몰수한 일체 토지를 농민들에게 무상으로 분배하여 그들의 소유로 만들 것. 관개업灌漑業에 속한 일체 건물을 무상으로 몰수하여 국가에서 관리할 것

12. 생활필수품에 대한 시장가격을 제정하여 투기업자 및 고리대금업자들과 투쟁할 것

13. 단일하고도 공정한 조세제를 규정하며 진보적 소득세제를 실시할 것

14. 노동자와 사무원은 8시간 노동제를 실시하며 최저임금을 규정할 것. 13세 이하 소년의 노동을 금지하며 13세로부터 16세까지의 소년들에게 6시간 노동제를 실시할 것

15. 노동자와 사무원들의 생명보험을 실시하며 노동자와 기업소의 보험제를 실시할 것

16. 전반적 인민의무교육제를 실시하며 광범하게 국가경영인 소·중·전문대

학교를 확장할 것. 국가의 민주주의적 제도에 의한 인민 교육 제도를 개혁할 것
17. 민족문화, 과학 및 기술을 전적으로 발전시키며 극장, 도서관, 라디오 방송국 및 영화관 수효를 확대시킬 것
18. 국가기관과 인민경제의 제 부문에서 요구되는 인재들을 양성하는 특별학교를 광범히 설치할 것
19. 과학과 예술에 종사하는 인사들의 사업을 장려하며 그들에게 보조를 줄 것
20. 국가 병원 수를 확대하며 전염병을 근절하며 빈민들을 무료로 치료할 것

「20개조 정강」은 미소공동위원회에서 논의하게 될 통일 임시정부가 지향할 바를 천명한 것으로서, 북조선 임시인민위원회가 천명한 전국적 범위의 국가 건설 노선이라는 성격을 지녔다. 일제 잔재의 청산뿐만 아니라 "팟쇼 및 반민주주의적 정당 단체 개인들의 활동을 절대 금지"하며 전 조선 인민이 인민위원회 결성의 의무와 권리를 가지는 것 등, 북한 지역에서 실현한 인민민주주의적 개혁 노선을 전국적으로 확장하는 내용을 담고 있었다. 특히 주목되는 점은, 무상몰수 무상분배의 토지개혁 방안과 함께 개인 재산을 법적으로 보장하며 개인 수공업·상업의 자유를 허락·장려하는 한편 대기업소, 은행, 광산 등 주요 산업은 국유화할 것 등 인민민주주의적 경제 정책론을 명확히 천명한 점이다. 이상의 정강은 역사적으로 일제하 사회주의 계열의 신국가 건설론을 계승·발전시킨 것임과 동

시에, 국제적으로는 제2차 세계대전 이후 소련군이 주둔한 지역에서의 일반적인 인민민주주의 국가 건설의 길이 한반도의 특수사정 속에서 구체화된 것이기도 했다.

  북조선 임시인민위원회는 「20개조 정강」을 작성하면서 소련 측과 사전에 협의를 했던 것으로 보인다. 정강이 발표되기 직전인 3월 16일에 소련 본국으로부터 연해주군관구에 「조선 임시정부 수립에 대한 소미공동위원회 소련 사령부 대표단에의 훈령 초안」이 전달되었다. 이 훈령 초안은 한반도의 현지 사정을 면밀히 반영하고 있는 것으로 보아, 북한 주둔 소련군이 김일성 등과 사전 협의하여 올린 보고서를 토대로 소련 본국에서 지침을 세운 것으로 보인다. 이 훈령 초안에는 18개의 정치강령도 들어 있었다. 일제 잔재의 청산, 인민위원회 선거, 토지개혁 등의 내용을 담은 이 정치 강령은 위의 20개조 정강과 상당히 유사하다.

  '정치 강령'과 「20개조 정강」 사이에 차이점이 있다면, 먼저 중요산업의 국유화와 관련해 당시 북한 지역에 대한 소련의 경제적 이해관계를 반영한 부분, 즉 "직접적으로 일본의 군사력을 제공하기 위하여 작동한 전시공업 부분의 일본인 기업과 일본인-조선인 합작주식회사는 소련과 미국 군대의 군사적 전리품으로서, 국유화의 영향을 받지 않는다"라는 '정치 강령'의 조항이 북조선 임시인민위원회가 발표한 「20개조 정강」에 포함되지 않은 점을 들 수 있다. 소련이 노골적으로 자국의 국가이익을 노리고 삽입한 조항을 북조선 임시인민위원회가 그대로 받아들여 정강에 포함시킬 수는 없었을 터이다. 소련 외무인민위원부는 1945년 말까지도 북한 지역의 광공업 시설을 일본의 전시戰時 시설로 간주하고 이를 '전리품'으로 처리할 생각을 하고 있었으며, 실제로 광산물을 아무런 보상 없이 반출한 사실이 소련 자료에서 확인된다. 미소공동위원회에서 주민들의 지지를 획득해야 할 입장에 처한 사회주의 진영 및 북조선 임시인민위원회는 이런 입장을 공공연히 지지할 수 없었을 것이다. 임시인민위원회는 정강 제9조에 "대기업소 우수기관 은행 광산 삼림을 국유로 할 것"을 명시하여, 일본인이 남긴 주요 시설은 전리품으로 반출하지 않고 국가 소유로 함을 분명히 했다.

두 번째의 차이점은, '정치 강령'이 '소작 제도의 근절'을 목표로 하면서도 모든 소작지가 아닌 "일본인 그리고 조선인―인민의 배신자, 대지주의 토지"만 몰수 대상으로 규정하고 중소지주의 소작지 등 기타의 토지에 대해서는 이를 어떻게 수용하여 농민에게 분여할 것인지 명확한 방침을 제시하지 않은 반면, 「20개조 정강」은 "계속적으로 소작을 주는 지주들의 토지를 몰수"한다고 밝혀 모든 소작지의 무상몰수 무상분배 방침을 명확히 한 점이다.

북조선 임시인민위원회는 중요산업 국유화 문제에서 주민들의 확고한 지지를 창출하기 위해 일본 제국주의가 남긴 산업 시설을 처리하는 데 있어 소련 측의 생각과 달리 보다 자주적인 모습을 보이고자 했으며, 토지개혁 문제에서도 북한이 3월 초에 이미 실행한 토지개혁의 기본 원칙을 그대로 준수하면서 통일정부 수립 문제에 임했다.

1946년 2월 북한에서 북조선 임시인민위원회가 수립되는 동안, 남한에서는 미국의 후원을 받은 '남조선 국민대표민주의원'이 수립되었다. 후자는 미군정에 대한 일종의 자문기구 성격에 국한되었지만, 전자는 소련 주둔군을 대신해 사실상 국가권력기구의 역할을 수행했다. 이 두 기구는 미소공동위원회가 순탄하게 진행될 경우 통일 임시정부의 토대로 수렴될 수 있겠지만, 만약 공동위원회가 결렬된다면 남북한에서 각각 분단국가 수립의 토대로 작용할 수 있는 과도적 국가기구였다.

북조선 임시인민위원회가 사회주의자들과 그들에게 우호적인 인물들을 중심으로 구성되면서, 여기서 소외된 자유민주주의·자본주의 지향적인 인물들은 때로는 개별적으로, 때로는 조직적으로 소련군 및 조선공산당 측에 저항하는 각종 행동을 표출했다. 기독교계에서는 평양 장대현교회 사건(1946. 3. 1), 일요 선거 거부사건(1946. 11. 3) 등이 발생했다. 장대현교회 사건이란, 교회 측이 북조선 임시인민위원회가 주관하는 3·1절 기념행사에 동참하지 않고 별도로 3·1절 기념 예배를 열자, 이를 방해하는 좌익 측과 교회 측이 충돌한 사건이다. 일요 선거 거부사건은 북조선 도·시·군 인민위원회 선거가 일요일에 실시되자 상당수의 교회와 그 신도들이 선거 참여를 거부한 사건이다. 『쉬띄꼬프 일기』에 의하면, 선거를 앞두고 개신교회 대표들이 김일성을 방문하여 일요일 선거의 부당성을 주장했다고 한다. 이에 김일성은 종교가 민주개혁 사업에 방해가 되어서는 안 된다고 비판했다. 그는 강양욱을 따로 불러 민주개혁 사업을 지지하는 기독교인들을 결집시키도록 촉구했다. 일요 선거 거부사건은 기독교계가 반공과 친공으로 분열되는 중요한 계기가 되었다. 그 외에도 우익 측이 김일성과 강양욱의 목숨을 노린 저격사건(1946. 3)이 발생했으며, 반공 학생들이 궐기한 함흥 학생사건(1946. 3. 13)도 있었다. 그러나 이런 저항은 북한에 사회주의 중심의 권력구조가 형성되는 것을 막기에는 역부족이었다.

## 토지개혁

북조선 임시인민위원회는 1946년 3월 5일 토지개혁을 출발점으로 하여 남녀평등권법령 공포, 중요산업 국유화, 노동법령 공포, 사법재판기관 개혁 등 제반의 '민주개혁'을 통해 인민민주주의적 국가 건설의 사회경제적 토대를 구축해나갔다.

그중에서도 사회경제적 대변동을 초래한 것은 토지개혁이었다. 1942년 당시 북한 지역에서 논과 밭의 소작지 비율은 각각 64.3%, 49.6%였다. 또한 1945년의 통계에 의하면 북한 지역의 총 농가 가운데 4%에 불과한 지주가 총경지면적의 58.2%를 차지하고 있었으며, 농가호수의 56.7%에 달하는 빈농들은 총경지면적의 5.4%만을 차지하고 있었다. 북조선 임시인민위원회는 토지개혁을 통해 이런 불평등한 토지소유 관계를 해체하고 지주제를 청산함으로써 농민들의 지지를 얻어내고 농업경제의 발전을 도모했다.

토지개혁의 구체적인 방법은 2월 말, 3월 초까지도 확정되지 않은 상태였다. 토지개혁 논의는 일제강점기에 이미 다양하게 이루어지고 있었지만, 사회주의 계열과 민족·자본주의 계열이 하나의 방안으로 수렴되지 못한 채였고, 사회주의 계열 내부에도 다양한 편차가 있었다. 1945년 10월 이후 조선공산당 내에서 일정한 합의가 도출되었지만, 그 또한 1946년 초 '탁치정국'과 극심한 좌우대립의 상황 속에서 재론의 필요성이 대두되고 있었다. 문제를 더욱 복잡하게 한 것은 북한 지역에 군사를 주둔시키고 있었던 소련 측 내부에도 이견이 있었다는 점이었다. 소련 외무성의 방안은 토지를 무상몰수하되 중소지주는 일정량의 토지를 그대로 소유하도록 하며 농민에게는 토지소유권을 유상분배하는 것이었다. 이 방안은 동유럽에서 시행된 토지개혁과 유사했다. 반면 연해주군관구 측은 모든 소작지를 무상몰수·국유화한 뒤 농민에게는 경작권만 제공하는 급진적인 방안을 주장했다. 연해주군관구의 방안은 조선공산당 측의 방안과 상통하는 것이었다. 결국 토지개혁 논의는 1946년 2월 말에 개최된 '북조선 농민대표대회'에서 최종적으로 확정되었다. 이 대회에서 농민들은 모든 소작지를 지주에게서 무상몰수한 다음 소유권 자체를 농민에게 분여하는 방안을 채택하여 북조선 임시인민위원회에 제출했다. 1946년 3월 5일, 북조선 임시인민위원회는 북조선 농민대표대회의 결의를 존중하여 무상몰수 무상분배 방침에 입각한 토지개혁 법령을 통과시켰다. 소유권은 농민에게 부여되었는데, 매매와 소작, 저당이 금지되고 경작하는 전제에서만 소유권이 인정되는 근로농민적 토지소유권이었다.

소작을 주는 모든 토지가 개혁 대상이 되었으며, 특히 5정보 이상의 토지를 소작 경영하는 지주는 '지주 계급'으로 간주되어 토지는 물론 가축, 주택 등까지 몰수당한 채 다른 군(郡)으로 이주하도록 했다. 몰수한 토지는 고용 농민, 토지가 없는 농민, 토지가 적은 농민에게 가족별 노동력 점수에 따라 분배되었다. 북한 전체 경지면적(과수원, 대지 포함) 182만 98정보 가운데 55.4%에 해당하는 100만 8,178정보가 몰수되었다. 이 가운데 95만 5,731정보가 78만 8,249호에 분배되었다.

토지개혁의 집행은 리(동) 단위로 조직된 농촌위원회들이 담당했다. 먼저 농민대회를 소집하여 빈농, 고농(농업 노동자) 중심으로 농촌위원들을

북한의 토지개혁

무상몰수 무상분배의 토지개혁으로 지주가 몰락하고 농민의 상당수가 사회주의 세력의 지지기반이 되었다. 그런가 하면 토지개혁은 불교계·천주교계의 재정 기반을 약화시키고 기독교적 민족·자본주의 진영 전체를 약화시키는 결과를 초래했다. 북한은 미소공동위원회가 열리기 전에 북한 지역에 우선적으로 인민권력의 기반을 강화하려는 정치적 의도로 토지개혁을 서둘렀고, 이로 인해 미군정도 토지개혁의 요구를 수용하지 않을 수 없었다.

선출한 다음, 이들로 구성된 농촌위원회가 도-군-면 인민위원회의 지도하에 토지몰수와 분배를 진행했다. 토지개혁은 농민들의 적극적인 열의를 끌어올렸다. 일부 지역에서는 지주에 대한 농민들의 폭력성이 너무 강해 북조선 임시인민위원회 측이 당황할 정도였다. 다음은 평안북도 선천군의 심천면 분주소에서 보고된 사례이다.

> 당 지방은 5정보 이상의 지주가 수다(數多)하고 또 기독교, 천도교 등의 종교가 매우 강주하고(종교의 수뇌부도 지주 측) 그 신도의 수가 1,247명에 달한다. 그래 본래부터 지주 측과 소작인 간에 계급적 대립이 매우 강하였든 바, 역사적인 토지개혁이 실시되자 해방된 농민들은 극도히 흥분하여 지주 측에게 일대 강압을 주기 시작했다. 인민정권기관에 대한 인식이 박약한 반면 너무 적개심이 심한 관계로 인민정권기관을 오해하고 믿을 수 없다는 주의로(농민들은 자체에서 한 조직을 가지고 자체 사법) 지주들을 소탕하는 것이었다. 작년 5월 1일 메-데에만 해도 농민들은 조직적으로 각 과거 착취 계급들에 일대 폭동이 있어 강한 이 화력을 용히 소화할 수 없었다고 한다. 이렇게 당 지방 기본 군중들은 계급적 의식이 매우 강한 반면에 극좌도 초월하여 맹동 같은 정황이었다.

선천군은 평양과 더불어 '조선의 예루살렘'이라 불릴 정도로 기독교세가 강한 곳이었고, 사회주의운동은 찾아보기 힘들었다. 그런데도 억눌렸던 농민의 지주에 대한 불만이 해방 이후 급속히 폭발한 것이다. 위의 자료에서처럼 농민은 인민정권기관, 즉 인민위원회조차 믿지 못했으며,

자체 조직을 가지고 지주들을 공격했다. 이는 북한 정권의 입장에서 봐도 "극좌도 초월하여 맹동 같은 정황"이었다. 선천의 농민과 사회주의자들은 조선민주당에 대해서는 적대적이었다. 5월 1일의 메이데이 집회에 조선민주당 대표가 나섰을 때, 군중들 속에서 그를 타도하라는 공산주의자, 농민동맹원, 청년동맹원들의 고함소리가 들렸다. 그날 심천면에서는 농민동맹원들이 지주의 집 두 채를 파괴했다. 보안대는 이 농민동맹원들을 체포해 심리를 진행해야 할 정도였다. 일제하에 선천군은 농민운동이나 사회주의 운동이 활발한 지역이 아니었지만 지주제 아래서 농민층의 불만이 누적되고 있었고, 그것이 해방 이후 소련군의 주둔이라는 외적 조건 아래서 급속히 분출되었다. 토지개혁을 통해 농민은 더욱 혁명화·조직화되었다.

그렇다면 토지개혁에 직면하여 지주층과 우익 세력은 어떻게 대응했을까? 그들의 저항은 강하지 않았다. 다만 각 지역에서 산발적으로 소련 주둔군 기관, 공산당 건물에 대한 공격과 토지개혁 실무자들에 대한 테러, 학생들의 반대 행동, 선전문, 전단, 유언비어 등의 사례가 발생했다. 또한 임시인민위원회 내부에서도 조선민주당원 등 민족·자본주의 진영의 비협조 사례가 있었다.

소련 주둔군 및 북조선 임시인민위원회의 사법기관에서 입수한 각 지역의 동향 보고문에 따르면, 지역별로 아래와 같은 저항 사례들이 발생했다. 평양시에서는 토지개혁 발표 이틀 뒤인 3월 7일 밤에 공산당 위원회 건물에 수류탄이 투척되었다. 평안남도에서는 강서군의 위수사령부 건물 옆에 있는 이층집에 방화사건이 있었다. 평안남도 인민위원회에서 토지개혁 법령을 심의할 때 조선민주당원들은 소극적으로 행동했고, 회의가 시작될 때 인민위원회 회의장에서 퇴장하기도 했다. 강동군에서는 지주 그룹이 그들끼리 의논해 토지개혁 사업에 적극 참여한 읍 경찰국장을 구금했다.

평안북도의 경우, 3월 11일 도 인민위원장 정달헌이 신의주에서 열린 학생집회에 나아가 법령을 해설했지만, 150명의 학생들 중 단 한 명도 이 법령을 지지하지 않았다. 법령에 반대하는 지주 출신 인민위원회 지도자들은 직무 수행을 거부했다. 지주들 사이에서는 "누가 토지개혁 법령을 채택한 인민위원회를 선거하고 조직했는가? 나는 토지를 내놓지 않겠으며, 힘이 남아 있는 한 투쟁하겠다"는 이야기가 돌았다. 부농들 중에도 "이 법령은 결국 농민들에게 큰 이익을 주지 못할 것이다. 농민들이 아무리 열심히 일한다 해도 그들은 아무것도 소유할 수 없고, 수확물은 모두 적군이 가져갈 것이다"라는 반응이 있었다.

황해도 해주에서는 200명의 중학생들이 며칠씩 수업을 거부했고, 분배받은 토지에서 농민들이 거둔 수확이 전부 몰수될 거라는 소문이 확산되었다. 학생들의 집회에서는 "공산주의자들은 누구를 위해 일하는가? 소련을 위해 일하는가, 조선 인민을 위해 일하는가"라는 질문이 나왔다. 3월 10일 학생들은 임시인민위원회와 공산당 지구위원회를 습격하기로 결정했고, 3월 12일 밤 장교 숙소 중 하나가 공격을 받았다. 사리원에서는 토지개혁과 김일성을 비판하는 전단이 살포되었다. 신막에서는 월남한 지주들의 아들 여덟 명이 무장 조직을 만들어 토지개혁 사업에 적극 참여하지 못하도록 지방 주민을 협박했다. 안악군에서는 지주 한 사람이 농민위원회 위원 한 명을 구타했다. 금천군에서는 소작인들을 계속 장악하려는 마름들의 행동이 있었다. 재령군에서는 토지개혁 직후 전단사건이 발생했는데, 혐의자들이 중학생이었다. 그 학교 학생들은 반수 이상이 지주·자본가 집안 출신이었다.

강원도에서는 '금화 반공·반소 토지개혁 반대 선전문사건'이 있었다. 강원도 검찰소 보안부는 이 사건을 수사해 증거를 수집한 뒤 '소련군 반혁명자취체소反革命者取締所'로 사건을 이송했다.

토지개혁에 저항한 사건들을 살펴보면, 강원도의 금화 정도를 제외하고는 황해도·평안남북도의 서부 평야지대에서 주로 발생했음을 알 수 있다. 반면 황해도·평안남북도의 동부 산간지대, 함경남북도에서는 저항 사례가 거의 보고되지 않았다. 지주제가 발전한 지역에서 상대적으로 저항 강도가 높았던 것이다. 그렇지만 토지개혁은 전반적으로 일정에 큰 차질 없이 마무리되었다. 대다수 지주들은 저항보다 월남의 길을 택했다. 특히 38도선과 가까운 황해도와 강원도에서 월남이 두드러지게 나타났다.

부분적이긴 했지만, 북조선 임시인민위원회의 시책을 따르는 지주층도 존재했다. 토지개혁에 대한 해설 등에서 북조선 임시인민위원회는 토지개혁 이전에 미리 토지를 농민에게 분배한 지주 가호를 '애국지주'로 인정하여 주택·농기구 등을 몰수하지 않았다. 5정보 이상 소유한 지주로서 토지를 몰수당한 지주 29,683호 중 3,911호는 다른 군으로 이주해 농민이 되었다. 5정보 이상 지주의 13.2%가 농민으로 전환된 것이다. 이들에게는 총 9,622정보가 제공되었다. 일부 지역에서는 지주들의 산업자본 투자를 유도했다.

북한에서 토지개혁에 대한 지주층의 저항이 미약했던 데는 첫째로 남북 분단의 조건이 작용했다. 토지개혁에 반대하는 지주층은 소련 주둔군에게 저항하기보다는 남한 지역으로 이주해 새로운 활로를 모색한다는 선택을 할 수 있었다. 남북분단, 그리고 소련군 주둔이라는 조건이야말로 지주층의 저항을 약화시킨 가장 주요한 원인이었다.

둘째, 토지개혁 시점에 지주층은 이미 조직적으로 저항할 수 있는 기반이 취약해져 있었다. 해방 직후부터 각 지역에서 친일파에 대한 공격이 일어났다. 예를 들어 고성·양양에서는 사법기관이 조직되지도 않은 상태에서 주민들이 '민족 반역자'를 '인민재판'에 회부했으며, 인민위원회가 친일파의 재산을 몰수하기도 했다. 또한 지주층은 소작료 3·7제와 미곡성출 제도로 이미 경제적 타격을 받고 위축된 상태였다. 우익 민족주의자들은 반탁운동 과정에서 소련 주둔군과 충돌하면서 토지개혁 이전에 이미 약화되고 있었다.

셋째, 토지개혁을 통해 농민들이 조직화되면서 지주층을 압도할 수 있었다. 사회주의 세력과 결합하여 성장 중이던 농민층은 토지개혁을 통해 북한 농촌사회의 주역이 되었다. 토지개혁에는 공산당, 민청 등 정당, 사회단체는 물론 도시 노동자들도 동원되었다. 이들의 지원하에서 실제로 각 농촌에서 토지개혁의 실행을 담당한 조직은 농촌위원회였다. 토지개혁에 앞서 각 동리마다 '농민총회'가 개최되었으며 여기에서 빈농·소작인·농업노동자 가운데 열성적인 인물들을 중심으로 농촌위원회가 구성되었다. 북한 전역에 걸쳐 11,930개의 농촌위원회가 조직되었으며, 이 농촌위원회에는 197,485명의 농민이 참가했다. 또한 농촌에는 18세 이상 35세 이하의 청년을 중심으로 한 '농민자위대'가 조직되었다. 「농민자위대 장정」에 의하면 분대원은 8~10명이었으며, 1개 리에 3~5개의 분대를, 면에는

3~4개의 소대를, 군에는 3~5개의 대대를 두었고, 도에 대대부가 설치되었다.

토지개혁으로 농촌에서 지주층은 소멸하게 되었고, 농촌의 계층 구성은 부농 2~3%, 중농 62~63%, 빈농 25% 내외로 재편되었다. 토지개혁 이후 농민은 생산물의 25~27%에 해당하는 양곡을 농업현물세로서 국가에 납부하게 되었으며, 농업생산에서 유통까지 국가가 세밀하게 관리하는 국가관리 소농 체제가 만들어졌다. 토지개혁을 거치면서 농민, 특히 빈농들 중 상당수는 사회주의 세력의 지지기반이 되었다. 토지개혁 당시에는 농민동맹원 수가 108만 3,985명이었으나, 개혁 후에는 144만 2,149명으로 증가했다. 1945년 12월 4,530명(농민이 34%)에 불과했던 북한의 조선공산당원 숫자는 1946년 4월에는 2만 6천여 명으로, 1946년 8월에는 36만 6천여 명으로 크게 증가했다. 북한 토지개혁은 단지 지주제의 몰락을 초래했을 뿐만 아니라, 불교계·천주교계의 재정 기반을 약화시키고 평안남북도 지역을 중심으로 거대한 세력을 형성하고 있던 기독교적 민족·자본주의 진영 전체를 약화시키는 결과를 초래했다.

토지개혁은 분단의 조건에 의해 촉진된 측면이 강했다. 일제 식민지 지배의 주된 기반이었고 농민생활 압박의 주요인이었던 지주제를 해체해야 한다는 요구는 우익조차 거부하기 힘들 만큼 하나의 대세였다. 그리고 사회주의 국가 소련은 물론이고, 당시 미국 역시 토지개혁을 통해 농촌을 안정화하는 것이 반공주의 강화에 유리하다고 인식하고 있었다. 이런 상황에서 먼저 토지개혁을 주도한 쪽은 북한이었다. 해방 후 1년도 안 되어 이토록 급진적인 토지개혁이 실행된 데는, 미소공동위원회가 열리기 전에

현물세를 내기 위해 저울로 곡식의 무게를 달고 있는 북한 농민들
저울 눈금을 유심히 들여다보는 농민들의 표정이 진지하다. 토지개혁으로 토지를 분배받은 농민들은 생산물의 25~27%에 해당하는 양곡을 농업현물세로 국가에 납부했다. 이로써 농업생산에서 유통까지 국가가 세밀하게 관리하는 국가관리 소농 체제가 북한 농촌에 만들어졌다.

북한 지역에 우선 인민권력의 기반을 강화해두려는 정치적 의도가 작용했다. 분단 상황의 경쟁의식이 이른 시일에 급진적인 토지개혁을 실시하도록 영향을 끼친 것이다. 북한의 급진적 토지개혁을 목도하면서 미군정도 토지개혁 요구를 수용하지 않을 수 없었다.

## 1946년 여름의 사회개혁과 건국사상 총동원운동

토지개혁이 반봉건 개혁이라면, 중요산업 국유화는 반제국주의적 개혁이었다. 해방 직후 북한에서는 일본인 기업체에 종사하던 노동자들의 자발적인 공장 관리 활동에 의해 산업이 재개되었으며, 각급 인민위원회가 1945년 8월 말을 전후해 소련 주둔군의 승인하에 일본인 기업, 즉 적산을 정식 접수했다. 이후 접수된 공장과 기업소는 소련 주둔군의 관할과 각급 인민위원회의 지원을 받으며 노동자들의 자치 조직인 '공장위원회' 등에 의해 운영되었다.

그러던 중 1946년 8월 10일 「산업, 교통운수, 체신, 은행 등의 국유화에 대한 법령」이 발표되었다. "일본 국가와 일본 법인 및 사인私人의 소유 또는 조선인 민족 반역자의 소유"로 되어 있는 모든 기업소, 광산, 발전소, 철도 운수, 체신, 은행, 상업 및 문화기관 등이 무상몰수 대상이 되었다. 이 법령에 따라 국유화된 공장, 기업소는 북한 전체 산업 규모의 90% 이상에 달하는 1,034개였다.

이 법령은 접수된 적산과 월남한 친일 자본가 등의 기업이 각급 인민위원회와 노동자 자치 조직에 의해 분산적으로 관리·운영되던 것을 북조선 임시인민위원회라는 최고권력기관에 의해 국유화함으로써 일원적으로 관리될 수 있도록 한 조치였다. 즉 이 법령은 해방 직후 자생적으로 전개되어온 산업의 사회화의 방향을 사후 추인하고 국가권력의 일원적 통제 아래 둔 것이었다.

중요산업 국유화 조치에 따라 대부분의 중요산업이 국가 관리하에 들어오고, 특히 금융업의 경우 '북조선 중앙은행'이 설립되면서 금융업 전체가 국가은행화되어, 북한의 산업 체계는 사회주의 경제 형태가 절대적인 우위를 점하는 구조로 개편되었다. 그러나 북한이 해방 직후 사회주의 경제체제로 바로 이행한 것은 아니었다. 「개인 소유권을 보호하며 산업 및 상업 활동에 있어서의 개인의 창발성을 발휘하기 위한 대책에 관한 결정서」(1946. 11)에 따라, 민족 반역자의 경우를 제외하고는 개인 중소 상공업이 존속할 수 있었다. 그리고 국유화된 기업을 개인 자본가에게 위탁하거나 임대하는 광산 위탁경영, 분광제 등을 도입하기도 했다.

일본 제국주의가 남긴 재산, 즉 적산의 처리 문제는 해방 이후 신국가 건설의 성격을 결정짓는 관건의 하나였다. 이 문제를 놓고 남한에서는 '민간인 불하' 정책을 택해 민간자본을 육성한 반면, 북한에서는 '국유화'를 통해 사회주의 경제의 기초를 세움으로써, 남북에 상호 이질적인 분단된 경제구조가 만들어지게 되었다.

중요산업 국유화 조치가 이루어짐으로써 북한에 주둔한 소련군이 이들 기업을 전리품으로 간주해 소련 소유로 넘기려 한다는 우려는 불식되었다. 소련은 제2차 세계대전 시기에 동유럽에 진출한 뒤 폴란드의 영토가 된 옛 독일 지역에서 전체 공장의 25~30%에 해당하는 공장 설비를 전리품으로 반출했으며, 동유럽 각국에서 다양한 합작회사의 형태로 경제적 이권을 확보한 바 있었다. 하지만 이와는 달리 한반도에서 소련은 적대국이던 일본이 남긴 공장 시설을 한인들에게 귀속시킨다는 결정을 내렸다. 연합국 사이에서 한반도의 미래가 확정되지 않은 상태였기 때문에, 북한 내에 소련에 우호적인 여론을 만들어낼 필요성이 있었기 때문이었다. 다만 소련은 중요산업을 국유화하는 데 동의하면서도 비밀리에 2가지 특정 사항에 대해서는 합작회사 설립의 방식으로 자신의 이권을 보장받았다. 조쏘석유주식회사와 조쏘해운주식회사가 그것이다. 원산석유공장을 경영하기 위해 만든 조쏘석유회사는 형식적으로는 북한과 소련이 대등하게 출자하기로 되어 있었지만, 실제로는 북한이 전액 투자했다. 소련은 북한의 산업기관과 운수기관 복구를 위해 경비를 지출했고 차관도 제공했으니 그 보상을 받는다는 명분으로 이 회사의 주식 반을 얻어냈다. 조쏘해운회사에게는 청진항·나진항·웅기항을 30년간 사용할 수 있는 권한이 주어졌다.

한편 1946년 여름에는 중요산업 국유화 외에도 노동법령, 남녀평등권법령 등이 공포되고 사법재판기관 개혁 등 이른바 '민주개혁'이 실시되었다. 「북조선 로동자 및 사무원에 대한 로동법령」(1946. 6)이 만들어지면서 노동자들의 8시간 노동제도 실시되었다. 14세 이하의 어린이 노동을 금지했으며, 14세부터 16세에 이르는 소녀들의 노동시간은 6시간으로 정해졌다. 여성은 「북조선의 남녀평등권에 대한 법령」(1946. 7)에 따라 적어도 법적으로는 문화·사회·정치생활에서 남성과 같은 권리를 보장받게 되었다. 여성은 남성들과 같이 자유결혼의 권리를 가지게 되었으며, 본인들의 의사에 반하는 강제결혼은 금지되었다. 또한 여성은 더 이상 부부관계를 계속할 수 없을 때 남자처럼 자유이혼의 권리를 지니게 되었다. 일부다처제와 처·첩, 공창과 사창, 기생 제도는 금지되었다. 사법 제도 개혁은 해방 이후 나타난 민중재판(인민재판)을 인정하고 이를 제도화하는 방향으로 진행되었다. 주요 시·군에 제1심 재판소인 인민재판소가 세워지고, 그 상위에 도 재판소와 최상위 기관인 북조선 재판소가 창설되었다.

이와 같이 해방 이후부터 1947년 2월까지 북한에서는 북조선 인민위원회가 수립되고 토지개혁과 중요산업 국유화 등 민주개혁을 통해 통일전선과 혼합경제를 근간으로 하는 인민민주주의 체제가 형성되었다. 그러나 권력과 사회경제적 토대가 형성되었다고 해서 체제가 제대로 작동되는 것은 아니다. 이 체제를 효과적으로 작동시키기 위해서는 식민지 유산에서 벗어나 새로운 체제에 부응할 수 있는 사상, 기술, 문화혁명이 요구되었다. 사상·기술·문화의 3대 혁명 중 가장 중요시된 것은 사상혁명이었다. 1946년 11월 북조선 임시인민위원회 제3차 확대위원회는 '건국사상 총동원운동'을 추진하기로 결정했다. 이것은 새로운 국가와 사회를 건설하기 위한 일대 사상개조운동이자, 동시에 경제 건설과 깊이 연관된 전 군중적 애국운동이었다. 이 운동은 각 직장에서 직장대회를 통해 전파되었고, 모든 노동자들에게 애국운동으로 번져갔다. 애국운동의 핵심은 생산력 증진운동이었다. 농민들은 애국미 헌납운동에 나섰다. 애국미 헌납에 앞장선 김제원이 영웅으로 부각되고, 그를 본받는 운동이 전국적으로 확산되었다. 노동자들은 "그날 할 일은 그날에 마치자"라는 구호를 외치며 애국적 증산투쟁에 나섰다.

  기술혁명에 해당하는 증산경쟁운동은 1946년 2월 노동영웅운동으로 시작되었다. 대중적 증산경쟁운동은 1947년 초 정주철도 종업원들의 채탄돌격운동으로부터 시작되어 전국의 생산현장으로 확산되었다.

  문화혁명의 원형은 1945년 11월에 제시된 문맹퇴치운동에서 찾을 수 있다. 해방 당시 북한의 문맹자는 230만 명에 달했다. 특히 농촌 인구의 대부분은 글을 배우지 못한 상태였다. 1946년 11월에는 농촌문맹 퇴치운동이 결정되어 농한기를 이용해 이 사업을 확산시켰다. 1949년 3월 북한 정부는 전국적으로 문맹을 완전히 퇴치했다고 선언했다.

달구지에 쌀을 싣고 애국미 헌납운동에 나서는 농민들

건국사상 총동원운동은 새로운 국가와 사회를 건설하기 위한 일대 사상개조운동이자 생산력 증진을 위한 전 군중적 애국운동이었다. 애국운동은 애국미 헌납운동으로 시작되었는데, 황해도 재령의 농민 김제원이 현물세를 내고 남은 곡식을 소달구지에 실어 국가에 헌납한 것을 계기로 전국적으로 확산되었다. 노동자들도 정주 철도 종업원들의 채탄돌격운동을 계기 삼아 증산경쟁운동을 전 사업장으로 확장시켰다.

문맹퇴치운동

"교육이 없으면 인민들은 진보할 수 없다"는 김일성 북조선 임시인민위원장의 연설 이후, 북한 전역에서 문맹퇴치운동이 활발하게 벌어졌다. 문맹퇴치운동은 단순히 한글을 익히는 것을 넘어 북한 주민들에게 애국사상을 고취시키기 위한 건국사상 총동원운동의 일환으로 문맹자가 많은 농촌에서 활발하게 전개되었다.

스페셜 테마

## 북한의 친일 반민족 행위자 처벌

일제 식민지 지배의 유산을 청산하는 과정에서 가장 곤란했던 문제가 친일 반민족 행위자의 처벌이었다. 이 문제의 해결 과정은 남북이 서로 달랐다. 대개 북한에서는 친일 반민족 행위자를 철저히 숙청한 것으로 알려져 있다. 그렇지만 막상 북한 정권은 이들의 처벌에 관한 별도의 특별법을 제정한 적이 없으며, 구체적으로 어떻게 처벌이 진행되었는지 밝힌 자료나 연구도 아직 없는 형편이다.

여기에는 몇 가지 사정이 복합되어 있다. 첫째, 북한에서 사회주의 세력과 소련군은 해방 직후 주민들에 의해 자연발생적으로 이루어진 친일 반민족 행위자 숙청을 용인하면서, 이를 인민재판 형식으로 수용하는 방식을 취했다. 둘째, 친일 반민족 행위자 가운데 일부는 반소련·반혁명자로 간주되어 소련군에 의해 직접 처벌되었을 텐데 이를 확인할 수 있는 자료는 공개되어 있지 않다. 셋째, 북한에는 상대적으로 거물급 친일 반민족 행위자가 적었고 상당수가 월남의 길을 택했다. 넷째, 북에서는 개개인을 처벌하는 인적 청산보다는 제도적 청산 방식을 중시했다. 이들의 피선거권을 박탈하거나 토지개혁을 통해 이들의 토지를 몰수하는 등, 친일 반민족 행위자들의 권력과 경제 기반을 해체하는 데 주안점을 두었다. 한편 일제 시기 기술전문직에 종사하던 이들은 반민족 행위자로 간주하지 않고 새국가 건설을 위해 인재로 활용했다.

그렇다면 북한 정권에 의해 '친일분자'라고 법적으로 규정된 사람들은 누구였으며, 그들은 어떤 처우를 받았을까? 북조선 임시인민위원회는 1946년 11월 3일의 도·시·군 인민위원회 선거에서 친일분자의 선거권과 피선거권을 박탈했다. 이때 '친일분자'로 규정된 자는 다음과 같았다.

1. 중추원 참의·고문
2. 도회의원, 부회의원
3. 일제시대 조선총독부 및 도의 책임자로 근무한 조선인
4. 일제시대 경찰, 검사국, 재판소 책임자로 근무한 조선인
5. 자발적 의사로 일본을 도울 목적으로 일본 주권의 군수품 생산 기타 경제자원을 제공한 자
6. 친일단체의 지도자로서 열성적으로 일본 제국주의를 도우며 활동한 자

이 규정에 따라 전체 유권자 4,516,120명 중 575명이 선거권과 피선거권을 박탈당했다. 다만 북조선 임시인민위원회는 선거권을 박탈당한 친일분자라도 공민증은 교부받도록 해주었으며, 그들의 재산과 가옥을 함부로 몰수하는 일이 없도록 엄금했다. 선거권을 박탈당한 자의 가족에게는 공민증을 발급함은 물론 선거권도 부여했다.

1947년 7월의 「쏘미공동위원회 공동결의 제5호, 제6호 해답서」는 조선 민주주

의 임시정부 정책 중 공민권에 대해 "일본 제국주의, 침략자들과 열성적으로 협력한 소수 친일분자들을 제한 외에 20세 이상의 공민은 사회적 처지, 자산 형편, 지식 유무, 신앙 여하, 거주 기간의 장단을 불구하고 선거권과 피선거권을 향유"한다고 밝혔다.

  이처럼 북한 정부는 일단 친일분자라도 공민으로 관리하되, 공민의 가장 기초적인 권리인 선거권과 피선거권을 박탈하는 방식을 취했다.

스페셜 테마

## 경제 건설을 위해 남은 일본인 기술자들

**해**방 이후 소련군과 북한 정권은 일본인 기술자들을 우대하는 정책을 펼쳤다. 일본 제국주의 유산을 청산하는 것이 중요한 과제긴 했지만, 일제가 남겨놓은 방대한 공업 시설을 운영하기 위해서는 일본인 기술자들이 필요했다. 북한 정권은 민주주의 국제연대의 기치 아래 이들을 포용했다.

북조선 임시인민위원회 위원장 김일성은 1946년 8월 1일에 「북조선 기술자 징용령」을 내려, 국적을 불문하고 모두가 조선 건국에 나설 의무가 있음을 밝혔다. 이에 호응하여 10월 12일에 북조선 공업기술총연맹 일본인부가 결성되었다. 일본인부의 행동 강령과 결의문은 다음과 같았다.

> 북조선 공업기술총연맹 일본인부 행동 강령
> 1. 민주주의 조선의 완전 독립과 신일본 건설을 위해, 민주주의 원칙에 의한 세계 평화의 확립을 기한다.
> 2. 기술의 총력을 집결하고, 민주주의 조선의 산업 발전에 적극 참가 협력을 기한다.

3. 일본인 기술자의 민주주의사상의 고양과 기술의 연마 교류를 꾀하고 기술적 제 문제의 급속한 해결을 기한다.
4. 기술 협력 달성을 위해 일본인 기술자 및 그 가족의 후생 향상에 관한 제 사항의 완수를 기한다.

결의문

전쟁은 끝났다. 이것은 우리에게 많은 것을 가르쳐주었다. 일본의 군국주의자들과 독일의 나치스들과 이탈리아의 파시스트들에 의해 선전되고 조직되고 방화된 이 전쟁은 우리 형제와 무고한 세계 인민을 살육하고, 모든 산업 시설을 파괴하고, 우리를 빈곤의 밑바닥으로 밀어냈다. 이 소수 범죄자들에 대해 단호한 투쟁을 전개하여, 우리는 세계평화를 확보함과 함께 민주주의 원칙에 의한 각 민족의 완전 독립을 열망한다. 이에 우리 일본인 기술자는 인민의 행복을 목적으로 하는 본래 기술적 사명을 온전히 하기 위해 민주주의 조선의 기초를 만드는 공업화 사업에 적극 참가 협력함과 함께, 이 사업을 통해 신일본의 건설에 절대적인 성원을 보내고 그 촉진을 기하는 것이다. 여기 북조선 공업기술총연맹 일본인부의 신발족을 맞아 다시 선명(宣明)한다.

일본인부는 평양 일본인회의 잔금 18만 원을 물려받았고, 원산에서 제1차 귀국선에 올랐던 귀국자들로부터 몰수한 일본은행권도 일본인부의 자금으로 들어왔다. 또한 북조선 인민위원회는 1947년도분으로 산업국에서 230만 원, 재무국에서 기술자 자녀교육비 200만 원을 지출했다. 북조선 공업기술총연맹 연간 예산이 약 30만 원임에 비하면, 일본인부가 상당히 좋은 대우를 받았음을 알 수 있다. 일본인 기술자에게는 인민위원회로부터 신분증명서가 교부되었다. 월급은 김일성 위원장이 4천 원, 북조선 임시인민위원회 과장이 1,500원이었는데, 일본인 기술자는 월급 4,500~6천 원 외에도 생필품과 주택이 제공되는 최고 조건의 대우를 받았다. 1946년 11월 당시 북한에 잔류해 있는 일본인 기술자의 수는 868명(가족 2,095명)이었다. 각지에 일본인 인민학교들이 개교했다. 참고로, 1945년부터 1961년 사이에 조선에서 귀국한 일본인 수는 총 91만 9,039명이었으며, 그 중 북한에서 귀국한 수가 32만 2,585명이었다.

# 03

**1946년 여름 이후** 남북의 협의를 통한 통일 임시 정부 수립의 가능성은 점차 희박해지고 있었다. 북한 정권은 미소 공동위원회의 재개 가능성을 열어두면서도, 안으로는 '민족간부'를 양성하고 인민민주주의적인 문화를 창출하기 위한 광범한 사업을 진행했다. 북한 전역에서 실시된 11월의 도·시·군 인민위원회 위원 선거는 북에 수립할 정권의 정당성을 확보하는 행정 절차였다. 이 선거에 기초하여 1947년 2월에 북조선 인민위원회가 수립되었다. 이는 북한에 비록 독자의 국가는 아니지만 남과 구분되는 별도의 정권이 정식으로 탄생했음을 내외에 선포한 것이었다. 북조선 인민위원회 수립을 전후하여 북의 사법 관계자들은 소련의 스탈린 헌법

# 분단의 갈림길에서 인민공화국이 수립되다

과 동유럽 인민민주주의 체제에 대한 연구서들을 번역하는 등 헌법 마련을 위한 준비를 해나갔다. 1947년 11월 유엔이 한국임시위원단을 조직하기로 결정하자, 북한은 즉각 북조선 인민회의에서 공개적으로 헌법 제정 논의를 시작했다. 이듬해인 1948년 2월에는 임시헌법 초안이 북조선 인민회의에 제출되었고, 그해 8월에 남한에 대한민국 정부가 수립되자 바로 다음 달인 9월에 북한에서 조선민주주의인민공화국 헌법이 채택되고 정부가 수립되었다.

북에서 채택한 헌법은 인민민주주의 원리를 어떻게 북한식으로 제도화했을까? 그리고 그해 4월에 열린 남북 제정당·사회단체 대표자 연석회의와 지도자협의회는 분단과 통일의 길목에서 어떤 의미를 남겼을까?

## 북조선노동당의 창당과 북조선 인민위원회 수립

1946년은 북한에서 '북조선 임시인민위원회'라는 국가권력의 모체가 형성되고 '민주개혁'이라는 이름의 사회경제개혁이 달성된 해였다. 이 임시권력과 사회경제개혁의 성과는 북한 내부에 제한되지 않고, 미소공동위원회에서 수립될 통일 임시정부의 성격과 그 정부에 의해 수행될 사회경제개혁의 방향에도 영향을 미칠 수 있었다. 그러나 제1차 미소공동위원회가 그해 5월 초에 결렬됨으로써 통일 임시정부 수립의 가능성은 희박해졌다. 그에 비례하여 북조선 임시인민위원회는 점차 '임시' 성격에서 벗어나 실제적인 국가권력으로 바뀌어갔다.

분단국가 수립의 지향성은 남북한에서 동시에 나타나고 있었으며, 서로에 대한 경계심이 그 지향성을 더욱 강화했다. 남한에서는 이승만이 1946년 6월 3일 남한 단독정부 수립 계획을 발표했다(정읍발언). 8월 24일에는 미군정이 '남조선 과도입법의원' 설치를 위한 선거 계획을 공고했으며, 10월 12일 과도입법의원 설치안이 정식 공포되고 10월 말까지 선거가 완료되었다. 북한에서도 1946년 여름에 북조선노동당이 창당되고 북조선민주주의민족통일전선이 결성되었으며, 가을에 북조선 인민위원회가 수립되었다.

북한에서 사회주의자들이 국가권력을 장악하기 위해서는 먼저 전위정당인 북조선공산당을 대중정당으로 변모시켜 대중적 영향력을 확대할 필요가 있었다. 그리고 다른 정당과 사회단체들은 하나의 통일전선 조직으로 통합되어야 했다. 이 작업은 1946년 7월부터 시작되었다.

7월 22일, 평양에서는 북조선공산당, 조선민주당, 조선신민당, 북조선천도교청우당 등 4개 정당 대표들과 북조선 직업총동맹, 북조선 농민동맹, 북조선 민주여성총동맹, 북조선 민주청년동맹, 조쏘문화협회, 북조선 예술총동맹, 북조선 불교총무원, 북조선 소비조합, 북조선 반일투사후원회, 북조선 교육문화후원협회, 북조선 공업기술총연맹, 북조선 보건연맹, 북조선 건축동맹 등 13개 사회단체 대표들이 참석한 가운데 '북조선민주주의민족통일전선'이 결성되었다.

1946년 8월 28일에는 북조선공산당과 조선신민당이 합당 절차를 밟아 북조선노동당이라는 새로운 정당으로 재조직되었다. 두 정당의 합당 문제가 본격적으로 거론된 것은 1946년 7월부터였다. 7월 23일 조선신민당은 중앙위원회 상임위원회를 열어 "현계단의 조선신민당의 과업과 목적이 북조선공산당의 과업 목적들과 합치"한다는 이유로 양당의 합당에 대한 의견을 북조선공산당에 제의하기로 결정했다. 조선신민당 대표 김두봉이 북조선공산당 책임비서 김일성에게 합당을 제의하는 서한을 보냈고, 김일성은 다음 날 이를 원칙적으로 수락한다는 회신을 보냈다. 7월 28일에는 양당 중앙위원회 상임위원회 연합회의가 열려 합당이 결정되었다. 양당 합당 과정에서 이를 비판하는 당원들의 목소리도 분출되었지만, 합당은 급속하게 이루어졌다. 8월 28일부터 30일까지 북조선노동당 창립대회가 개최되었다. 대회는 마지막 날 13개 항으로 이루어진 당 강령과 41개조의 당 규약을 채택하고 당 기관지로 『정로』와 『전진』을 합하여 『로동신문』을 발행하기로 결정했다. 그리고 당 중앙위원회 위원 43명과 검열위원회 위원 11명을 선출한 뒤 폐막했다. 김일성이 당 중앙위원으로 추천한

북조선노동당 창당대회(위)
창당대회 주석단(아래)

1946년 8월 28일 북조선공산당과 조선신민당의 합당으로 북조선노동당이 창당되었다. 당 위원장에는 김두봉, 부위원장에는 김일성, 주영하가 뽑혔다. 북조선노동당은 "민주주의 과업을 실천"하는 "대중적 정당"을 표방했지만, 사실상 마르크스-레닌주의에 기초한 정당이었다. 아래 사진은 북조선노동당 창당대회 주석단 모습이다. 오른쪽부터 소련군정 정치사령관 레베데프 소장, 신민당 중앙위원회 위원장 김두봉, 북조선공산당 책임비서 김일성, 북조선 여성동맹위원장 박정애, 소련군정 정치고문 발라사노프이다.

43명 가운데 북조선공산당 출신은 30명, 조선신민당 출신은 13명이었다.

전위당인 공산당을 대중정당인 노동당으로 개편하여 사회주의 정당의 지지 기반을 확산하는 방법은, 북한만이 아니라 당시 동유럽에서도 시행되었다. 폴란드공산당은 폴란드노동당으로 바뀌었으며, 동독의 공산당은 독일사회주의통일당으로 전환되었다. 전위당의 대중정당으로의 전환은 소비에트 모델을 탈피하여 인민민주주의 모델로 나아가는 흐름의 일환이었다.

북한의 사회주의자들은 사회주의 대중정당을 결성하고 통일전선 조직을 만든 다음, 북조선 인민위원회를 수립하는 길에 들어섰다. 남한의 단정 수립 움직임에 대응하는 한편, 국가권력의 정당성을 확보하고 민주개혁의 성과를 공고히 함으로써 북한에서의 정치·사회경제적 개혁의 결과가 뒤집히지 않도록 하기 위함이었다.

국가권력의 정당성을 확보하기 위해서는 인민의 선거 절차가 필요했다. 이에 1946년 11월 3일부터 1947년 3월 5일까지 약 4개월간 인민위원회 선거가 실시되었다. 선거 방식은 '북조선민주주의민족통일전선'(이하 '북민전')이 추천한 후보자를 놓고 기표한 용지를 흑백과 백색으로 구분된 투표함에 넣어 찬반 의사만을 표시하는 방법이었다.

11월 3일의 도·시·군 인민위원회 위원 선거에는 유권자의 99.6%가 투표에 참가했으며, 전체 선거자의 96%가 북민전이 추천한 후보자에게 찬성표를 던졌다. 선거에 의해 총 3,459명이 도·시·군 인민위원으로 선출되었다. 이들의 정당별 분포를 보면, 노동당 31.8%, 민주당 10.0%, 청우당 8.1%, 무소속 50.1%이었다. 사회성분별로는 노동자가 14.5%, 농민이

36.4%, 사무원이 36.6%로 대다수를 차지했고, 그 외에 상인, 기업가, 문화인, 종교인, 지주 출신들이 부분적으로 당선되었다.

도·시·군 인민위원회 위원 선거는 북민전이 추천한 후보자에 대한 찬반 의사만 묻는 것으로서, 스스로 표방했던 보통·비밀선거의 원칙에 충실한 형태는 아니었다. 그렇지만 선거권자의 90% 이상이 출석해 90% 이상이 찬성함으로써, 권력의 정당성을 확보하려는 북한 권력 측의 의도는 실현되었다.

뒤이어 북한의 최고주권기관인 북조선 인민회의를 창설하기 위해 1947년 2월 17일부터 20일까지 평양에서 북조선 각 도·시·군 인민위원회대회가 소집되었다. 이 대회에서는 「북조선 인민회의 대의원 선거 절차에 관한 규정」에 따라 북조선 인민회의를 창설하기 위한 사업이 진행되었다. 인민회의 대의원 선거는 도·시·군 인민위원회 대표 5명당 1명의 비율로 비밀투표의 방법으로 실시되었다. 선거 결과 북조선 인민회의 대의원으로는 북조선노동당을 비롯한 각 정당 대표들과 노동자, 농민 등 각계각층의 대표들이 선출되었다. 정당별 분포는 노동당 36%, 민주당과 청우당 각각 13%, 무소속 38%였다. 사회성분별로는 노동자 22%, 농민 26%, 사무원 24%, 인텔리 15%, 기업가 3%, 상인 4%, 수공업자 2%, 종교인 2%였다.

최고주권기관인 북조선 인민회의가 창설된 뒤 1947년 2월 21일 최고집행기관을 수립하기 위한 북조선 인민회의 제1차 회의가 개최되었다. 이 회의를 통해 북조선 임시인민위원회의 주권이 북조선 인민회의에 이양되었으며, 북조선 인민회의는 다시 최고집행기관으로서 북조선 인민위원회 구성을 "미소공동위원회의 통일적 임시정부 수립까지"라는 전제 아래 법

북조선 인민위원회 선거

1946년 11월 3일부터 1947년 3월 5일까지 약 4개월간 실시된 인민위원회 선거는 해방 이후 북한 지역에서 실시된 최초의 선거이자, 선거를 통해 국가권력의 정당성을 확보하기 위한 하나의 절차였다. 선거는 '북조선민주주의민족통일전선'이 추천한 후보자에 대해 찬반 의사만 표시하는 형태로 치러졌지만, 선거권자의 90% 이상이 출석하여 80~90% 이상이 찬성함으로써 국가권력의 정당성을 확보하려는 의도는 실현되었다.

〈표 1〉 북조선 인민위원회 위원 명단

| 직위 | 성명 | 소속 당 | 직위 | 성명 | 소속 당 |
|---|---|---|---|---|---|
| 위원장 | 김일성 | 북로당 | 체신국장 | 주황섭 | 청우당 |
| 부위원장 | 김 책 | 북로당 | 상업국장 | 장시우 | 북로당 |
| | 홍기주 | 민주당 | 보건국장 | 이동영 | 민주당 |
| 사무장 | 한병옥 | 북로당 | 교육국장 | 한설야 | 북로당 |
| 기획국장 | 정준택 | 북로당 | 노동국장 | 오기섭 | 북로당 |
| 산업국장 | 이문환 | 무소속 | 사법국장 | 최용달 | 북로당 |
| 내무국장 | 박일우 | 북로당 | 인민검열국장 | 최창익 | 북로당 |
| 외무국장 | 이강국 | 북로당 | 총무부장 | 김정주 | 청우당 |
| 농림국장 | 이순근 | 북로당 | 간부부장 | 장종식 | 북로당 |
| 재정국장 | 이봉수 | 북로당 | 양정부장 | 송봉욱 | 북로당 |
| 교통국장 | 허남희 | 무소속 | 선전부장 | 허정숙 | 북로당 |

적으로 승인했다. 북민전 의장 최용건은 김일성을 북조선 인민위원회 위원장으로 추대하고, 북조선 인민위원회를 조직할 책임을 그에게 위임할 것을 제의했다. 북조선 인민회의는 최용건의 제안을 채택했다. 그리하여 다음 날인 2월 22일, 북조선 인민위원회가 성립되었다. 김일성을 위원장으로 했고, 부위원장에 김책·홍기주가 임명되었다. 위원 명단은 〈표 1〉과 같았다.

〈표 1〉에 의하면 북조선 인민위원회 위원 22명 중 절반이 넘는 16명이 북조선노동당원이다. 도·시·군 인민위원이나 북조선 인민회의 대의원 중 노동당 소속이 1/3 정도에 머문 반면, 이를 토대로 구성된 중앙권력에서는 노동당 소속이 절반을 넘은 것이다. 중앙권력은 노동당이 사실상 장악했

지만, 지방으로 갈수록 장악력이 약해지는 상황이었음을 알 수 있다. 1947년 2월에 수립된 북조선 인민위원회는 통일전선 정권기관의 형태를 지녔지만, 사실상 북조선노동당 1당이 주도하고 있었다.

오늘날 북한에서는 북조선 인민위원회를 한반도의 첫 '프롤레타리아독재정권'으로 간주하고 있다. 하지만 이런 규정은 사후적인 것으로서, 당시에는 사회주의나 프롤레타리아독재가 공공연히 표방될 상황이 아니었으며, 어디까지나 인민민주주의 모델에 의한 통일전선 권력의 형태를 지니고 있었다. 조만식 계열이 몰락하지 않았더라면, 북한에서 인민정권은 이름에 부합하는 통일전선의 내용을 유지할 수 있었을 터이다. 그러나 북한의 민족주의를 대표했던 이들 세력이 몰락한 이후, 북한 권력기구는 주민들의 다양한 이해관계와 요구를 대변할 수 있는 다양성을 제대로 갖추지 못했다. 다만 노동당 내에 다양한 정파가 존재했고, 노동당 밖에서는 신민당과 청우당 등이 미약하나마 북한 내부의 다양성을 뒷받침하고 있었다.

## 문화 건설과 교육개혁

사회주의 체제에서 국가는 강하면서 약하다. 이해관계보다는 혁명에 대한 헌신성에 호소하는 사회주의 체제는 당과 인민에 의해 그 헌신성이 고도로 발휘될 때 아주 강한 면모를 보이지만, 그 헌신성이 식으면 국가가 쉽게 붕괴할 수 있을 정도로 허약해진다. 그 헌신성이 장기적으로 지속되려면 인간 자체가 혁명적 인간형으로 바뀌어야 한다. 그것을 가능하게 만드는 것이 바로 '문화'이다.

사회주의를 지향하는 북한은 초기부터 문화에 대한 관심이 높았다. 초기 인민위원회 예산의 20%가 교육·선전·문화에 배정되었다. 초기에 왜 그토록 문화를 강조하였는가? 김일성은 1946년 북조선 각 도 인민위원회, 정당, 사회단체 선전원, 문화인, 예술인대회에서 "우리가 반동 세력을 분쇄하고 새 민주조선을 건설하는가 못하는가 하는 것은 동무들이 문화전선에서 잘 싸우는가 못 싸우는가에 달려 있습니다"라고 이야기하면서 일찍부터 문화예술의 중요성을 강조했다. 전 인민이 일제 잔재를 청산하고 민주조선 건설에 나서도록 하기 위해서는 민족문화, 민주적 문화를 건설해야 했다.

문화는 일부 상층 계급이 향유하는 것이 아니었다. 북한 정권은 '인민대중은 문화와 예술의 창조자이며 향유자'라는 슬로건 아래 해방 직후부터 문화예술의 대중화 정책을 추진했다. 순회극단, 이동영사대, 이동예술대, 가창대 등의 선전대를 조직하여 농어촌지역에 파견하고, 문학·연극·음악·무용·미술·사진 등 각 분야 문화예술소조를 조직, 지원하기도 했다. 이는 모두 군중 문화 사업이라 불리는 문화예술 대중화 정책의 일환이었다. 1949년 6월 당시 북한 전역에서 각 분야 문화예술소조 7,100여 개가 조직되었으며, 소조원 수는 96만여 명에 이르렀다. 군중 문화 사업을 통해 노동자 계급의 지식인화(인텔리화)와 지식인의 노동자 계급화가 동시에 진행되었다.

건국 초기 문화의 기획자는 누구였는가? 소련 민정에서 교육 문화를 담당한 인물은 민정 부사령관 이그나티예프였다. 민정 문화담당부에서 최고위직 소련계 한인은 김파였다. 조쏘문화협회는 소련 문화의 조선 전파를 위한 교류의 창구 역할을 했다.

그러나 문화 생산이 러시아인, 소련계 한인의 독점물은 아니었다. 북한의 작가, 예술가, 문화계 일꾼들 대부분은 본래 남한 출신이었다. 홍명희 부수상, 백남운 교육상 등이 대표적이다. 그 외에 조선노동당 선전부장 김창만 등 연안계도 중요한 역할을 했다.

1946년 3월에는 '북조선 예술총연맹'이 창립되었다. 남한에서 임화·김남천이 주도한 '조선문학가동맹'에 불만을 품고 일찍이 월북했던 한설야·이기영 등과 이북명·안함광 등이 여기에 참가했다. 남북의 문화예술은 KAPF(조선프롤레타리아예술동맹)에 뿌리를 두고 있다. 1946년 10월에는 '북조선 문학예술총동맹'(위원장 이기영, 부위원장 안막, 서기장 리찬)으로 개칭했다. 산하에 문학동맹(위원장 안함광), 연극동맹(위원장 신고송), 음악동맹(위원장 이면상), 미술동맹(위원장 성관철), 사진예술동맹(이문빈), 무용동맹(최승희), 영화동맹(주인규) 등 7개 동맹이 조직되었다.

한설야·이기영 외에도 많은 문화예술인들이 월북하여 북한의 문화 건설에 동참했다. 무용계의 최승희, 영화계의 문예봉 등은 대중적인 명망을 지니고 있었다. 한글학자이자 조선신민당 대표였던 김두봉은 김일성종합대학 초대 총장이 되었고, 이극로와 함께 북한의 언어 체계를 닦았다.

북한 정권은 교육을 개혁해 체제를 이끌어갈 엘리트를 양성하고자 주의를 기울였다. 1946년 2월 군사 정치 간부를 양성할 평양학원이 세워졌고, 6월에 중앙당학교가 문을 열었다. 1947년 10월에는 항일운동 희생자들의

북한의 문화건설운동을 주도한 이기영(좌)과 한설야(우)

유자녀들을 모아 가르치는 평양혁명자유가족학원이 개원했다.

엘리트 양성의 가장 중요한 산실은 종합대학이었다. 해방 직후 한반도에서 대학은 서울의 경성제국대학이 유일했고, 나머지는 전문학교이거나 각종학교 형태일 뿐이었다. 북에서 요구하는 우수한 인재를 양성하기 위해서는 종합대학을 세울 필요가 있었다. 1946년 5월, 북조선종합대학 창립준비위원회가 결성되었다. 교육국장 장종식이 위원장을 맡고, 정두현·신건희·한설야·한빈·이정우·김달현·이동화·김택영 등이 위원으로 참여했다. 위원 명단에 정두현과 신건희라는 다소 생소한 인명이 먼저 나오는 것은, 그들이 각각 평양의학전문학교와 평양공업전문학교의 교장을 맡고 있었기 때문이다. 이 전문학교들은 종합대학 설립 과정에서 편입되었다가 이듬해에 평양의학대학과 평양공업대학으로 다시 분리된다.

초창기 종합대학을 창립하면서 행정 업무를 주도한 인물은 연안계에 속한 한빈이었다. 그는 러시아에서 태어나 극동대학 철학과를 다닌 인물로, 러시아어에 유창했고 중국 중앙군사학교 교수직 경험도 있어, 소련 군정 담당관들과 협력하며 종합대학을 세우기에 적합한 인물이었다. 종합대학의 운영 방식과 조직은 소련 대학 조직을 주로 참고하여 만들어졌다. 소련의 까페드리아에 해당하는 강좌제를 채택했는데, 강좌란 강의와 실험을 관리하는 교수와 학생의 조직을 말한다. 또한 총장자문기구로 대학평의회가 설치되었다.

종합대학을 세우면서 가장 큰 난관은 우수한 교원을 충원하는 일이었다. 두 개의 전문학교를 흡수하기는 했지만 종합대학의 교원을 담당할 인물이 절대적으로 부족했다. 한반도에서 최고 수준의 교수진을 구성하기 위해 김일성은 북조선 임시인민위원장 명의로 남한의 학자들을 교원으로 초빙했다. 1946년에 남에서 초빙되어 교수가 된 대표적인 학자로는 도상록(양자물리학), 김석형(역사학), 박시형(역사학), 박극채(경제학), 이종식(법학), 김한주(농학) 등이 있다. 신남철(철학) 등은 1947년에 입북했다. 종합대학에 초빙된 남의 학자들은 대체로 경성제국대학 출신으로서, 유능하며 진보적인 성향을 지녔던 인물들이었다. 이들이 북한의 종합대학 설립 초기 교수진의 중심이었다. 한편 이동화·김택영 등 소련계 한인으로 교수가 된 인물도 있었는데, 이들은 소련군과 협조하며 대학을 자리 잡게 하는 데 기여했다.

종합대학은 1946년 9월 1일 북조선김일성대학이라는 이름으로 개교했고, 초대 총장에 김두봉이 취임했다. 김일성은 9월 15일 축하식에서 민주주의적 국가 건설에 헌신할 인재가 될 것을 당부했다. 축하식에는 미군정청에 의해 강제해산된 서울 법정학교 출신 학생 40여 명도 참석했다. 이들은 무료혜택과 장학금을 받으며 북한의 엘리트로 성장했다.

김일성대학은 정부의 전폭적인 지원을 받으며 빠르게 성장했다. 1949년 당시 김일성대학에는 력사학부, 조선어문학부, 지리학부, 교육학부, 외국어문학부, 경제학부, 법학부, 물리수학부, 화학부, 생물학부 등이 설치되어 있었다.

## '민족간부'를 양성하다

탈식민지화 과정에서는 새로운 국가기구를 창출하고 이를 담당할 인재가 요구된다. 반제국주의 반봉건 개혁을 표방한 북한이 조선총독부 관료를 다시 등용할 수는 없었다. 새로운 시대에 맞는 새로운 인재가 필요했던 것이다. 그러나 북한에는 능력을 갖춘 인재가 극히 부족했다. 남한과 달리 북한에는 기사와 기술자가 약 백 명 정도 있을 뿐이었고, 의사도 수백 명뿐이었다. 일제 시기에 경성제국대학에 입학한 학생 997명의 경력을 조사한 연구에 의하면, 이들 중 북한을 선택한 것은 그 1/4 정도인 273명에 불과했다. 더욱이 그중 93명은 의사 또는 의학 전공자였고 월북·납북자가 102명이었으므로, 해방 당시 각계에서 행정을 맡아줄 인재는 극히 드문 상황이었다.

당장 시급한 전문가 부족 문제를 해소하기 위해, 소련 주둔군은 군인 전문가들을 차출하여 복구 사업 등에 투입했다. 또한 1946년부터는 임시인민위원회의 요청으로 여러 직종의 소련 전문가들을 조선으로 보냈다. 그러나 소련군은 미국군과 함께 결국 퇴각해야 할 처지였다. 소련이 철수한 뒤에도 한반도에서 사회주의에 우호적인 권력을 뒷받침할 인재들이 필요했다. 당시 자료에서 이는 '민족간부' 양성 문제로 부각되었다.

북한은 1945년 말부터, 그리고 1946년 2월 북조선 임시인민위원회 수립 이후 본격적으로 실적과 성분심사를 통해 국가기구 간부층을 정화해나갔다. 북한은 국가기구 내에서 친일적 요소와 반사회주의적 요소를 배제하기 위해 지속적으로 숙청과 충원을 병행했다. 숙청은 보안국이 창설된 직후인 1945년 11~12월부터 광범하게 실시되었다. 북조선 임시인민위원회 창립 이후인 1946년 3월 7일에는 「친일파, 민족 반역자에 대한 규정」을 채택하여 배제의 기준을 명문화했다. 이후 심사와 파면이 본격화되었다. 사법국의 경우, 1946년 4월에 북조선재판소, 북조선검찰소, 평안남도 재판소, 평안남도검찰소, 평양인민재판소, 평양인민검찰소의 직원 141명의 성분과 사업성적이 심사되었다. 심사 이후 전체 직원 중 13.4%에 달하는 19명이 파면되었다.

북한 정권은 다른 한편 교육을 통한 민족간부 양성 정책을 추진했다. 이를 위해 정규 교육과정이 아닌 간부 양성만을 위한 특수교육기관들이 각 기능별·지역별로 설립되었다. 중앙에는 행정·사법·검찰·교육·산업·상업·노동·재정·체신·철도·농림·문화선전 등 각 분야 양성기관이 창설되었다. 지방에는 각 도마다 행정간부학교·교육간부학교·체신기술원양성소·상업간부양성소 등이 설치되었다. 이 양성기관들은 3개월 내외에서 2년여에 걸친 다양한 수학 제도를 가지고 있었다. 각급 인민위원회와 정당 사회 단체의 추천을 받거나 선발된 열성분자들이 이곳에 모여들었다. 그중 절대다수는 노동자, 농민, 기타 근로인민들이었다.

정권기관 고위간부들의 양성기관은 '중앙고급지도간부학교'였다. 이 학교는 소련공산당 중앙위원회의 재가에 의해 설립되었다. 교장은 조선의용군 출신의 박효삼(당시 신민당 소속), 고문은 소련군 소좌 스베레듀크, 교육과장은 재소 한인 박영빈이었다. 소련군 장교를 고문으로 하고 강사진은 소련공산당원인 재소 한인들로 구성되는 등, 교육을 통한 간부 양성에서 소련의 영향력은 지대했다. 교육 내용 또한 소련군이 직접 주도했다. 교육 프로그램은 소련 국방성 총정치국의 양식과 지시에 부응하여 25군 정치국이 작성하고 군사평의회가 비준한 것이었다. 교육과정은 처음에는 3개월의 단기 코스였다가 1948년도에 6개월 코스로 확대하는 방안이 세워졌는

〈표 2〉 민족간부 양성기관의 창립

| 당 간부 양성기관 | |
|---|---|
| 1946. 6. 1. | 중앙당학교 창립 |
| 1946. 6. 1. | 평안북도당학교 창립 |
| 1946. 6. 5. | 함경남도당학교, 함경북도당학교 창설 |
| 1946. 6. 20. | 황해도당학교 창설 |
| 1946. 7. 10. | 강원도당학교 창설 |
| 1946. 9. 15. | 평안남도당학교 창설 |
| 1946. 11. 14. | 야간당학교 창설 결정 |
| 경제 관리 간부 양성기관 | |
| 1946. 5. 3. | 북조선법률학원 창설(전신은 1945년 12월 28일 조직된 북조선법률강습소) |
| 1946. 7. 1. | 중앙고급지도간부학교 창설 |
| 1946. 12. 11. | 야간고급지도간부학교 설치 |
| 1947. 2. 3. | 상업간부양성소 설치 |
| 1947. 3. 1. | 중앙은행간부학교 설치 |
| 1947. 4. 1. | 농업간부양성소 설치 |
| 1947. 4. 16. | 로동간부양성소 설치 |
| 1947. 5. 10. | 체신간부양성소 설치 |
| 군사 정치 간부 양성기관 | |
| 1946. 2. 23. | 평양학원 개원 |
| 혁명가 유자녀 교육기관 | |
| 1947. 10. 12. | 평양혁명자유가족학원 개원(후에 만경대혁명학원으로 개칭). |

데, 그 교육 계획은 다음과 같았다.

중앙고급지도간부학교 교육 프로그램

1. 세계경제·정치지리학 : 90시간

2. 조선 경제지리학, 경제학 : 20시간

북조선노동당 중앙당학교 제6기 졸업기념 사진첩(1948. 10. 1)

북한은 부족한 인재 양성을 위해 간부 양성만을 위한 특수 교육기관을 기능별·지역별로 설립하여 민족간부 양성 정책을 적극 추진했다. 중앙당학교는 1946년 2월 군사정치간부 양성을 목적으로 세워진 평양학원 정치반을 모태로 1946년 6월에 출범한 북조선공산당 중앙당학교가 이름을 바꾼 것이다.

3. 조선 인민의 민족해방투쟁사 : 30시간

4. 일본으로부터 해방 후의 조선 : 50시간

5. 극동 국가들을 지배하기 위한 제국주의 국가들의 싸움 : 50시간

6. 소련 : 90시간

7. 제2차 세계대전과 소련의 위대한 조국전쟁 : 80시간

8. 신민주주의 국가들에서의 민주개혁의 경험 : 80시간

9. 대중에 대한 정치 지도 경험 : 160시간

10. 정치경제학 : 160시간

11. 변증법적 역사적 유물론 : 80시간

12. 러시아어 : 104시간

교육 내용에는 조선 민족해방투쟁사가 포함되어 있었지만, 대부분 소련식 정치사상 교육 체계를 따른 것이었다. 그리고 사적 유물론을 교육한 데서 알 수 있듯이, 구지식인을 사회주의 지향의 인간형으로 개조하는 데 하나의 목적을 둔 기관이었다. 3~6개월 내에 행정적 전문성을 교육하기보다는 이념 교육에 초점을 맞추고 있었던 것이다.

이 학교에는 170명이 파견되었는데, 그중 112명이 선발되었다. 선발된 학생들 가운데는 공산당원이 64명으로 가장 많았고, 그 외에 민주당원 7명, 신민당원 7명, 천도교 3명, 민주청년동맹원 9명, 무소속 22명이었다.

중하위 기술관료 양성도 병행되었다. 각종 기술자를 양성하기 위해 청년 500여 명을 선발해 소련에 유학 보냈으며, 북한 내에도 55개 소의 기술전문학교와 11개의 대학, 산업간부대학을 설치해 8,700여 명의 대학

생과 17,000여 명의 전문학교 학생들을 양성했다. 또한 131개의 직장기술학교와 13개의 직장기술전문학교에서 10,000여 명의 기술자들이 양성되었다.

국가기구와 관료 형성 과정을 보다 깊숙이 들여다보기 위해 사법기구와 경제기구의 관료 충원에 대해 살펴보자. 사법국재판소, 검찰소는 출범 당시 '배일주의자', '법학 지식의 소유자'라는 두 가지 원칙에 입각해 충원했다. 그 원칙에 위배되는 이들은 1946년의 '성분심사'를 통해 의원 면관, 파면 등의 방법으로 배제되었다. 그런데 1947년 북조선 인민위원회 출범 이후 판사를 선거로 뽑게 되면서 판사들의 성격이 크게 변화했다. 최용달의 보고에 의하면, 1946년 12월 말에 154명의 판사 성분은 노동자 7.6%, 농민 3.5%, 사무원 77.3%, 기타 2.6%였다. 그러나 선거 실시 이후인 12월에는 191명의 판사 중 노동자 26%, 농민 50%, 사무원 19%, 기타 5%로 변화했다. 노동자·농민 출신의 사법관 진출은 법률학원을 매개로 이루어졌다. 법률학원은 1947년도 전반기인 제3기생이 노동자 12%, 농민 11%였던 반면, 후반기인 제4기에는 노동자 51%, 농민 34%로 변화했다.

1948년 9월 분단정부 수립 이전의 사법계를 주도한 인물은 최용달이었다. 그는 경성제대 법학부를 졸업하고 법학에 관계된 여러 글들을 발표했으며, 보성전문 교수로 재직하기도 한 사회주의자이자 법학자였다. 앞서 언급했듯이 그는 "허다한 북조선 법률 제정에 공로가 많은" 인물로서, 북한 사법계의 초석을 마련했다고 할 수 있다.

그러나 북조선노동당 제2차 대회에서 최용달은 "사법기관의 민주화가 아니라 일제시대적 사법기관을 만들고 있었"다는 허가이의 비판을 받았다. 허가이는 법률학원이 일제시대의 법률을 배운 학생을 재교육하는 기관이었다고 비판하고, 당은 "이 경향을 없애기 위해 최 동무와 여러 번 투쟁했다"고 지적했다. 이 비판은 사법기관을 포함한 국가기구 전반을 운영해나갈 정치 엘리트를 어떻게 양성할 것인가를 놓고 북한 정권 내부에 갈등이 존재했음을 보여주는 중요한 대목이다. 사법국장 최용달은 일제하에 법학을 전공한 학생들의 '재교육'에 주안점을 둔 반면, 허가이 등 조선노동당 고위간부진은 재교육보다 일제하의 교육을 받지 않았으며 노동자·농민 성분을 지닌 인물들을 새로운 사법관으로 양성하는 데 비중을 두었고, 그로 인해 갈등이 야기되었던 것이다. 결국 1948년 초대 내각을 구성할 때 사법상으로 유임될 예정이었던 최용달은 해임되었고, 이승엽이 초대 사법상이 되었다.

경제 부문에서 토지개혁 추진이라는 중요한 역할을 담당했던 농림국은 사회주의운동가이면서 일제 시기에 와세다대학에서 정치경제학을 전공했던 이순근이 담당했고, 그 후임은 저명한 경제학자 박문규가 맡았다. 초기에는 주로 평양 숭실 출신으로 기독교 민족주의적 농촌 활동을 했던 여러 인물들이 농림국에 실무진으로 참여하기도 했다. 예를 들어 북조선임시인민위원회에서 농림국 기획과장을 맡은 김두혁은 숭실전문과 도쿄농업학교를 졸업하고 1938년부터 송산고등농사학원에서 활동하면서 민족주의적 농촌운동을 전개하던 인물이었다. 이들은 1945년 9월 '조선농업회'를 창립한 뒤 1946년 6월에는 '북조선 농업연구회'로 개칭하고 기관지 『조선농업』을 발간하는 등 토지개혁 이후 자영농 체제하에서 농업기술 발전에 기여했다. 단 이들의 참여는 조기에 중단되었던 것 같다. 농업의 집약화와 다각화, 그리고 경영 협동화와 기계화론 등 덴마크를 모범으로 하는 이들 기독교 민족주의 계열의 농업론은 전쟁 이후 사회주의 농업 협동화의 흐름에는 부합되지 않았다.

1948년 1차 내각 구성 당시에는 경제·경영의 전문성을 갖추지 못한 부수상 김책이 산업상을 겸임했지만, 실제로 경제 계획을 기획하는 기구였던 국가계획위원회에는 경제 전문가들이 포진되어 그 한계를 보완했다. 위원장 정준택은 경성고등공업학교 출신으로 해방 직후 만년광산 광산장으로 임명되어 일하다가 5도 행정국 산업국장으로 발탁된 인물이었다. 한때 식민지 인텔리에 대한 배척의 분위기 때문에 기술현장으로 밀려나기도 했지만, 김일성의 지속적인 신임 속에서 북조선 임시인민위원회 산업국장으로 재부임했고, 국가계획위원회 위원장까지 승진할 수 있었다. 국가계획위원회 위원 김두삼은 1935년도에 뤼순공업대학을 졸업하고 흥남공장 기사로 있다가 해방 이후 흥남공장 기획부장, 본궁本宮화학공장장으로 일하던 기술자였다. 위원 윤행중은 전남 출신으로 경성제대 법학부를 졸업한 경제학자였으며, 위원 김광진은 평남 출신으로 도쿄제대를 졸업한 뒤 1949년도에는 김일성대학 경제학부 교수가 되었던 인물이다.

소련에서 파견된 한인들 중 경제관리기구에 참여한 대표적인 인물로 김찬을 들 수 있다. 그는 1937년의 강제이주와 탄압에서 살아남은 포시에트 구역 출신들 중 한 명이었다. 그는 북한에 도착하자마자 당직에 임명되었다. 첫 직책은 조선공산당 강원도 도당위원회 제2비서였다. 김찬은 후일 허가이가 숙청될 때 소련으로 쫓겨났다.

소련에서는 혁명 이후 10여 년이 지난 스탈린 시기에 이르러 본격적인 재교육과 신인재 양성 교육이 진행되었지만, 북한에서는 인민민주주의 혁명의 과도기를 거치면서도 그 과정이 더욱 빨랐다. 공식적으로 정부가 출범한 1948년보다 훨씬 이전인 1946년 2월 북조선 임시인민위원회 출범 이후부터 체계적으로 민족간부 양성 정책이 취해진 것이다.

사법관 양성 문제를 둘러싸고 사법국장 최용달이 받았던 비판에서 확인되듯이, 재교육과 새로운 인재 양성 추진 과정에서는 재교육보다 새로운 인재의 양성이 더욱 중시되었다. 각 부처별 책임자 역할은 새로운 인재들에게 바로 맡길 수 없었기 때문에 재교육 대상들이 주로 이를 맡았지만, 그 중하위층에서는 재교육보다 새로운 인재 양성이 중시되었다.

## 헌법 제정에서 인민공화국 수립까지

사회경제개혁과 권력구조의 정비, 민족간부 양성 등을 통해 국가 건설의 기초를 닦은 북한의 사회주의 세력은 이런 성과를 바탕으로 국가의 기초를 성문화하는 헌법 마련에 나섰다.

1946년 말부터 1947년 초반에 이르는 시기에 북한의 사법 관계자들은 소련의 스탈린 헌법을 국역하고 동유럽 인민민주주의 체제에 대한 연구서를 번역하는 등 기본적인 준비를 해나갔다. 1947년 11월 14일 유엔이 미국의 제안에 따라 한국임시위원단 조직을 결정하자, 나흘 뒤인 18~19일에 열린 북조선 인민회의 제3차 회의에서는 헌법 제정 논의가 공론화되었다. 이 회의에서 31명의 임시헌법 제정위원이 선임되어 헌법 제정을 위임받았다. 임시헌법 제정위원의 명단은 다음과 같았다.

김두봉, 김일성, 최용건, 홍기주, 박윤길, 최경덕, 김욱진, 강진건, 박정애, 이기영, 강양욱, 김정주, 이주연, 정달헌, 문태화, 김영수, 김응기, 최봉수, 한면수, 최금복, 강인규, 김시환, 안신호, 이종권, 김택영, 김윤동, 이청원, 김주경, 민병균, 정두현, 태성수

조선 임시헌법 제정위원회 제1차 회의는 북조선 인민회의 제3차 회의가 끝난 다음 날인 11월 20일 인민회의 상임의원회 의장실에서 개회되었다. 이 회의에서는 인민회의 상임위원회 법전부장인 김택영, 역사가 이청원, 북조선최고재판소 판사 김윤동 등 3인이 임시헌법 초안 작성위원으로 임명되었다. 임시헌법 제정위원회 상임서기장에는 김택영이 피선되었다. 북한의 초기 사법 제도 마련 과정에서 중책을 맡았던 최용달은 막상 임시헌법 제정위원회에는 참여하지 못했다. 대신 그는 조선법전 초안 작성위원회 위원으로서 법률을 정비하는 작업을 맡았고, 헌법 관련 논설을 북조선노동당 기관지인 『근로자』에 발표하는 등, 북한의 헌법과 법 체계 정비에 나름대로 기여했다.

소련은 북한 헌법의 초안 작성 과정에 어느 정도 개입했을까? 주북한 소련 민정국 사법·검찰부의 쉐찌닌은 자신의 회상기에서 "헌법 초안 작성에 즈음하여 조선의 동지들은 나에게 자주 법률가로서의 자문을 구해왔다"고 밝힌 바 있다. 그는 "조선의 동지들에게 헌법에 관한 레닌적 강령과 소련 및 여타 사회주의 제국의 헌법 제정의 구체적 경험을 면밀하게 연구

하고, 부르주아 헌법을 비판적으로 분석할 것을 권고했다"고 한다.

1947년 12월 작성된 임시헌법 초안은 1948년 2월 6~7일간 개최된 인민회의 제4차 회의에 제출되었다. 이 회의의 개최와 관련하여 1948년 1월 말 소련공산당에서 채택된 다음과 같은 결정 내용이 주목된다. 1월 24일 소련공산당 중앙위원회는 인민회의 4차 회의를 개최할 것을 허가하면서 "(이 회의에서) 헌법 초안을 심의하지 않고 (…) 헌법 초안에 대해 조선 인민의 완전한 의사표명을 가능하게 하기 위하여 '전인민토의'에 부칠 것과 북조선 인민위원회 대회를 1948년 3월에 소집하여 임시헌법 초안을 토의 비준한다고 결정할 것"을 제기했다. 이 결정은 인민회의에서 그대로 관철되었다.

'전인민토의' 기간 동안 임시헌법 제정위원회에 제출된 헌법 초안 지지 결정서는 5만 8천여 통에 달했고, 초안에 대한 수정안과 첨가안은 2,236통에 달했다. 임시헌법 제정위원회는 이 수정안 및 첨가안을 중심으로 헌법 초안을 수정해나갔다.

전인민토의는 2개월 동안이나 진행되었다. 본래 3월에 개최될 예정이었던 임시헌법 채택을 위한 인민회의가 4월로 연기되었기 때문이다. 북한만의 헌법 논의가 남북협상에 부정적인 영향을 미칠까 우려했기 때문으로 보인다. 남북 제정당 사회단체 대표자 연석회의가 종료된 뒤인 1948년 4월 29일, 북조선 인민회의 특별회의는 헌법 초안을 만장일치로 채택했다. 대표자 연석회의에 이어 남북 제정당 사회단체 지도자협의회가 열리고 있는 도중이었다.

채택된 헌법 초안은 인민위원회를 국가권력의 기초로 하는 인민적 국가 형태와 인민주권 형식을 담고 있었으며, 특히 경제구성에서 국가소유, 협동단체의 소유, 개인소유를 모두 인정했다는 점에서 '인민민주주의'적인 성격을 지녔다. 북한 헌법 초안은 소련 헌법의 영향을 받으면서 이를 제2차 세계대전 이후 동유럽과 동북아시아에서 일반화되고 있던 인민민주주의 국가 건설의 틀에서 수용한 것이었으며, 남북분단의 상황 등 한국적 특수성을 반영하고 있었다.

한편 북한 정부는 1948년 2월 8일 조선인민군을 공개적으로 창건했다. 이미 전년도에 북조선 인민집단군 사령부를 창설한 북한 정권은, 이날 40만 인파의 환호 속에 평양역전광장에서 "김일성 항일유격대의 전통을 계승"하여 조선인민군의 창건을 선포하는 열병식을 거행했다. 최용건이 인민군 총사령관의 중책을 맡았으며, 부사령관 겸 문화부 사령관으로 김일이, 포병부 사령관으로는 무정이 임명되었다. 정부 수립 이전에 조선인민군을 창건한 것은 미국·소련 양국 군의 철수를 대비해 취해진 조치였다.

한편 북한은 유엔 소총회가 1948년 2월 26일 남한만의 단독선거를 결정하자, 공화국 수립을 서두르면서 동시에 '남조선 단독선거 반대투쟁'을 전개했다. 1948년 3월 9일에 열린 북조선민주주의민족통일전선 중앙위원회 제25차 회의에서 김일성은 외국 군대가 철수하는 조건 아래 전조선적인 최고입법기관을 선거하여 민주주의적인 인민정부를 수립하자는 통일정부 수립 방안을 제안했다. 3월 25일에는 북민전이 남북 제정당 사회단체 대표자 연석회의 개최를 제안했다. 뒤이어 3월 27~30일 동안 열린 북조선노동당 제2차 당 대회에서도 이런 주장들이 다시 확인되었다.

제2차 당 대회가 끝난 뒤 4월부터는 남북 제정당 사회단체 대표자 연석회의가 본격적으로 추진되었다. 북한은 단독선거·단독정부에 반대하는 모든 민주주의적 정당 사회단체들의 연석회의를 평양에서 개최할 것을 주장했다. 남한의 민전 소속 단체들도 여기 호응했고, 남북 지도자들 간의 정치협상을 주장했던 김구와 김규식 등 우익 및 중도계 민족주의자들도 북행을 결정했다.

1948년 4월 19일, 남북 제정당 사회단체 대표자 연석회의 본회의가 남북 46개 단체 대표 545명이 참석한 가운데 평양에서 개최되었다. 김일성의 사회로 진행된 이날 회의는, 조선의 정치정세 및 남한 단선·단정 반대투쟁 대책을 회의 안건으로 채택했다. 4월 20일, 김구와 홍명희 등이 평양에 도착하자 김일성과 김두봉은 김구를 예방했다. 여기서 김구는 대표자 연석회의 주석단에 참여할 의사가 없음을 밝히고 김일성과 단독회담을 요구했다. 4월 21일에 본회의가 속개되었지만 김구를 비롯한 남한의 우익 민족주의자들은 거의 참여하지 않았다. 김구는 북한이 대표자 연석회의를 북한 정권 수립에 활용하는 것은 아닌지 의심했다. 남한의 우익 민족주의자들이 대거 불참한 가운데, 회의에서는 단선·단정 반대, 소·미 양국 군대의 철병, 외세 간섭 없는 민주주의 자주독립국가 수립 등이 논의되었고, 단선을 파탄시키기 위한 남조선 단독선거 반대투쟁 전국위원회 결성이 결정되었다.

남한 민족주의자들은 대표자 연석회의보다 '남북요인회담'에 기대를 걸었다. 4월 26일과 30일에 김일성·김두봉·김구·김규식 4인의 이른바 '4김 회담'이 열렸으며, 그와 별도로 남북 지도자 15인으로 구성된 남북조선 제정당 사회단체 지도자협의회가 결성되었다. 30일에 지도자협의회는 ①

미·소 양군 철수, ② 북한의 남침에 대한 우려 불식, ③ 전국 총선에 의한 통일국가 수립, ④ 남한의 단선·단정 반대를 요지로 하는 공동성명서를 발표했다. 그러나 이 회의에도 불구하고 남한에서 정부 수립 일정은 예정대로 진행되었으며, 북한도 내부적으로는 정부 수립의 길을 걸어나갔다.

1948년 남북협상은 결국 분단의 대세를 막지 못했으며, 북한 정권이 자신의 정당성을 주장하는 근거로 오용된 측면도 있다. 그렇지만 이 회의는 민족분단의 긴박한 정세에 대처하여 외세에 의한 분단을 반대하고 민족 자주성을 추구했다는 점, 사상과 이념의 차이에도 불구하고 민족적 단결을 시도했다는 점, 분단 문제의 평화적 해결을 모색했다는 점에서 역사적 의의를 지닌다. 통일국가 수립을 기대하는 민족적 염원을 하나로 모아냈던 남북 연석회의는, 이후 평화적 통일운동의 초석이 된다.

1948년 7월 10일 북조선 인민회의 제5차 회의에서 조선민주주의인민공화국 헌법이 공포되고 조선 최고인민회의 선거 실시가 결정되었다. 정부 수립에 앞서 남·북조선노동당은 총선거 및 정부 수립을 효율적으로 준비하기 위해 8월 2일 연합중앙위원회를 구성했다.

북한 지역에서 선거는 북민전이 공동추천한 후보자를 직접 선출하는 방식을 취했다. 8월 25일 실시된 선거에서 유권자의 99.7%가 참가하고 98.4%가 찬성함으로써 212명의 대의원이 선출되었다. 반면 남한 지역에 대해서는 지하선거를 통한 간접선거 방식이 채택되었다. 8월 20일까지 지하선거를 통해 남한 지역의 인민대표를 선출한 다음, 그들이 월북하여 8월 21~25일 사이에 해주에서 남조선 인민 대표자대회를 개최하여 최고인민회의에 보낼 대의원을 선출하는 방식이었다. 간접선거로 뽑힌 1,080

〈표 3〉 조선민주주의인민공화국 내각 명단

| 직위 | 성명 | 소속 당 | 직위 | 성명 | 소속 당 |
|---|---|---|---|---|---|
| 수상 | 김일성 | 북로당 | 교통상 | 주영하 | 북로당 |
| 부수상 | 박헌영 | 남로당 | 재정상 | 최창익 | 북로당 |
| 부수상 | 홍명희 | 민주독립당 | 교육상 | 백남운 | 전 근로인민당 |
| 부수상 | 김책 | 북로당 | 체신상 | 김정주 | 청우당 |
| 국가계획위원회 위원장 | 정준택 | 북로당 | 사법상 | 이승엽 | 남로당 |
| 민족보위상 | 최용건 | 민주당 | 문화선전상 | 허정숙 | 북로당 |
| 국가검열상 | 김원봉 | 인민공화당 | 로동상 | 허성택 | 남로당 |
| 내무상 | 박일우 | 북로당 | 보건상 | 이병남 | 무소속 |
| 외무상(겸임) | 박헌영 | 남로당 | 도시경영상 | 이용 | 신진당 |
| 산업상(겸임) | 김책 | 북로당 | 무임소상 | 이극로 | 조선건민회 |
| 농림상 | 박문규 | 남로당 | 최고재판소장 | 김익선 | 북로당 |
| 상업상 | 장시우 | 북로당 | 최고검사총장 | 장해우 | 북로당 |

명의 인민대표들은 월북하여 해주에서 최고인민회의에 보낼 360명의 대의원을 선출했다.

남북한에서 선거로 뽑힌 조선 최고인민회의 대의원들(572명) 중 항일운동으로 체포·감금된 바 있는 사람이 248명으로 전체의 43.3%였으며, 이들을 포함해 항일운동 경력자가 총 287명으로 전체의 50.2%에 달했다.

최고인민회의는 9월 2~10일간 제1차 회의를 개최했다. 9월 8일에 조선민주주의인민공화국 헌법을 채택했으며, 이 헌법을 '전 조선 지역에 실시한다'고 선언했다. 같은 날 홍명희의 제안에 따라 최고인민회의 상임의원회가 조직되었다. 이어 9일에는 김일성을 수상으로 하는 내각이 조직되었다. 내각의 명단은 〈표 3〉과 같았다.

내각에는 남북의 인사들이 대략 반반씩 참여한 가운데 남·북조선노동당이 전체의 70%를 차지했다. 남북조선노동당 외에 민주독립당, 인민공화당, 근로인민당, 신진당, 조선민주당, 천도교청우당 등 친사회주의적 중도파 정당들이 내각에 참여하여 노동당 우위의 인민민주주의적 성격의 정부가 수립되었다. 같은 날 조선민주주의인민공화국 창건이 선포되었다.

1948년 8월 15일에는 남한에서 대한민국이, 9월 9일에는 북한에서 조선민주주의인민공화국이 수립되었다. 이로써 1945년 8월 해방 이후 분단을 극복하고 통일 민족국가를 건설하고자 했던 민족적 노력은 좌절되었다. 일제 강점하에서 자본주의적 국가 건설의 흐름과 사회주의적 국가 건설의 흐름으로 양분되었던 한국사회는 해방 이후 그 갈등을 치유하고 하나의 통일 민족국가를 수립할 기회를 가지지 못했다. 이념을 달리하는 미국·소련 두 강대국의 군사 분할점령 정책 속에서 이념적 대립은 오히려 더욱 격화되었으며, 그 결과 1945년 8월 해방 당시에는 생각지도 못했던 두 개의 분단정부가 수립되었다.

스페셜 테마

## 1947년 화폐개혁의 명암

**1947년** 12월 6일부터 12일까지 7일 동안 북한에서는 급작스러운 화폐개혁이 실시되었다. 화폐교환법령과 규정에 따라 소련군 군표와 옛 조선은행권이 북조선중앙은행 발행의 새 화폐와 교환되었다. 12일까지 교환하지 않거나 각 은행 및 저금소에 예금하지 않은 옛 화폐는 모두 무효화되었다.

신구 화폐의 교환 사업을 실시하기 위해 북조선중앙은행과 북조선농민은행 지점들에 의해 2천 가구마다 1개 소 이상의 교환소가 설치되었다. 주민들은 거주지의 교환소에서 공민증을 제시해야만 옛 화폐를 교환할 수 있었다.

신구 화폐의 교환비율은 1대 1로 정해졌지만, 교환 한도는 소유 형태에 따라 차별을 두었다. 북조선농민은행에 대해서는 은행의 법정자본금을 교환 한도로 정했다. 국가기관, 국영기업소, 정당 사회단체와 소비조합에 대해서는 보유 현금을 전액 예치하게 하고 북조선 인민위원회가 정한 한도 내에서 지불하게 했다. 노동자·사무원 10명 이상을 고용하고 있는 민영 기업소와 민간단체에 대한 교환액은 현금 보유액 중에서 지난달 지불한 임금액의 50%를 넘지 못하게 했다.

붉은군대 사령부 명의로 발행된 소련 군표

노동자·사무원 10명 미만을 고용하고 있는 개인 기업가, 수공업자, 소상인 및 자유직업자에 대한 교환액은 각자의 현금 보유액 중에서 사업소득세 또는 자유소득세와 과세표준액 1개월분의 50%를 넘지 못하게 정했다.

교환 한도는 계급계층에 따라서도 차별적으로 적용되었다. 예를 들어 노동자·사무원의 교환 한도는 지난달 수입 임금액을 초과하지 못했다. 농민은 현물세를 납부한 농가에 대해 매호당 700원을 넘지 못하게 했다. 교회 등 종교단체에 대한 교환액은 현금 보유액 중에서 1947년도 11월까지의 월평균 현금 지출액의 50%를 넘지 못하게 했다.

교환 한도를 넘는 옛 화폐는 전부 예금해야 했으며, 각종 예금은 화폐교환이 끝난 2개월 뒤부터 지불하되 예금 지불 방법과 한도는 북조선 인민위원회 특별결정으로 공포하도록 했다. 북한 권력은 이렇게 교환 한도를 정하고 그 이상의 예금액에 대한 지불 방법과 한도를 다시 설정함으로써, 강력하게 경제를 장악할 수 있었다.

화폐개혁이 주민에게 미친 영향은 계층별로 다르게 나타났다. 일반 근로대중은 월 근로소득액까지는 새 화폐를 교환받을 수 있었고, 동결된 예금도 어느 정도 기간이 지난 뒤 지불받을 수 있었다. 화폐개혁으로 과잉화폐가 회수되어 시장물가가 하락함에 따라, 근로대중의 실질임금은 높아졌다. 그러나 상공업자들이 입은 타격은 컸던 것 같다. 이들이 교환받게 된 화폐량은 정상적인 기업 경영에 크게 부족한 금액이었다. 동결된 예금은 차후 지불하게 되어 있었지만, 실제로 제대로 지불되었는지는 알 수 없다. 이 점에서 화폐개혁은 자본 일반에 대한 수탈을 목적으로 하는 사회주의적 개혁의 성격을 부분적으로 지니고 있었다.

북조선 인민위원회는 소련국립은행이 발행하여 유통시킨 군표를 새 화폐로 교환해줌으로써 소련 정부가 부담해야 할 군표 발행과 유통의 모든 책임을 스스로 떠맡았다. 소련 정부는 이에 대해 보상을 해주지 않았다. 화폐개혁 이후 북한 주둔 소련군의 유지비는 북조선 인민위원회에 직접 반영되었다.

1947년 말의 화폐개혁을 통해 일제 식민지 화폐 제도가 청산되고 화폐주권이 실현된 점, 과잉화폐를 흡수해 물가안정을 이룬 점은 밝은 면이지만, 상공업자들의 자본력이 위축되고 북한 인민이 소련군 주둔 비용을 그대로 물려받은 점, 남북 간에 이질적인 화폐 체계가 형성되어 분단구조가 심화된 점은 어두운 면에 해당한다.(전현수, 1996)

# 04

**1950년 6월 25일 새벽** 38도선을 가른 포성은 이후 3년 동안 한반도를 잿더미로 만든 비극의 전주곡이었다. 도대체 이 전쟁은 어떤 배경에서, 누구에 의해, 무엇을 목적으로 일어났는가? 냉전기에 자유 진영과 공산 진영은 전쟁을 일으킨 책임을 서로 떠넘기며 상대를 비난하는 근거로 삼아왔다. 1990년대 초에 소련이 무너지면서 전쟁 관련 문서가 공개되기 시작하자, 전쟁을 일으킨 쪽이 북한임은 확실해졌다. 그러나 여전히 수많은 의문이 남아 있다. 북한은 과연 처음부터 전면전쟁을 구상했는지, 북한이 전쟁을 준비할 때 소련과 중국은 이에 대해 어떤 자세를 취했는지, 두 국가가 전쟁에 동의했다면 그 이유는 무엇이었는지, 그리고 북한의 전쟁 준비를 미국은 전혀 알지 못했는지 등 불확실한 점이 너무 많다. 전쟁의 성격을 이해하기 위해서는 단지 남북갈등만이 아니라 당시 동아시아의 국제관계 변동

# 전쟁의 소용돌이

을 시야에 두어야 함이 점차 명백해지고 있다.

북한의 역사를 이해할 때 더욱 중요한 대목은, 이 전쟁이 북한 체제에 어떤 영향을 미쳤는가 하는 점이다. 전시 동원 체제의 형성, 전쟁책임을 둘러싼 숙청 작업, 반공 세력의 월남은 북한 체제가 밑바닥에서부터 급속도로 획일화되는 중요한 계기가 되었다. 또한 막대한 물적·인적 피해는 북한 정권이 사회주의 체제를 건설할 때 경제적 토대보다는 인민의 의지를 더욱 중시하는 방향으로 나아가는 데 영향을 미쳤다. 그리고 전쟁 과정에서 중국의 깊숙한 개입은 이후 동아시아에서 소련의 권위가 약화되고 대신 중국이 제3세계의 중심 국가로 부상하게 되는 배경이 되었다. 이처럼 전쟁이 미친 영향은 참으로 지대했다.

북한의 인민민주주의 체제가 급속히 군사형 사회주의 체제로 변화해가는 데 전쟁은 과연 어느 정도 영향을 미쳤을까?

## 전쟁이 일어나다

분단정부가 세워진 지 만 2년도 안 된 1950년 6월, 남북은 전쟁에 돌입했다. 왜 남북은 평화공존과 통일의 길을 모색하지 못하고 그렇게 이른 시기에 바로 전쟁으로 통일을 하려고 나섰을까? 국내외 상황이 맞물리면서 분단정부가 수립된 것처럼, 이를 타파하려 한 전쟁 역시 국내외 상황의 영향을 크게 받았다. 먼저 국내 상황을 알아보자.

남북의 두 정부는 서로 정통성, 정당성을 주장하면서 무력통일을 불사하겠다는 발언과 행동을 서슴지 않았다. 북에게 남은 미제의 괴뢰정부, 남에게 북은 소련의 괴뢰정부일 뿐이었다. 남과 북은 상호 실체를 인정하지 않았고, 민족의 이름으로 멸절해야 할 대상으로만 서로를 간주했다. 북은 국토완정을 외쳤고, 남은 북진통일을 외쳤다. 정부만이 아니라 사회적으로도 분단은 부자연스럽고 납득할 수 없는 일이었으며, 하루빨리 한 민족으로서 통일이 되기를 바랐다.

1948년 12월 25일 소련군이 철수를 완료했고, 철군 압력을 받은 미국도 1949년 6월에 마지못해 철수했다. 소련과 미국은 군대를 철수하면서도 군사고문단을 두어 군사적 개입의 고리를 남겨두었다. 남북의 차이점은, 북한의 경우 소련으로부터 국방력 강화에 필요한 무기를 전폭적으로 지원받았고 군수산업도 육성했지만, 남한은 미국의 소극적인 태도로 인해 제대로 무장을 하지 못한 점이었다.

한반도에서 무력충돌의 가능성이 높아지는 사이에, 동(북)아시아의 국제관계에서도 긴장이 고조되었다. 미국은 중국의 공산화를 예상하고 일본을 반공기지로 강화하기 위해 기존의 민주화 정책에서 반공기지화 정책으로 노선을 선회했다(역코스). 1949년 10월에 중화인민공화국이 수립되고, 패전한 국민당 정부는 타이완으로 철수했다. 중화인민공화국이 처음부터 미국과 적대적인 관계를 원했던 것은 아니었다. 그러나 미국이 중화인민공화국을 인정하지 않고 타이완의 국민당 정부를 지지함을 분명히 하자, 중화인민공화국 지도부는 대소 일변도 외교로 나갔다. 결국 1949~1950년의 동북아시아에서는 소련을 축으로 중국-북한으로 이어지는 공산 진영과 미국을 축으로 일본-남한-타이완으로 이어지는 자본 진영이 대치하게 되었다. 진영 간 대치는 그 시기 유럽도 마찬가지였다. 그러나 동서유럽의 분리·대치와 동북아시아의 대치는 성격상 달랐다. 유럽에서는 제2차 세계대전 발발의 책임이 있는 독일과 오스트리아를 연합군이 분할점령했다. 그러나 동아시아에서 전쟁책임이 있는 일본은 미국의 단독점령하에 안정된 국민국가의 틀을 유지할 수 있었다. 반면 중국, 한국, 베트남은 모두 분단 상태로 나아가게 된다. 민족해방운동의 전통이 강한 동아시아에서 이런 분단 상황은 동의를 얻기 어려웠다. 언제든 전쟁이 터질 수 있는 화약고와 같은 상황이었다.

소련은 1947년 7월부터 북한 38경비대에 38선 경비를 인도했고, 1948년 12월에 소련 군대를 철수했다. 미군도 1949년 1월부터 38선 경비를 남한군에게 인계하기 시작했다. 남한군이 38선 경비를 맡자마자 38선에서 무력충돌이 일어나기 시작했다. 최초의 대규모 충돌은 5월 4일에 있었다. 5월 초 개성에서 시작된 충돌은 5월 중순에는 의정부와 옹진 지구로 확대되었다. 5월 5일에는 여수·순천에서 일어난 국방경비대 제14연대 반란사건 이후 국방경비대 내에서 불만이 높았던 2개 대대병력이 춘천 지역에서 38선을 넘어 북쪽으로 투항하는 사건이 일어났다. 한국전쟁 이전에 남북의 충돌은 874회나 되었다고 한다. 1949년 1월부터 매일 두 차례 이상 충돌이 벌어졌다는 이야기이다. 충돌은 38선에서만 일어난 것이 아니었다. 남한 내에서는 비록 정규군은 아니지만 북한과 연결된 공산 유격대들이 지리산 등에서 활동했다. 제주 4·3사건, 여수·순천 군반란사건의 여파는 유격대 활동으로 이어져 남한은 38선과 내부에서 무장충돌의 하루하루를 보내고 있었다.

그러나 이런 충돌 현상을 확대해석해서 사실상 한반도는 내전 상태였으며 한국전쟁은 그것이 전국적으로 확산된 데 불과하다고 볼 수는 없다. 지속적인 충돌에도 불구하고 남북한은 각각 자신의 체제를 정착시켜나가고 있었다. 북에서는 인민민주주의 체제가, 남에서는 자본주의 체제가 형성되고 있었으며, 그 과정에서 북의 주민은 '인민'으로서, 남의 주민은 '국민'으로서 점차 정체성을 형성하고 있었다. 북한 정권이 출범 당시부터 국토완정과 민족통일을 주장하기는 했지만, 그것이 곧 정규전에 의한 무력통일을 의미한 것은 아니었다. 남한이 북진통일을 적극 주장하게 되는 것은 미군이 철수한 1949년 6월 이후였다.

북한은 어느 시점부터, 왜 무력통일의 방법을 선택하게 되었을까? 북한 정권은 처음부터 한반도 전체의 혁명을 목표로 했지만, 분단 조건을 고려하여 북한 지역에 먼저 혁명의 근거지를 만든다는 '민주기지론'의 시각을 가지고 있었다. 그 실현이 1946년 북조선 임시인민위원회, 1947년 북조선인민위원회, 1948년 9월의 조선민주주의인민공화국 수립이다.

박명림(1996)의 연구에 의하면, 정부 수립 이후 1949년 초부터 북한에서는 전쟁까지 고려하는 국토완정론이 대두되었다. 국토완정론의 진원지는 김일성과 군부였다. 조선인민군은 창건 과정에서부터 항일무장투쟁 세력과 연안의 독립동맹 계열이 지도부를 장악했으며, 김일성의 명령과 지시를 일사불란하게 따르는 김일성의 군대였다. 조선인민군은 그 어떤 집단보다 혁명에 대한 열정이 높았고, 친일파가 요직을 장악한 남한의 군대·경찰에 대해 강한 적개심을 가지고 있었다. 조선인민군은 38선 충돌과 남한에서의 게릴라 활동이 강화되면서 남한에 대한 적개심과 해방에 대한 열의를 더욱 높여나갔다. 사회 전반에 전쟁 준비를 당연시하는 군사주의가 확산되었고, 남한 혁명에 대한 조선인민군의 요구는 더욱 급진화되었다. 조선인민군은 38선에서의 군사충돌 과정에서 자신감을 얻었다. 그 열기는 1949년 마오쩌둥의 중국혁명 성공으로 절정에 이르렀고, 국공내전에 참가했던 한인 부대원들이 귀국하면서 군사력으로 승리할 수 있다는 자신감도 가지게 되었다.

1949년 3월 김일성은 대규모 대표단을 이끌고 모스크바를 방문했다. 김일성은 '경제문화협정' 등 11개 협정을 체결하고 2억 1천 2백만 루블의 차관을 제공해준다는 약속을 받아냈다. 경제문화협정은 주로 양국 간 통상관계 발전을 내용으로 하고 있었다. 무역거래 시 상호 최혜국대우 보장, 전문가 파견 및 기술원조, 상업·농업기술 및 경험교환, 문화 및 예술 분야의 관계증진 등을 포함했다. 당시 체결한 11개의 협정 중 경제문화협정 외에는 모두 비밀협정이었다. 비밀협정에는 소련 해군부대의 청진항 임시 주둔 협정, 소련 무역대표부 북한 설립 협정 등이 포함되어 있었다. 김일성

**북한대표단을 이끌고 모스크바를 방문한 김일성과 박헌영**

1949년 3월 모스크바를 방문한 김일성과 박헌영이 소련 최고회의장을 둘러보고 있다. 이 방문에서 김일성은 소련 정부와 '경제문화협정' 등 11개 협정을 체결하고 2억 1천 2백만 루블의 차관을 약속 받았지만 남침은 승인 받지 못했다. 이듬해 다시 모스크바를 방문한 김일성은 기습공격을 해서 3일 내에 전쟁을 끝내고 남한 내부에서 인민봉기가 일어나면 미국은 참전할 시간 여유를 갖지 못할 것이라고 주장하여 스탈린으로부터 남침 계획을 승인 받았다.

은 방문 기간에 스탈린에게 남침을 제안했으나 그의 승인을 받지 못했다.

김일성은 이후에도 계속 남침을 요구했다. 스탈린은 슈티코프에게 전쟁을 승인할 것인지 분석하도록 지시했다. 슈티코프는 부정적인 답변을 보내왔다. 결국 9월 24일 소련공산당 중앙위원회 정치국은 북한의 남침을 반대한다는 결정을 내렸다. 북한 군대는 그런 공격을 할 준비가 되어 있지 않고, "남한 인민들의 적극적 투쟁"을 불러일으킬 능력도 부족하며, 남침은 미국에게 "한국 문제에 개입할 명분"을 제공할 것이라는 이유를 내세웠다. 소련은 북한이 남침 이후 미국의 개입 이전에 확실한 승리를 거둘 능력이 있을 경우에만 승인하겠다는 태도를 보였다.

상황을 바꾼 것은 1949년 10월 중국혁명이었다. 1949년 10월 중국에서는 장제스의 국민당 정부가 무너지고 마오쩌둥의 공산정권이 들어섰다. 더불어 국공내전에 참전했던 만주 거주 조선족 병사 5만여 명이 1949년 7월부터 1950년 5월 사이에 방호산·김창덕·전우 등의 지휘 아래 북한으로 들어왔다. 이들의 입북으로 북한의 군 전력은 급격하게 배가되었다. 소련으로부터 전후 잉여 군사물자도 대량 유입되어 있었다. 1950년 6월 당시 북한은 국제적 조건, 사기, 군사력 어느 면에서나 남한을 압도하고 있었다. 더욱이 당시 박헌영은 자신의 정치적 기반인 남한의 공산화를 염원하여, 인민군이 남진할 경우 20만여 명이 봉기할 것이라고 주장하며 김일성을 부추겼다. 김일성은 1950년 1월 소련 대사 슈티코프에게 중국혁명을 들어가면서 이른바 '남조선 해방'의 필요성을 역설했다.

3월 30일부터 4월 25일까지 김일성은 박헌영과 함께 모스크바를 방문했다. 김일성은 미국의 전쟁개입을 우려하는 스탈린을 안심시켰다. 기습

공격을 해서 3일 내에 전쟁을 승리로 이끌고 남한 내부에서 인민봉기가 일어나면 미국은 참전할 시간 여유를 갖지 못할 것이라고 주장했다. 결국 스탈린은 김일성의 남침 계획을 승인했다.

전쟁에 소극적이던 스탈린이 왜 남침에 동의하게 된 것인지는 아직 분명하지 않다. 유럽에 나토가 설립되면서 동유럽에 가중된 군사적 압력을 다른 쪽으로 분산시켜야 했다는 점이나 중국이 미국을 적대시하도록 하기 위한 계책이었다는 점 등을 추측할 따름이다.

스탈린은 전쟁에 동의하되 조건을 내걸었다. 한국전쟁에서 북이 위태로워질 경우 중국이 지원한다는 약속을 마오쩌둥으로부터 받아내야 한다는 것이었다. 중국혁명 이후 소련은 동아시아 문제에 직접 개입하기보다 중국에게 맏형 역할을 맡기고자 했다. 따라서 북의 전쟁 개시에서도 중국의 의사가 중요했다. 결국 중국이 이에 동의하면서 본격적인 전쟁 준비가 시작되었다.

남한의 혁명을 추구하는 북과 남의 혁명 세력은 무장투쟁과 정치투쟁을 병행했다. 1949년 6월에 남북의 노동당은 비밀리에 합당했다. 같은 달 '북조선민주주의민족통일전선'과 '남조선민주주의민족전선'도 하나로 통합하여 '조국통일 민주주의전선'(이하 '조국전선')을 결성했다. 여기에는 남북한 70여 개 정당 사회단체들이 참가했다. 이들은 평화통일 공세를 전개했다. 1950년 5월 7일에는 남북 간의 최고입법기관 준비 선거를 위해 남북 제정당 사회단체 협의회를 개최하자고 제의했다. 조국전선은 남한에 대한 평화통일 공세를 주요 활동 방향으로 정해놓았기 때문에 지도부 구성에서 상무위원회는 대부분 남로당 출신이 차지했다.

결국 1950년 6월 25일 새벽, 북한 정부는 '민족해방전쟁'이라는 명분 아래 남한에 대한 전면공격을 개시했다. 전쟁 개시 다음 날인 6월 26일 북한은 즉각 전시 중 일체의 권한을 행사하는 7인의 군사위원회를 구성했다. 김일성이 위원장이 되었으며, 박헌영(부수상), 홍명희(부수상), 김책(부수상), 최용건(민족보위상), 박일우(내무상), 정준택(국가계획위원회 위원장) 등이 위원으로 임명되었다. 같은 날 김일성은 「모든 힘을 전쟁의 승리를 위하여」라는 방송연설을 통해 북한을 전시 체제로 개편한다고 발표했다.

7월 1일 북한 외무성이 미군의 참전을 비난하고 나섰고, 최고인민회의 상임위원회는 전시 총동원령을 선포했다. 이어 7월 4일에는 김일성이 인민군 최고사령관으로 취임했으며, 최고인민회의는 「남조선 해방지구에서의 토지개혁 실시」에 대한 정령을 발표했다.

전쟁 초기에는 인민군이 압도적으로 우세했다. 인민군은 6월 28일 서울을 점령했고, 30일에는 본대가 한강 도하를 시작했다. 북한군은 파죽지세로 남한 지역을 석권했다. 8월 말 인민군 주력부대가 낙동강까지 진출했다. 그러나 낙동강을 사이에 두고 전선은 교착 상태로 들어갔다.

1950년 9월 15일 유엔군의 인천 상륙작전으로 전세는 반전되었다. 9월 28일 서울은 다시 유엔군 수중에 들어왔고, 9월 30일까지 이남의 주요 지역은 대부분 회복되었다. 인천 상륙작전의 성공으로 보급로가 끊기고 협공을 당하게 된 낙동강 전선의 인민군 부대들은 궤멸적 타격을 받고 붕괴되었다. 인천에 상륙한 연합군의 반격을 신호로 모든 전선에서 조선인민군은 패주를 거듭했다. 연합군의 반격 북진 속도가 너무 빨라, 인민군 부대는 조직적인 철수조차 제대로 못할 정도였다. 김일성 지도부는 인민군대의 무질서하고 황망한 후퇴에 직면하여 그동안 통일전선 문제로 보류해왔던 군대 내 당 조직을 만들기로 결정하고 이를 총괄할 인민군 총정치국을 신설했다. 그리고 총정치국장에 박헌영을 앉혔다. 그러나 인민군의 패주는 현지 사수의 명령에도 불구하고 계속되었다.

10월 1일 한국군은 38선을 돌파했고, 10월 7일에는 유엔군도 북진을 시작했다. 10월 19일에는 평양이 함락되었다. 10월 말까지 청천강 이북의 산악지역과 함경도 북단을 제외한 북한 전역에 유엔군 산하의 군정부가 설치되었다.

북진한 유엔군은 대한민국의 주권이 38선 이남에 한정된다고 해석했다. 유엔군은 북한 통치를 UN 군사령부가 맡고 새로 조직되는 유엔 한국통일부흥위원회(UNCURK)와 한국 정부의 자문을 받을 것이며, 전쟁이 끝나면 북한에서만 선거를 실시해 통일한국을 만든다는 자세를 취했다. 이승만 정부는 이와 달리 북한 관할권은 대한민국 정부에 있다고 주장하면서 대한청년단 북한총단부를 파견했다. 정부는 전투가 종식된 지역에는 이미 임명한 도지사 등을 파견하고자 했다. 이승만 정부의 행동은 국제적으로 인정받지 못했지만, 1950년 11월 말경 북한에서는 5천여 명의 남한인이 유엔의 목적에 아랑곳하지 않고 활동하고 있었다. 그들은 군인, 정치집단, 사업가 등이었다.

인민군의 패주를 막은 것은 중국 인민지원군의 개입이었다. 북한과 '순망치한'의 관계였던 중국은 '항미원조抗美援朝 보가위국保家衛國'이라는 기치 아래 10월 19일 한국전쟁에 참전했다. 10월 25일부터 11월 6일까지 조중 연합군의 1차 공세가 진행되었다.

펑더화이를 사령관으로 한 중국군이 북한에 들어오자 모든 작전과 전선의 일체 활동을 지휘할 조중연합사령부가 구성되었다. 북한 정부는 후방 동원, 훈련, 군정경비를 담당하기로 했고, 연합사령부 아래 중국 인민지원군 사령부와 조선인민군 참모부를 두기로 했다. 사령원 겸 정치위원은 펑더화이, 부사령원은 강건 사망 이후 인민군 총참모장이 된 김웅, 부정치위원은 내무상 박일우가 맡았다. 조중연합사를 만들어 작전지휘권을 통합한다는 것은 김일성이 중공군 지휘부에 작전지휘권을 내준다는 것을 의미했다.

중국 인민지원군의 참전 이후 전세가 역전되어, 유엔군과 국군은 후퇴를 거듭했다. 1951년 2월부터 전선은 고착되어 휴전을 모색하게 되었다. 휴전협상은 6월부터 1953년 7월 27일까지 2년을 끌었다.

이처럼 한국전쟁은 단순한 내전이 아니었다. 북한은 소련의 지원에 의해 전쟁 수행에 필요한 무력을 확보했다. 전쟁 발발 이후 미국군과 유엔군의 참전, 중국군의 개입과 소련의 배후지원에 의해 한국전쟁은 국제전의 양상으로 진행되었다.

## 전쟁과 권력 변동

전쟁이 남북에 미친 영향은 참으로 컸다. 전쟁은 남북의 정치·외교·경제·사회·문화 전반에 거대한 영향을 미쳤다. 북한에서 그 변화는 전쟁을 일으킨 지도층 내부의 권력투쟁으로 시작되었다.

1950년 12월 21일 김일성은 강계에서 당 중앙위원회 제3차 전원회의를 열었다. 중국 인민지원군의 참전으로 평양을 다시 회복하고(12. 6) 중국 측과 조중연합사 결성에 대한 합의를 도출해낸 뒤(12. 7) 어느 정도 안정을 되찾은 시점에서, 그간 전쟁 과정을 반성하고 책임을 묻는 자리였다. 김일성이 비판의 표적으로 삼은 인물은 전쟁 초기에 제2군단장을 지내다 철직당한 무정이었다. 김일성은 무정이 군대 내의 명령을 집행하지 않고 전투를 옳게 조직하지 못했으며 철직당한 뒤에도 퇴각할 때 혼란을 틈타 아무런 법적 절차 없이 사람을 마음대로 총살하는 등 봉건시대 제왕과도 같은 군벌주의적 만행을 저질렀다고 비판했다. 그가 이미 중징계를 당한 무정을 강하게 비판한 것은, 조중연합사 사령관 펑더화이와의 특별한 관계를 우려했기 때문으로 보인다. 중국혁명 과정에서 펑더화이는 무정의 전우로서 그의 결혼까지 주선할 정도로 가까운 사이였다. 김일성은 이 자리에서 빨치산 동료인 민족보위성 문화부상 김일과 사단장 최광, 북강원도당 위원장 임춘추에게도 예외 없이 책벌을 가하며 비판했다. 일단 공평한 자세를 보인 것이지만, 실상 김일성의 가까운 동료들은 북한 지역 회복 이후 복권되었고 무정만 회복불능의 책벌 조치를 당했다. 무정은 책벌당한 뒤 중국으로 넘어갔다고 알려졌지만, 이는 사실이 아닌 것으로 보인다. 그의 묘가 평양 애국열사릉에 있음이 확인되었는데, 애국열사릉 조성 당시에 김일성이 무정의 무덤이 없다는 것을 알고 시신을 이장하도록 명령했다고 한다. 애국열사릉의 묘비에는 1951년 8월 9일에 사망한 것으로 되어 있다. 비록 사후이기는 하지만 애국열사로서 명예회복을 받았다는 점에서 무정은 다른 김일성의 정적들보다는 나은 편이라 하겠다.

1951년 6월 중순에 전선은 38선 근처에서 교착 상태에 들어갔다. 결국 7월 10일 개성에서 정전회담이 시작되었다. 현 상태로 쌍방의 세력 범위가 굳어질 가능성이 커지자, 당 지도부는 통치 질서를 회복하는 데 주력했다. 먼저 통치의 중심이 될 당 문제에 관심을 돌렸다. 급속한 후퇴 과정에서 붕괴 위기에 처했던 당은 이 시점까지도 아직 회복되지 않은 상태였다. 당 조직의 재건과 발전에 걸림돌이 무엇인지 찾아내야 했다. 10월에 열린 당 중앙정치위원회는 당 사업이 도식적으로만 전개된 점에서 문제의 원인을 찾았다. 노동자의 당이므로 노동자의 성분비율이 중요하다고 하여 광범한 근로농민을 끌어들이지 못한 점, 후퇴할 때 어쩔 수 없이 당증을 버린 경우 등에 대해 기계적으로 원칙을 적용해 처벌 위주로 대응한 점 등이 지적되었다. 당시 60만 당원 중 45만 명이 출당되거나 책벌을 받았다. 이래서는 당을 대중 속에 뿌리내리게 할 수 없었다.

1951년 11월 당 중앙위원회 제4차 전원회의에서 비판의 화살은 허가이에게 집중되었다. 당 조직을 책임져온 허가이가 처벌을 능사로 하는 책벌주의와 노동자의 성분비율만 따지며 문호를 열지 않는 관문주의에 빠져 있다는 비판이었다. 1948년 9월 이래 당 조직을 전담해온 허가이는 제1비서 자리에서 해임되고 농업을 담당하는 내각 부수상으로 좌천되었다. 하지만 그에 대한 비판은 여기서 멈추지 않았다. 1953년 6월 30일에 소집된 노동당 정치위원회는 허가이가 미군 폭격으로 파괴된 저수지의 복구 사업을 태만히 해 지연시킨 점을 비판하고 "무책임하며 관료주의적이며 형식주의적인 사업 작풍"에 대해 자기비판할 것을 요구했다. 자기비판을 망설이던 허가이는 7월 2일 소집되는 당 정치위원회에 참석하는 대신 자살을 선택했다. 8월에 열린 제6차 전원회의에서 그는 당과 조국과 인민, 혁명에 대한 비겁자, 변절자, 배신자로 규탄 받고 사후 출당 조치를 당했다.

　전쟁 과정에서 군사 활동과 당 활동의 책임을 지고 무정과 허가이가 숙청된 것은 파벌투쟁의 산물이었을까? 두 사람이 각각 연안계와 소련계의 거두였다는 점에서 그런 해석이 널리 알려져 있다. 그러나 무정은 본래 연안계에서 지도자 대접을 받지 못하는 위치에 있었고, 그의 숙청 이후에도 다른 연안계 인사들은 계속 중용되었다. 허가이의 경우 소련계에서 지도적 위치에 있었지만, 소련계라 불리던 사람들 자체가 하나의 강력한 파벌을 형성하고 있지 않았다. 더욱이 허가이 비판에 앞장선 이들은 같은 소련계인 박창옥과 박영빈이었다. 그런 점에서 이들의 숙청을 파벌투쟁으로만 해석하는 데는 무리가 따른다. 파벌투쟁이라기보다는 김일성의 권위에 도전할 수 있는 위치에 있던 무정과 허가이 개인이 권력투쟁에서 패배한 것으로 보는 해석이 더 사실에 가까울 것이다. 그리고 이들을 매개로 중국과 소련의 영향력이 침투하는 것을 약화시켰다는 측면에 주목할 필요가 있다. 김일성은 소련과 중국의 지원이 절실했고, 두 국가에 의존하면 할수록 이들 국가와 직접 연계된 인물들의 위협을 사전에 제거할 필요가 있었다. 또한 각각 중국과 소련에서의 경험을 바탕으로 군과 당에서 중요한 역할을 해온 두 인물의 숙청은, 북한의 독자적인 길을 촉진하는 계기가 되었다. 특히 허가이의 숙청은 노동당이 소련식 노동자 중심의 당 조직에서 벗어나 근로대중에 광범하게 기초하는 당으로 보다 분명히 변모하게 됨을 뜻했다.

　김일성이 당을 다시 장악하고 내치에 힘을 쏟으면서 김일성 개인숭배도 크게 고조되기 시작했다. 전쟁 전까지만 해도 조심스럽게 사용되던 '수령'이라는 호칭이 일반화되었다. 1952년 3월부터는 「수령의 교시를 실천하기 위한 투쟁」이라는 캐치프레이즈가 내걸렸다. 그해 4월 김일성의 40회 생일을 맞이하여 박헌영, 박정애, 박창옥 등 많은 지도자들이 공개적으로 '경애하는 수령'의 만수무강을 축원했다. 김일성 생가가 있는 만경대에는 그의 기념관이 건립되었다.

한국전쟁이 북한의 정치 지형에 미친 가장 큰 영향을 꼽는다면 아마 박헌영과 남로당 세력의 몰락이라고 할 수 있을 것이다. 전쟁이 뜻대로 진행되지 않자 김일성과 박헌영 사이는 틀어지기 시작했다. 박헌영은 김일성에게 인민군이 남진하면 20만 명의 남로당원이 봉기할 것이라고 장담했지만 결국 허위로 드러나 김일성을 실망시켰다. 또 박헌영은 전쟁 후퇴 시기에 산으로 들어가 유격전쟁을 치르겠다는 김일성의 주장에 반대하면서 철수를 주장했다.

박헌영과 남로당 계열의 숙청 준비는 휴전협상이 종반으로 치닫던 1952년 12월에 열린 조선노동당 중앙위원회 제5차 전원회의에서 시작되었다. 당의 조직 사상적 강화 문제가 주요 의제였던 이 회의에서, 김일성은 보고 연설을 통해 '자유주의적 경향들과 종파주의 잔재들과의 투쟁' 문제를 제기했다. 제5차 전원회의 이후, 당은 이 회의의 문헌 토의 사업을 전당적으로 전개시켰다. 그 과정에서 1953년 초 이승엽 등 남로당 계열의 핵심 인물 12명이 반국가·반혁명 간첩죄로 체포되었다. 체포되기 전 그들이 조선노동당 및 내각에서 가지고 있었던 직책은 〈표 4〉와 같았다.

남로당 계열에 대한 재판이 진행되는 가운데 열린 조선노동당 중앙위원

〈표 4〉 박헌영·이승엽 등 정권 전복 음모와 간첩사건의 피고인

| | |
|---|---|
| 박헌영 | 당 중앙위원회 부위원장 겸 내각 부수상 |
| 이승엽 | 당 중앙위원회 비서 |
| 조일명 | 문화선전성 부상 |
| 임화 | 조쏘문화협회 중앙위원회 부위원장 |
| 박승원 | 당 중앙위원회 연락부 부부장 |
| 이강국 | 전 북조선 인민위원회 외무국장, 체포 직전 무역성 조선일반제품 수입상사 사장 |
| 배철 | 당 중앙위원회 연락부 부장 |
| 윤순달 | 당 중앙위원회 연락부 부부장 |
| 이원조 | 당 중앙위원회 선전선동부 부부장 |
| 백형복 | 전 한국 정부 내무부 치안국 사찰과 중앙분실장 |
| 조용복 | 인민검열위원회 상급 검열원 |
| 맹종호 | 조선인민유격대 독립 제10지대 지대장 |
| 설정식 | 전 미군정청 공보처 여론국장, 체포 직전 조선인민군 최고사령부 총정치국 제7부 부원 |

회 제6차 전원회의에서는 박헌영에 대한 재판이 결정되었다. 그리고 남로당계 인사들의 추가적인 출당 조치와 주영하·장시우 등의 숙청이 이루어졌다. 동시에 이 회의를 통해 박정애·박창옥·김창만·김일·박영빈·김광협·박금철 등 김일성 계열 인물들이 부상했다.

8월 3~6일에 최고재판부 군사재판소에서 공개재판이 진행되었다. 재판 결과 이승엽 등 10명에게는 사형이, 윤순달에게는 15년형이, 이원조에게는 12년형이 언도되었다. 박헌영의 재판은 1955년 12월에 별도로 열렸다. 박헌영에게도 사형이 선고되었다. 그는 1956년 여름에 처형되었다.

이들의 반국가·반혁명 간첩 행위 혐의가 과연 어디까지 사실인지는 확인하기 어렵다. 권력투쟁 속에서 터무니없이 죄를 뒤집어썼을 가능성이

숙청 당한 정적들

전쟁 기간 동안 김일성은 해방 직후 자신의 강력한 라이벌로 지목되던 박헌영을 비롯해 연안계의 무정, 소련계의 허가이를 당에서 축출하는 데 성공했다. 이들 3인방에 대한 숙청은 김일성 중심의 단일 지도 체계 확립이 가속화됨을 뜻했다. 무정과 허가이의 몰락으로 그들을 매개로 했던 중국과 소련의 영향력이 줄어들고, 박헌영을 중심으로 한 남로당계의 몰락으로 비남로당계 토착 공산주의자들인 갑산계가 급부상했다. 사진은 왼쪽 위부터 차례로 무정, 허가이, 박헌영이다.

크다고 하겠지만, 미국의 첩보망이 남로당 안에 침투한 것 자체는 사실임이 미국 정보 자료를 통해 밝혀지고 있는 실정이다. 부분적으로는 사실이되 김일성 측이 그 사실을 부풀려 자신의 권력을 위협하는 남로당계를 숙청하는 명분으로 삼았다고 해석하는 것이 현재로서는 무리가 없어 보인다.

가장 문제가 된 인물은 이승엽이었다. 그와 조일명은 1946년 3월부터 미군정청 공보처 여론국 정치연구과 책임자인 미 육군소위의 간첩이 되었다는 혐의를 받았다. 후에 하지의 정치고문 노블과 직접 연락을 취했으며, 1950년 3월 김삼룡·이주하 동지들을 체포당하게 했다는 것이다. 한국전쟁이 발발하자 그는 서울시 임시인민위원장이 되어 서대문형무소에서 많은 인물들을 끌어갔는데, 후에 그들의 행방을 알 수 없었다고 한다.

박헌영의 기소 죄목은 ① 미제를 위한 간첩 행위, ② 남반부 민주역량 파괴·약화 행위, ③ 공화국 정권 전복 음모 행위 등 세 가지였다. 이 중 첫 번째 죄목은 전혀 사실 무근이라고 판단된다. 일본과 미국 어느 자료에서도 박헌영이 간첩 활동을 했다는 근거를 찾을 수 없기 때문이다. 1939년에 미국 선교사 언더우드와 연계했다는 주장이 설사 사실이라 해도, 반파시즘투쟁기에 미국과 협력한 것은 문제가 되지 않는다. 남반부 민주역량 파괴 혐의도 박헌영에게 적용할 수 있는 근거가 부족하다.

박헌영의 공화국 정권 전복 음모 혐의도 뚜렷한 근거가 없다. 다만 대남혁명공작을 담당할 간부 양성 목적으로 세운 강동정치학원과 금강정치학원이 남로당계의 아성이어서, 이 기구들이 김일성의 권력에 위협적이었을 가능성은 있다.

박헌영에게 진정 잘못이 있었다면, 그것은 남한 지역의 당원역량을 과장해 전쟁을 오판하도록 한 점일 것이다. 김일성은 1963년 인민군 창설 15주년 기념식에서 "제1차 남진 때 미국 놈들의 고용간첩 박헌영이 남조선에 당원이 20만이나 된다고 떠벌였는데 사실은 그놈이 당을 다 파괴해 버렸다"는 요지의 발언을 한 바 있다.

전쟁 기간 중에 김일성은 해방 직후 자신의 강력한 라이벌로 지목되던 박헌영을 비롯해 무정, 허가이를 당에서 축출하는 데 성공했다. 이들 3인이 한때 각각 국내계와 연안계, 소련계를 대표했음을 고려한다면, 이들에 대한 숙청은 곧 북한 정치에서 김일성 중심의 단일 지도 체계 확립이 가속화되는 것을 의미했다.

소련계를 대표하는 허가이의 좌천과 자살, 연안계 박일우의 좌천, 남로당계의 몰락으로 권력에는 큰 공백이 생겨났다. 이 공백을 소수에 불과한 김일성의 빨치산 계열만으로 메울 수는 없었다. 김일성의 권력을 적극적으로 뒷받침해줄 다른 인물들이 필요해진 것이다. 이에 부상한 세력이 북한 지역의 비남로당계 토착 공산주의자들이었다. 이들은 일제하 적색농조, 노조운동을 통해 단련되었고, 지방에 기반을 지니고 있었으며, 어느 하나의 파벌에 종속되어 있지 않은 비교적 자유로운 인물들이었다. 소련계가 주로 담당하던 도당위원장직은 이들로 교체되었다. 김일성과 토착 공산주의자들의 제휴였다. 나중에 부각되는 박금철, 리효순 등 갑산계가 여기 포함된다. 이로써 김일성의 권력은 국내적 기반을 더욱 공고히 하게 되었다.

## 전쟁의 상처와 사회경제의 변화

전쟁으로 당시 남북한 인구 3천만 명의 1/6에 달하는 5백만 명이 죽거나 다쳤다. 중국군과 유엔군을 합치면 6백만 명에 이른다. 한국전쟁의 비극성은 군인보다 민간인이 더 많이 죽거나 다친 데서 확인된다. 남한의 경우 전체 사상자의 50%인 백만 명이 민간인 사상자였고, 북한은 무려 전체 사상자의 80%인 250만 명이 민간인이었다. 북에서 이토록 민간인 피해가 심했던 것은 일본의 군사기지에서 출격한 미군의 무차별적 융단폭격 때문이었다. 평양에는 43만 발의 폭탄이 투하되었고, 북한 전역에 1평방킬로미터당 평균 18개의 폭탄이 퍼부어졌다. 태평양전쟁 중에 미군이 사용한 양보다 더 많은 폭탄이 한국전쟁 기간에 한반도, 특히 북한에 투하되었다.

경제적인 피해도 막심했다. 8,700개의 공장과 기업소들이 파괴되어, 정전협정이 체결된 1953년도의 공업생산은 1949년의 64%에 불과했다. 농업생산의 피해도 컸다. 폭격으로 관개 시설과 제방, 저수지들이 파괴되었다. 37만 정보의 논밭이 피해를 입었으며 경지면적은 9만 정보가 줄었다. 1953년의 농업생산은 1949년의 76% 수준이었다. 주택과 학교, 병원, 극장, 도서관 등도 파괴를 피할 수 없었다. 오죽하면 미국이 "조선은 앞으로 백 년이 걸려도 다시 일어서지 못한다"고 호언할 정도였을까? 전쟁을 일으킨 대가라고도 할 수 있겠지만, 그 속에서 북한 주민이 겪은 고통은 처참했다.

역설적으로 전쟁으로 인한 파괴와 인명 살상은 새로운 건설의 촉진제로 작용했다. 전쟁 과정에서 북한 체제에 반대하는 사람들은 월남하거나 숙

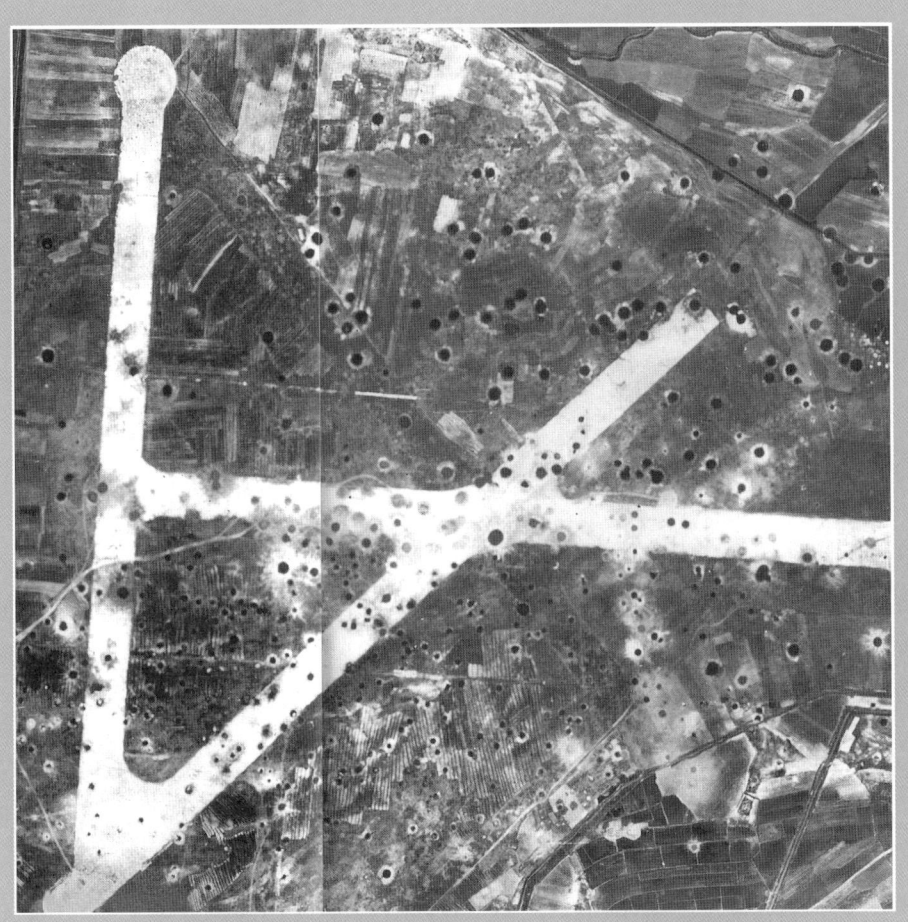

미군 폭격기들의 융단폭격으로 벌집이 된 함흥(1950. 11)

전쟁 기간 중 평양에는 43만 발의 폭탄이 투하되었고, 북한 전역에 1평방킬로미터당 평균 18개의 폭탄이 퍼부어졌다. 태평양전쟁 기간 내내 미군이 사용한 폭탄보다 더 많은 양이 한반도, 특히 북한 지역에 투하되었다. 미군의 무차별적 융단폭격으로 북한의 민간인 250만여 명이 죽거나 다쳤다. 전체 사상자의 80%가 민간인이었다. 산업 시설도 크게 파괴되어 "조선은 앞으로 백 년이 걸려도 다시 일어서지 못한다"고 할 정도로 심각한 피해를 입었다.

청되었다. 전후에도 북한 정권이 반미국, 반자본주의 의식을 고취하면서 이에 반대하는 목소리는 적어도 겉으로 보기엔 사라지게 되었다. 전쟁의 영향으로 사영 기업 활동은 위축되었다. 농민들의 생산도구 상실 등 전쟁의 피해로 인해 상호협동의 필요성이 증가했다. 공업과 농업 등 모든 분야에서 국영화·협동화의 필요성이 증가했다. 전시 통제 시스템의 가동 또한 사회주의 건설의 길을 촉진했다.

북한에서는 전시 산업 체제로 이행하면서 기업 운영과 노동, 농촌생활 전반에 대한 통제가 강화되었다. 전쟁 발발 이틀 뒤인 6월 27일에 최고인민회의 상임위원회 정령 「전시 상태에 대하여」가 선포되었으며, 7월 1일에는 같은 정령 「조선민주주의인민공화국 전 지역에 동원을 선포할 데 관하여」가 발표되었다. 그리고 7월 6일에는 군사위원회 결정 「전시 노동에 관하여」가 선포되었다. 이를 통해 북한 정부는 산업 전반을 전시 체제로 바꾸고 상시적으로 노동력을 동원했다.

전시에 국가재정은 군사적 목적에 맞게 재편되었다. 전시 수요에 맞게 군수생산이 확대되었다. 전시 재정을 운용하는 데 큰 역할을 한 것은 농민들의 현물세였다. 현물 형태로 내는 현물세는 군인과 후방의 노동자, 사무원에게 식량을 공급할 수 있게 해주었고 국가재정의 자금 원천이 되었다. 주민들이 내는 세금도 국가재정에 중요했다. 북한 정부는 재정에 충당하기 위해 군기헌납운동, 복권구입운동을 일으켰다. 1949년 10월 조국보위후원회의 결정에 따라 비행기, 탱크, 함선 등 군기헌납운동이 시작되었다. 이를 통해 1950년 8월 말까지 헌납된 군기기금 총액은 4억여 원에 달했다. 조국보위복권은 1951년 6월에 판매되기 시작했는데, 열흘 만에 목표액

5억 원을 초과하여 6억 원의 복권을 판매했다.

사회경제구조도 전시에 맞게 변화했다. 농업 부문에서는 소겨리반(빈농들을 중심으로 소를 같이 쓰면서 농사일을 서로 도와주기 위해 조직한 공동노동체), 품앗이반 등 공동노동 조직이 확대되면서 농업 집단화의 단초를 마련했다. 북한 정부는 전시에 노동력과 역축·농기구 등이 부족하게 되자 전쟁 이전부터 장려해오던 공동노동 관행인 소겨리·품앗이를 더욱 체계적으로 장려하고 조직했다. 1952년도 평안남도에서만 33,523개의 품앗이반이 조직되었으며, 26,151개의 소겨리반이 운영되었다. 품앗이반에 포괄된 평안남도 농가의 고정 노동력은 357,715명이었다. 기존의 품앗이·소겨리가 임시적이었다면, 전시하에 재편된 품앗이반·소겨리반은 고정적인 하나의 생산 단위로 운영되었다. 예를 들어 평안북도 태천군의 조선노동당 군당부, 근로단체들은 적기에 모내기를 마치기 위하여 연 12,500여 명의 밭농사지대 농민들을 논농사지대로 이동시킨 다음 이들을 혼합해 품앗이반을 조직·운영했다. 그리고 농민들의 기능에 따라 '세포' 단위로 노동력 조직을 세분하여 이앙반(모내기반), 써레반, 모뜨기반, 운반반을 조직했다. 또한 '노력협조대' 등이 조직되어 농촌의 부족한 노동력을 보충했다. 동부 및 중부 전선 인접지대를 비롯한 강원도 일대에는 전선공동작업대가 조직되었다. 1953년 7월 북한의 농촌에는 이미 2,354호를 망라하는 174개의 농업협동조합이 결성되었다.

상공업에서도 국영과 협동단체의 상품유통액이 차지하는 비중이 1949년도의 56.5%에서 1953년도에는 67.5%로 증가했다. 북한 경제의 사회주의 개조는 전시하에 이미 시작되고 있었다.

전쟁은 단지 과거의 유산을 파괴하는 데 그치지 않고 이후 건설될 체제의 성격에 지대한 영향을 미쳤다. 일반적으로 전시 체제하에서 사회경제에 대한 정부의 통제력은 비상하게 강화된다. 북한의 경우, 세계 최강의 미국과 적대 상태에서 봉쇄의 위기에 직면했고, 그 긴장 속에서 사실상 상시 준전시 체제에 들어갔다. 북한의 사회주의 건설은 전쟁의 일상화라는 조건에서 진행되었다. 경제의 계획화가 강조되면서 국가계획위원회의 위상이 높아졌다. 북한 정부가 인수한 공업 시설은 본래 일본이 대륙 침략을 위한 병참기지로 건설했던 것으로서 전시 체제로 전환하는 데 용이했으며, 이에 더해 해방 후 소련의 계획경제를 학습할 기회가 있었기 때문에 전시 체제로의 전환은 낯선 것이 아니었다. 북한의 사회주의 체제는 사실상 준전시 상태가 일상화된 '전쟁사회주의(Kriegssozialismus)' 체제의 구조를 가지게 되었다. 그에 반해 남한에서는 정부의 사회경제에 대한 통제력 확대라는 측면이 없는 것은 아니었지만, 오히려 정부의 경제적 역할을 축소하고 대신 시장경제 원리를 강조하는 모습이 드러났다. 국가의 억압성은 남아 있으면서 시장경제의 원리가 존중되는 모순적인 구조를 가지게 되었던 것이다.

북한 민중이 체험한 전쟁의 쓰라린 집단적 역사 경험은 오늘날 북한사회의 주요 특징들이 형성되는 데 큰 영향을 미쳤다. 전쟁을 겪으면서 남한에는 반공 반북 이데올로기가, 북한에는 반미 이데올로기가 모든 것에 우선하는 가치 체계로 국민/인민 속에 깊이 자리 잡았다.

전시하에 총동원 체제가 형성되었고, 계속되는 미국의 포위망 속에서 북한에는 상시적인 준군사동원 체제가 자리 잡았다. 그 핵심은 제대 군인,

군인 유가족, 고아 등이었다. 노동자가 핵심이 되는 정상적인 공산주의 체제가 아니라, 전쟁경험 속에서 반미로 무장한 전쟁 피해층이 북한 체제의 핵심이 되었다. 위로부터는 민족해방운동/사회주의운동으로 단련된 지도부가 형성되고, 밑으로부터는 전쟁을 경험한 인민이 체제를 뒷받침했다. 계급투쟁의 경험을 통해 단련되는 대신 전쟁이 그 경험을 대신한 것이었다.

전쟁 기간 동안 경제적인 토대가 잿더미가 된 가운데, 북한 지도부가 의지할 데라곤 인민들 밖에 없었다. 이들을 자발적으로 동원하는 데 초점을 맞추면서, 북에서는 사람 중심의 자력갱생적 혁명 기풍이 형성되었다. 이는 주체사상이 형성되는 하부 기반이었다.

한편 미군의 네이팜탄 투하, 세균무기 사용, 수풍댐과 발전소의 파괴 등은 반미의식을 심화시켰다. 북한 전역에서 벌어진 학살사건도 반미의식으로 연결되었다. 북한의 공식발표에 따르면, 1950년 10월 1일 이후 50여 일간 17만 2천 명의 북한 주민이 학살되었다. 학살이 가장 잔인했던 곳은 황해도 신천, 안악, 강원도 양양이었다. 1950년 10월에 일어난 신천信川 학살사건은 남북의 냉전적 대립 속에서 역사적 진실을 확인하는 작업이 얼마나 중요한지 보여준다. 신천박물관의 내부는 미국을 '살인귀 미제'로 규정하고 그 만행을 규탄하는 전시물로 가득하다. 불에 타죽은 어린아이와 여성의 시신을 찍은 사진들, 보존된 학살현장과 피학살자들의 무덤은 과연 인간보다 더 잔인한 동물이 있는지 자문하게 만든다. 북측의 주장에 의하면 당시 신천군 인구의 1/4인 3만 5천여 명이 미군에게 학살되었다. 그러나 황석영의 장편소설 『손님』(창비, 2001)에 그려졌듯이, 이 사건은 황

학살 현장에서 오열하는 가족들(1950. 10. 19, 함흥)
북한의 공식 발표에 따르면 1950년 10월 1일 이후 약 50여 일 동안 17만 2천 명의 북한 주민이 학살되었다고 한다. 학살이 가장 잔인했던 곳은 황해도 신천, 안악, 강원도 양양이었다.

해도 현지 주민들 간의 좌우익 분열과 대립의 결과였음이 점차 명확해지고 있다. 그럼에도 북측은 반미의식을 고취하기 위해 이를 미군의 소행으로 간주하여 반미 교육에 사용하고 있고, 남측에서는 좌익의 소행으로 돌리거나 사실 자체를 감추기 급급했던 것이다. 한국사회가 전쟁 시기에 벌어진 그 끔찍한 학살사건의 객관적 실체에 가까이 다가설 용기를 가지게 된다면, 이 사례는 남북분단의 비극이 준 상처가 얼마나 깊으며 그 상처를 아물게 하기 위해 남북 간 화해가 얼마나 절실한가를 깨닫게 해줄 귀중한 소재가 될 수 있다. 언젠가는 신천박물관이 분노의 교육장이 아닌 화해의 교육장이 되어야 할 것이다.

짧은 유엔군 점령 기간이 끝나고 다시 전세가 역전되면서 유엔군/국군에 협조했던 이들은 월남의 길을 택했다. 그러나 미처 떠나지 못한 많은 사람들이 있었고, 전쟁의 후유증은 심각했다. 전쟁 기간에 유엔군 점령지역이 된 곳에는 치안대나 대한청년단 등 우익단체에 가입한 사람들이 있었고, "적 기관 복무자, 반동단체 가담자, 월남자 가족" 등의 처리 문제가 발생했다. 전쟁포로가 되었다가 귀환한 자도 있었다. 많은 반공 세력이 월남했다고 해도 내부는 복잡했다.

전쟁 기간에 적 협력자에 대한 북한 정부의 자세는 강경 일변도였다. 1951년 4월 17일에 "미 제국주의자와 그의 주구 리승만 역도"들과 결탁하여 인민을 탄압하고 애국자를 학살한 "악질 반국가적 범죄자"들을 처단하는 정령이 발표되었다. 해당 범죄자들은 사형에 처해지고 재산 전부가 몰수되었다. 이 죄목에 대한 판결에는 상소 항의도 할 수 없었다. 군무자가 반역하거나 탈주하는 경우에는 그 가족을 2년 이하의 징역에 처하는 형사

책임을 지웠다. 군무자의 성년 가족으로서 탈주 근무자를 은폐하면 2년 이상 5년 이하의 징역에 처해졌다.

전쟁이 끝난 뒤에도 이런 처벌 일변도의 정책을 계속할 수는 없었다. 그렇게는 내부 통합이 이루어질 수 없기 때문이다. 내부의 적을 찾기보다는 외부의 적, 즉 미 제국주의에 대한 증오심을 증폭시키면서 내부 갈등은 적절히 봉합하는 정책이 취해졌다. 신천 학살사건의 주범들이 한국인임에도 그 책임을 미국에만 물었던 것 역시 내부 갈등의 봉합이라는 측면이 있었다.

그럼에도 당시 북한 주민들 사이에서는 "과거가 어떻다느니, 가정환경이 깨끗하지 못하다느니 하면서 그들을 따돌리는 현상이 적지 않았다." 김일성은 현장에서 갈등이 심각해지자, 혁명은 대중을 위한 사업이라며 "지난날에 지주나 자본가에게 복무하고 그의 영향을 받은 사람이라 하더라도 만일 그가 지난날의 잘못을 뉘우치고 오늘 우리와 함께 나아가기를 바란다면" 포섭하는 방침을 제시했다. 1959년 5월 김일성은 황해남도 연안군을 방문해 월남자 가족을 위로하고 용서하는 모습을 연출하기도 했다.

스페셜 테마

## 신해방지구 개성, 남북교류의 공간

전쟁은 승자도 패자도 없이 끝났고, 다만 남북의 경계가 38도선에서 휴전선으로 변경되었다. 강원도에서 북진한 남측은 점령지역을 유엔군 관할 아래 두었다. '수복지구'로 불린 이 지역에서, 주민들은 '인민'에서 '국민'으로 재편되었다. 반면 황해도와 경기도에서 남진한 북측은 점령지역을 '신해방지구'로 부르면서 그 지역 주민을 국민에서 인민(공민)으로 개조했다. 신해방지구는 특별한 관리 대상이 되었으며, 그 중심지는 개성이었다. 개성은 1954년 행정구역 개편 당시 개성시와 개풍군, 판문군을 포괄하여 직할시로 승격되었으며, 이후 1960년 황해북도에 있던 장풍군과 강원도 일부 지역이 또 개성직할시에 편입되었다.

1951년 상반기까지 개성은 전선지구였다. 개성 사람들이 말하는 '톱날전쟁 시기'이다. 낮에는 남쪽 군대가 개성시에 들어오고, 밤에는 북쪽 군대가 들어왔다. 그러다가 1951년 7월 10일부터 개성에서 정전회의가 열려, 개성은 비무장지대로 선포되었고 폭격 대상에서 제외되었다. 전쟁기에 개성에서 휴전회담이 열리면서 개성은 남북 간 통로의 역할을 하게 되었다. 이때 설치된 판문점은 지금도 북한군과 유엔군의 교섭 창구로 활용되고 있다. 개성시는 38선 획정 이후 남북 간 물자와 인구 이동의 중심지 역할을 해왔는데, 전시하에도 남북 간 교섭 창구의 역할이 계승되었다.

북한 정부는 개성을 점령하여 신해방지구로 개편하면서 그 주민을 북한 공민으로 편입시키기 위한 정책을 펼쳤다. 북한 정부에 대한 저항을 최소화하기 위해 외부 인사보다는 개성 출신으로 행정 간부들을 임명했다. 전시하에 개성시 인민위원회 조직위원장 리정렬, 조선노동당 개성시 당위원회 위원장 리기혁 등 개성시의 정권기관 당 단체들과 사회단체, 경제문화기관, 공장, 기업소의 책임 일꾼들은 거의 모두 개성 출신들로 채워졌다.

전후 개성의 북한 체제 편입 과정에서 가장 중요한 역할을 한 인물은 김명호였다. 그는 대지주 김정호의 4촌 형제였으며 윤치호의 손녀인 윤자희와 결혼한 개성의 유력자였다. 해방 후 개성에 인민위원회가 세워질 때 집행위원장을 맡았던 그는 전후인 1952년에 『개성신문』을 창간하여 초대 주필이 되었고, 그 뒤에 개성시 인민위원회 부위원장을 거쳐 위원장까지 지냈다. 김명호의 출신성분 문제로 시비가 붙었을 때 김일성은 "김명호는 내가 보증하니 누구도 그를 다치게 하지 말라"고 했다고 한다.

북한 정부는 개성을 북한 체제에 동화시키기 위해 토지개혁을 비롯한 제반의 '민주개혁'을 실시했다. 그리고 각종 경제 정책을 펼쳐 주민들의 생활을 안정시킴으로써 체제에 대한 지지를 유도했다. 김일성은 개성을 경공업도시로 육성하는 정책을 추진했다.

개성에서 북한 정부의 지원 아래 최초로 조업을 시작한 공장은 개성방직공장이었다. 1952년 초 력직기 14대와 수십 대의 수직기를 차려놓고 국가에서 대주

1957년 노동절 무렵 개성박물관 전시실 입구

는 면사로 천을 짜는 직물공장이 예전 송도고등보통학교 실업장 자리에서 문을 열었다. 1953년 9월에 개성방직공장은 4개의 분공장으로 확장되었고, 그 이름을 개성직물공장으로 바꿔 국영 중앙경공업공장으로 발전시켰다. 1962년 말에 이 공장은 다시 개성방직공장으로 이름을 바꾸었다. 김일성은 이 공장을 1954년 1차 현지 지도한 것을 포함하여 1972년까지 네 차례나 현지 지도할 만큼 중시했다. 개성방직공장이 세워진 곳은 일제하 (소년)형무소 자리였다.

북한 정부는 파괴된 개성을 복구하면서 문화 교육 시설에 대한 투자도 늘렸다. 1951년에 개성예술극장이 창립되었고, 그해 말에는 개성박물관이 개관했다. 일제 시기 총독부 박물관 분관 자리에 전쟁으로 흩어졌던 문화유물을 수집·정리해 전시했다. 초대 박물관 관장은 리상춘이었다.

1953년 10월 1일, 개성에 송도정치경제대학이 건립되었다. "남반부 출신 일군들을 유능한 민족간부로 키우기 위하여" 세워진 이 대학에서는 "미제와 투쟁하거나 전쟁기에 의용군 대열에 들어가 싸운 남반부 출신 청년 학생들"이 주로 학습했다. 1957년 8월 25일, 김일성은 이 대학의 제1회 졸업식에 참석하여 남조선 출신을 재교양하고 조국 통일 이후 남반부에서 당·국가 건설의 사업 조직을 지도할 간부를 길러내는 데 사명이 있다고 연설했다. 지금 이 대학 자리에는 송도사범대학이 자리하고 있다. 송도사범대학은 개성시의 보통교육 부문 교원들과 고등전문학교 교원을 양성하기 위해 세운 대학으로, 1961년 9월에 개성교원대학으로 창립했고, 1971년에 개성사범대학으로, 1973년에 송도대학으로, 1997년에 송도사범대학으로 개명했다.

개성이 북한 체제에 편입되면서 도시 공간의 배치에도 많은 변화가 일어났다. 북한 정부는 개성을 재건하면서 사회주의적 공간 창출에 중점을 두었지만, 다른 한편 이곳이 유구한 역사적 전통을 지닌 점을 고려하여 전통과 현대가 공존하는 공간구조를 만들어냈다.

개성시에 대한 체계적인 복구와 사회주의적 공간 창출은 1955년 4월 12일에 「개성시 복구 건설을 위한 총 기본 계획 승인에 관한 내각결정」(내각결정 41호)이 채택되면서 시작되었다. 내각결정에 의해 개성의 주시가지는 새로 건설하기보다는 기존 시가지를 복구하여 조성하도록 되었다. 주거지는 덕암리와 운학리 쪽으로 발전시켰다. 약 1.5헥타르에 달하는 시의 중심 행정광장은 장대재를 배경으로 남대문과 축을 이루는 자리에 위치를 정했고, 이 광장에 인민위원회 종합청사가 남대문을 향해 배치되도록 계획했다. 산업지역을 두며, 중요 거리의 건물은 2, 3층으로 하되 조선식 건축물과 고전 건축물을 보존하고 그와 조화를 이루는 새로운 민족적인 건축 구획물을 형성하도록 했다.

　북한의 '해방지구'가 된 뒤 사회주의 건설을 통해 개성시의 도시 공간은 일변하게 되었다. 개성 시내의 자남산을 중심으로 사회주의적 건축물이 들어섰다. '민족적 전통주의 건축양식'의 사례로 꼽히는 '개성학생소년궁전'은 개성시 중심부인 모락재 언덕 위에 자리 잡았다. 이 건물은 1961년 6월에 완공되었는데, 대지면적 4만 제곱미터, 본관동 건축연면적 만 2천 제곱미터에 달하는 대형 건물이다. 본관 앞에는 광장이 들어섰고, 1971년에 이 광장에 김일성 동상이 건립되었다.

　개성은 좌우대립, 남북대립의 갈등 속에서도 물자와 인적 교류가 공식·비공식적으로 이루어지는 남북 간 통로가 되어왔다. 그 역할은 전시에도 계속되어 정전회담의 개최지가 되기도 했다. 남북 간 긴장을 반영하던 휴전선 접경지역은 1990년대 이후 상황의 역전을 겪고 있다. 2000년 6월 최초의 남북정상회담 이후 휴전선 접경지역은 남북 간 긴장과 대립의 공간에서 남북 간 교류와 협력의 공간으로 변화하고 있는 것이다. 2002년부터 남북이 함께 참여해온 개성 공업지구가 그 대표적인 사례이다. 개성 공업지구는 남북 경제 협력과 이를 통한 남북 평화공존 및 점진적 통합의 시금석이 되고 있다. 총 2천만 평에 달하는 광대한 공업지구 개발이 완료된다면 한반도의 경제 지도는 새롭게 그려질 것이다. 개성 공업지구를 중심으로 황해도 일원과 서울, 인천을 잇는 거대한 경제 협력 지대가 형성되어 동아시아 경제권의 주요 축을 이루게 될 전망이다.

# 05

**3년을 끈 전쟁은** 승자도 패자도 없이 38도선을 휴전선으로 바꾼 정전협정으로 막을 내렸다. 정전협정 한 달 뒤인 1953년 8월, 조선노동당은 당 중앙위원회 전원회의를 소집하여 전후복구의 기본 노선을 채택했다. 뒷날 '중공업 우선과 경공업·농업의 동시 발전' 방침으로 알려진 노선을 결정한 회의였다. 당시만 해도 북한 정권은 사회주의 개조의 방향을 모색하면서도 이 문제에 매우 신중히 접근하고 있었다. 또한 권력구조의 측면에서도, 비록 남조선노동당 계열이 숙청을 당하게 되지만 소련계와 연안계 등이 여전히 힘을 지닌 가운데 권력이 분점된 상태였다. 그러나 1954년 말을 경계로, 이런 다양성과 역동성은 하나하나 소멸되기 시작했

# 전후 사회주의 건설의 노선투쟁과 권력집중

다. 농업 협동화는 그해 말에 갑자기 가속도가 붙어 1958년에 완료되었다. 개인 상공업의 사회주의 개조도 같은 해에 마무리되어, 북에서 인민민주주의의 물질적 토대를 이루었던 혼합경제는 종식되었다. 1956년 8월 전원회의 사건은 북에서 전무후무한 공개적 반김일성운동이었다. 그러나 어설프게 일어난 이 사건은 권력을 분점하고 있던 소련계와 연안계 상당수의 퇴장을 초래했고, 이후 북의 권력은 김일성과 항일무장투쟁 세력에게 집중되었다.

1950년대 중반부터 북에서 다양성과 역동성이 소멸하기 시작한 배경은 어디에 있었을까? 이를 알기 위해서는 당시 북이 직면했던 사회경제 위기와 국제 정치 변동을 시야에 둘 필요가 있다.

## 전후 복구에 나서다

1953년 7월 정전협정이 조인되어 한반도에서 전쟁이 막을 내렸다. 그러나 전쟁을 대신한 것은 온전한 평화가 아니었다. 정전협정이라는 말 그대로 전쟁 당사국들이 일시 휴전을 한 것에 불과했고, 북한은 이제 최대강국인 미국의 적대국가로서 국제적인 봉쇄에 직면하게 되었다. 남한 정부는 한미상호방위조약으로 미국과 군사동맹을 굳건히 한 채 미국의 원조 아래 재건을 길을 걷기 시작했다. 북한 정권은 남북대치의 조건 속에서 일단 남한을 제외한 북한 지역에서 전후 복구를 통해 '민주기지'를 공고히 하고자 했다. 전쟁의 폐허 속에서 남한과의 경쟁에서 우위에 서기 위해서는, 밖으로 소련을 비롯한 이른바 '국제 민주 진영'의 원조를 받아내고 안으로 인력과 자재 원천을 최대한 동원할 필요가 있었다.

1953년 8월 조선노동당은 제6차 당 중앙위원회 전원회의를 소집했다. 전쟁 과정을 총결산하고 흐트러진 당을 재편하며 전후 경제 복구의 기본 방향을 세우는 회의였다. 이 회의에서 내려진 중요한 결정은 두 가지였다. 첫째, 전후 경제 복구의 기본 방침을 결정했으며, 둘째 박헌영·이승엽 등 남로당 계열에 대한 투쟁 경험을 총정리하고 자살한 허가이를 출당시키는 등 당을 재정비했다. 이 회의에서 김일성 권력이 명실상부하게 강화되었다. 그를 중심으로 김두봉·박정애·박창옥·김일 등 5명이 당의 중심을 이루는 정치위원회를 구성했다. 이들 중 박정애와 김일은 김일성을 적극 지지하는 인물이었으며, 김두봉은 독립동맹 계열의 대표로, 박창옥은 소련 출신 한인 대표로 참여했을 뿐이었다.

제6차 전원회의는 경제 복구의 기본 방향으로 '자립적 민족경제' 건설을 위한 '중공업 우선과 경공업·농업의 동시 발전' 방침을 정한 회의로 널리 알려져 있다. 경제 자립을 위해서는 기계공업 등 중공업 발전을 우선해야 한다는 스탈린식 경제 발전 모델을 따르되, 피폐한 인민생활의 향상을 위해 농업과 경공업에도 투자한다는 북한식 경제 건설 노선이었다. 다만, 이 회의에서 당초에 '자립적 민족경제'라든가 '중공업 우선과 경공업·농업의 동시 발전' 노선이라는 식의 명쾌한 방침이 표명되지는 않았다. 이런 용어는 1950년대의 중소대립과 내부 노선갈등을 거치면서 북한이 사후적으로 독자적 경제 건설 노선을 명확하게 표현할 필요성에 따라 만들어낸 것으로 보인다.

옛 소련에서 입수된 조선노동당 중앙위원회 『결정집』에 따르면, 이 회의에서 결정된 전후 공업 복구 건설 방향은 ① 국가 공업화를 위한 기초 수립, ② 전쟁 행정에서 나타난 결함 퇴치, ③ 일제가 만들어놓은 공업 발전의 편파성 퇴치, ④ 군수공업 확장, ⑤ 인민의 물질 문화생활 개선 등 다섯 가지였다. 이를 위해 우선 발전시켜야 할 공업 분야는 기계공업이었다. 기계공업의 발전은 군수공업 발전에 중요하며 공업화의 기본 조건이기도 하기 때문이었다. 그 외에도 병기공업, 조선공업, 광업, 전기공업, 화학공업, 건재공업 등을 발전시킬 공업 분야로 열거했다. 인민생활과 직결되는 경공업 분야로는 방직, 펄프-제지, 고무신공장 건설 등을 중시했고 식료품공업에도 관심을 기울였다. 이 회의에서 전후 복구 건설의 방향을 중공업에 둔 점은 확실하다. 『근로자』 1953년 8호는 "전후 인민경제를 복구 건설함에 있어서 그 선후차를 규정함이 없이는 인민경제의 전반적

복구 발전을 지연시키며, 막대한 재정상 투자의 소모와 자재, 원료, 로력의 랑비를 초대할 수 있"음을 지적하면서, 복구 발전을 촉진시킬 수 있는 '기본 공업 시설'부터 건설해야 한다고 강조했다.

이처럼 기본 공업 시설 건설을 중시하긴 했지만, 인민생활 관련 산업을 완전히 무시할 수는 없었다. 그것은 전후 폐허 속에서 인민의 생활 요구를 외면할 수 없었으며, 당내에 다양한 의견이 경쟁하고 있었고, 국제적으로도 스탈린 사후 중공업 우선의 스탈린주의적 경제 건설 노선 대신 인민생활을 중시하는 경공업과 농업 및 중공업의 균형 발전에 초점을 둔 말렌코프 노선이 대두하고 있었다는 당시의 사정을 반영한다.

이 회의에서는 인민경제의 복구, 건설을 위한 3단계 방안이 결정되었다. 6개월에서 1년에 걸친 1단계에 경제 복구를 위한 준비를 하고, 2단계에서는 전쟁 이전의 경제 수준을 회복하기 위한 3개년 계획을 시행하며, 3단계에서는 공업화 토대를 마련하기 위한 5개년 계획을 세우기로 했다.

그것은 9년 내에 전후 복구를 완료하고 공업화의 토대까지 마련하겠다는 목표였다. 전쟁으로 인한 폐허 속에서 과연 가능한 일이었을까? 당 지도부는 가능하다고 보았다. 김일성은 전원회의에서 「모든 것은 전후 인민경제 복구 발전을 위하여」(『근로자』 1953년 9호)라는 제목으로 결론을 내리면서 "이 과업을 승리적으로 수행할 수 있는 모든 조건을 가지고 있다"고 자신했다. 첫째, 그는 해방 이후 일제에 의해 파괴된 경제를 복구한 5년간의 경험과, 전시하에 "땅굴 속에서까지도 군수공업을 창설"하며 투쟁한 경험이 있고, 단련된 일꾼과 기술자, 기능자, 노동자들이 있다는 점을 들었다. 그리고 둘째, 풍부한 자재 원천과 철, 석탄, 전력 등 지하자원이 있으며, 셋째, '국제 민주 진영'의 원조를 받을 수 있다는 점을 열거했다. 안으로 경제 건설의 경험과 인력, 물질자원이 있으며, 밖으로 소련 등의 원조를 받을 수 있으므로 급속한 경제 건설의 조건은 충분하며, 다만 문제는 "우리들이 국가의 주인답게 일을 잘하느냐, 못하느냐에 달려" 있다는 주장이었다. 김일성은 중국과 소련 등 외국의 지원으로 전쟁에서 패배를 모면했고, 경제 건설에서도 외국의 원조가 절실한 상황이었다. 그러나 그럴수록 그는 "우리 자체의 힘, 즉 우리 당과 우리 인민과 우리 정권의 힘을 믿어야" 한다고 강조했다. 외국의 지원은 하나의 조건일 뿐, 그 조건을 현실로 전환시킬 주체는 북한 정권, 당, 인민 자신일 수밖에 없었기 때문이다.

프롤레타리아 국제주의에 입각한 소련 등 사회주의, 인민민주주의 국가들의 원조를 한편으로 하고, 전시에 '모든 것은 전선에로'라는 구호 아래 인민을 동원했던 것처럼 이제 '모든 것을 민주기지 강화를 위한 인민경제 복구에로'라는 구호 아래 인민을 총동원한다면 충분히 가능하다는 것이 지도부의 판단이었다.

이 회의에서 한 가지 주목할 점은, 경제 복구와 건설의 속도를 무리할 정도로 빠르게 잡았으면서도 농업 협동화 등 사회주의 체제로의 전환에 대해서는 상당히 신중한 자세를 취했다는 점이다. 농업의 경우 개인 농촌 경리가 "장구한 시간으로 계속될 것이 예견"된다는 전제 아래 토지 많은 곳으로 빈농들을 이전시킬 것, 부업생산 합작사 조직, 국영농업 증진, 관개 시설 사업 등을 제시했다. 농업 협동화와 관련해서는 사유 토지와 사유 생산도구를 보유하게 한다는 원칙 아래 광범하게 '협동적 농업생산 합작사'를 조직하고 1954년부터 일부 '경험적으로 운영'하는 정도로 결정했다. 적어도 이 시점에는 급속한 농업 협동화와 사회주의 체제 건설의 계획은 없었다.

이처럼 8월 전원회의에서는 기본 공업 시설인 중공업의 복구·건설에 중점을 두되 인민생활의 향상을 위한 경공업·농업 투자도 소홀히 하지 않으며, 사회주의 이행은 점진적으로 추진한다는 방침이 정해졌다. 북한의 문헌들에 의하면 이런 노선 결정 과정은 순탄하지 않았다. 『조선로동당 력사 교재』(1964)에는 전후 복구 노선을 정하는 과정에서 반발이 있었음이 서술되어 있다. 특히 중공업을 우선 발전시키면서 자립적 민족경제의 토대를 만들겠다는 전망에 대한 반발이 컸다. "최창익 등 종파분자"들은 자립적 민족경제의 토대를 만드는 데 주력하기보다 형제 나라들에서 소비품 위주로 원조를 받아 소비에 쓰자고 주장했고, "현대 수정주의자"들도 경제 건설의 기본 노선에 반대했다고 한다. 이 교재에 등장하는 '종파분자'나 '현대 수정주의자' 같은 용어들은 8월 전원회의 사건 이후 사후 규정된 표현이다. '최창익 등 종파분자'들은 연안계와 소련계 중에서 김일성에게 반대하게 되는 인물들에 해당한다. '현대 수정주의자'들은 사회주의 개조보다는 점진적 개혁을 추구한 송예정 등 '신설정 그루빠'를 지칭한 것으로 보인다.

전후 복구 사업은 빠른 속도로 진행되었다. 1953년 8월부터 시작된 전후 복구 준비 단계 사업은 6개월 만에 끝났다. 뒤이어 1954년부터 실시된 인민경제 복구 발전 3개년 계획(1954~1956)은 목표 이상의 성과를 거두었다고 보도되었다. 공업생산은 1953년에 비해 2.8배(생산수단은 4배, 소비재

2.1배) 증가하여 전쟁 전인 1949년과 비교하면 1.8배 증가했다. 계획 기간 중 연평균 공업성장률은 무려 42%였다. 농업생산도 1.4배 증가하여 전쟁 이전의 수준을 회복했다. 그리하여 1956년에는 전쟁 이전의 경제 수준을 회복할 수 있었다.

1950년대에 전후 경제 복구 사업이 성공할 수 있었던 것은 전쟁의 참혹함을 벗어나 잘살아보고자 하는 인민의 밑으로부터의 열망과, 그 열망을 복구 사업에 동원하는 데 성공한 당·정부의 지도력에서 내적인 원인을 찾을 수 있다. 폐허 상태에서 동원할 수 있는 자원은 오로지 인민의 살고자 하는 의지뿐이었다. 그런 점에서 인민의 자발성을 강조하는 북한의 주체사상은 전후 복구 사업의 경험에서 형성되었다고 볼 수 있다.

하지만 전후 경제 복구의 성공 요인이 단지 내부에만 있지는 않았다. 또 다른 성공 요인은 외부의 원조였다. 전쟁이 끝난 뒤 자본주의 진영과 공산주의 진영 사이에는 본격적인 체제 경쟁이 시작되었다. 한국전쟁을 통해 무기로는 상대방을 누를 수 없음을 알게 된 미국과 소련은, 이제 경제적으로 상대방을 누르기 위해 무기 없는 전쟁을 시작했다. 한반도는 체제 경쟁의 시험장이 되었다.

공산 진영에서 북한 전후 복구 원조에 앞장선 나라는 소련이었다. 정전 협정 체결 직후인 1953년 9월에 소련과 북한 양국의 정부대표단은 회담을 열어 북한의 복구 건설을 위해 소련이 10억 루블의 무상원조를 제공하기로 결정했다. 또한 소련은 1956년에 2차로 4억 7천만 루블을 원조하고 북한에 대해 차관 상환을 면제해주기로 결정했다. 1950년대 전후 복구 시기에 소련이 북한에 제공한 무상원조의 실제 총액이 얼마인지는 불투명하다. 북한은 자신이 받은 무상원조액의 정확한 통계수치를 공개하지 않고 있다. 소련아카데미 동방학연구소가 편찬한 『한국통사』 하권에는 당시 무상원조액이 총 13억 루블이라고 밝혀져 있다. 한편 동독 4억 6,200만 루블, 체코슬로바키아 1억 1,300만 루블, 루마니아 6,500만 루블, 불가리아 2천만 루블 등 동유럽 사회주의 국가들의 1차 무상원조액은 총 8억 6천만 루블에 달했다. 또한 불가리아 3천만 루블, 루마니아 2,500만 루블, 헝가리 1,500만 루블 등 추가 무상원조도 이루어졌다.

  소련의 원조는 중공업·경공업을 망라한 대규모 산업 단지 및 산업 시설의 복구 건설에 주안점을 두었다. 동유럽 사회주의 국가들의 원조 역시 주로 북한의 공업 기반을 강화하는 데 사용되었다. 소련과 동유럽 국가들은 물자원조 외에 전문가들을 직접 파견해 북한의 전후 복구를 지원하기도 했다. 동유럽 인민민주주의 국가들은 1,700명 이상의 전문가들을 파견해서 1,200명의 북한 전문가를 양성했다. 이 국가들의 150개 기획기관이 북한의 기간산업을 복구·확장·신축하는 데 동원되었다. 이들은 북한의 함흥 등 전후 도시 건설 사업에도 참여했다. 이를 통해 사회주의 건축양식이 북한에 직접 도입되었고, 그 영향은 오랫동안 지속되었다.

  소련 다음으로 북한에 많은 원조를 제공한 국가는 중국이었다. 중국은 8만억 원(구인민폐, 신인민폐로는 8억 원)을 무상원조했다. 원화와 루블화의 정확한 환율을 파악하기 어려워 두 나라의 원조 규모를 직접 비교하기는 힘들다. 다만 소련 자료에서 중국 원조액을 루블로 환산한 수치가 확인되는데, 소련의 무상원조액이 2억 9,250만 루블이었을 때 중국의 원조액은 2억 5,840만 루블이었다. 당시 중국의 경제 수준을 고려할 때 중국이 소련에

버금가는 지원을 했다는 사실은 주목할 만하다. 전시에 군사력을 직접 지원한 중국은 무상원조에도 적극 나섬으로써 북한에 대한 발언권을 강화해나갔다. 김일성은 1953년 11월 중국을 방문하여 중국 인민지원군의 참전에 감사를 표하며, 전후 복구 건설에 중국의 원조를 요청했다. 그에 따라 '조·중 경제 및 문화합작에 관한 협정'이 체결되었다. 중국은 1953년 말 이전에 북한에 제공하는 원조는 일체 무상으로 하고, 여기에 다시 북한 경제 부흥을 위해 새로 8만억 원(구인민폐)을 원조하기로 합의했다. 북한 주둔 중국 인민지원군도 건설 현장·농촌 등에서 전후 복구 건설 지원에 적극 참여했다. 그 결과 지원군이 개수한 공공건물이 881채, 각종 민가 개축이 45,412간, 교량 복구·신축이 4,263개, 제방 개축이 4,096곳(430km), 수로 보수가 2,295곳(1,200km)에 이르렀다. 중국 정부는 북한의 노동력 부족을 보완하기 위해 1954년에 연변 조선족자치주의 일부 조선족을 전후 복구 건설에 참가시켰다. 1958년경에는 조선족 일부를 아예 북한으로 이주시키기도 했다. 1954년부터 1956년 사이에 사회주의 국가들이 북한에 제공한 원조액은 당시 북한 전체 예산의 23%에 이르렀다.

북한이 경제 복구 과정에서 외부 원조에 크게 의존한 것처럼, 남한도 전후 경제 복구를 위해 많은 외부 원조를 받았다. 다만 남북이 받은 외부 원조는 두 가지 점에서 성격의 차이가 있었다. 첫째, 남한은 전적으로 미국 한 나라의 원조에 의존했지만, 북한은 소련 외에도 중국과 동유럽 국가의 원조를 받았다. 둘째, 남한에 대한 원조는 경제 안정에 초점이 있었지만 북한에 대한 원조는 경제 자립의 기초를 만드는 데 초점이 있었다. 이 두 가지 이유로 인해, 남한은 원조를 받으면서 미국에 대한 경제적 의존성을 심화시켰지만 북한은 외부 원조에 의존하면서도 어느 한 국가에 종속되지 않고 경제의 자립화를 이룰 수 있었다. 그런 점에서 1950년대 남북의 경제는 대외 의존 대 자립으로 선명하게 대비된다. 다만 남한 경제는 한편으로는 미국에 대한 경제 의존성을 심화시키면서도 이를 통해 세계 자본주의 시장에 점차 적응해갔다는 점을 간과할 수는 없다.

## 농업 협동화와 사회주의 개조

전후 경제 복구가 본격화되면서 북한에서는 농업 협동화와 개인 상공업의 협동화가 진행되어 1950년대 말에 사회주의 개조가 완료되었다. 전쟁은 남북한에서 모두 전근대적 유산과 반체제적 요소를 청산하면서 각각 자본주의와 사회주의 건설이 급속도로 추진될 수 있는 구조적 조건을 마련했다.

농업 협동화는 북한 경제를 사회주의적으로 개조하는 데 가장 중요한 문제였다. 북한의 농촌이 전쟁으로 입은 피해는 막대했다. 저수지가 파괴되고 농토가 훼손되고 가축이 몰살당하고 과일나무들이 훼손되었다. 젊은 남자들이 다 군대에 가서 노인과 어린이, 여성들이 농촌을 지켜야 했다. 당시 생활이 곤란한 빈농이 40%, 겨우 먹고 살 만한 농민이 50%로, 좀 여유 있는 농민은 10%에 불과했다. 이런 상황에서 농민들은 더 이상 가족 단위로 농사를 짓기 어려웠다. 부족한 노동력과 농기구, 가축을 서로 함께 이용해야 했다. 농민들은 생존을 위해 농업을 조금씩 협동화해나갔다.

앞서 언급한 것처럼 조선노동당 제6차 당 중앙위원회 전원회의는 농업 협동화에 대해 매우 신중한 결정을 내렸다. 농업 협동화가 필요하다는 것 자체에 대해서는 당 내에 이견이 없었다. 문제는 이를 어느 시점에, 어떤 방법으로 추진할 것인가였다.

즉각적인 농업 협동화에 비판적인 인사들은 남북분단의 조건에서 사회주의 개조를 서둘러서는 안 된다고 주장했다. 남북통일이 되어 전국적으로 반제국주의 반봉건 민주혁명이 승리할 때까지는 북한에서 혁명을 더 진전시켜서는 안 된다는 사회주의 개조 '시기상조론'이었다. 또한 사회주의 공업화 없이 생산관계의 개조가 불가능하다는 비판이나 현대 농기계 없이 농업 협동화는 어렵다는 지적도 나왔다. 농업의 사회주의 개조에는 농업 기계화라는 물질적 조건이 전제되어야 한다는 생산력 발전 우선의 건설론이었다.

김일성과 당 지도부는 이런 주장을 반박하면서 중공업 우선의 경제건설과 농업의 사회주의 개조를 추구했다. 먼저 농업 협동화에 의한 사회주의 개조는 분단을 고착화하여 통일의 길을 멀게 하는 게 아니라 오히려 북한 지역의 '민주기지'를 강화해 통일의 가능성을 확대하게 될 것이라고 반박했다. 농업 기계화 우선론에 대해서는 일단 협업을 통해서만이라도 소농경리보다 더 생산성을 높일 수 있다는 반비판을 제출했다. 즉 협업에 기초한 농업 협동화론이었다. 인구에 비해 토지가 광활한 소련에서는 농업의 기계화가 사회주의적 대농경영에 필수적이었지만, 토지에 대한 인구 밀도가 조밀한 북한 농촌에서는 분산된 영세 경작지들을 통합하고 농업 노동력을 협업화하는 것만으로도 생산성 향상이 가능하다는 주장이었다.

이 시기에 당 내외에는 다양한 의견이 공존했으며, 상호 토론 속에서 노선이 결정·조정되었다. 분파 간 경쟁이 당 내외의 다원성을 진작하고 정책결정을 합리화하는 순기능을 하고 있었다.

농업 협동화에 대한 우려가 많은 만큼, 북한 정부는 농업 협동화를 추진할 때 농민과 마찰이 생기지 않도록 주의를 기울였다. 처음부터 사회주의적 협동조합을 만들게 하기보다는, 조건에 맞는 다양한 방식의 협동화를 추진하도록 장려했다. 당시 농민들은 3가지 형태 중에서 하나를 선택할 수 있었다. 제1형태는 토지를 합치지 않고 단지 작업만 함께 하는 '고정노력협조반'이었다. 우리나라에서는 일을 함께 하는 품앗이나 소를 같이 부리는 소거리 등 상부상조의 전통이 있었다. 이를 보다 확대한 것이 제1형태였다. 북한 정부는 이보다 높은 수준의 제2, 제3형태를 농민들이 받아들이도록 권장했다. 제2형태는 각자 농민이 토지소유권을 가지고 있되, 이 토지들을 출자 형식으로 합치고 함께 작업하는 형태였다. 수확물은 노동에 의한 분배를 기본으로 하면서 토지의 출자분에 따른 분배도 병행하는 반사회주의 형태였다. 제3형태는 토지를 비롯한 생산수단들을 모두 통합하고 오직 노동에 의해서만 분배를 하는 완전한 사회주의 형태였다.

전후 1년이 지난 1954년 6월에 이르러, 북한에는 1,091개의 농업협동조합이 만들어졌다. 제2형태가 502개(46.0%), 제3형태가 589개(54.0%)였다. 그런데 그해 12월에는 조합 수가 10,098개로 무려 10배나 증가했다. 조합 형태는 제2형태가 2,176개로 21.5%에 머물고 제3형태가 7,922개로 78.5%에 이르렀다. 이런 급작스러운 성장과 형태 변화는 어떻게 이해할 수 있을까? 농민이 협동조합의 우수성을 깨닫고 자발적으로 농업 협동화에 나선 결과일까? 아니면 당과 정부의 강한 압력에 의한 결과일까?

1954년 가을에 북한은 해방 이래 최대의 흉작을 기록했다. 예상에 훨씬 못 미치는 수확량에도 불구하고 농업현물세는 추수 이전에 사전 판정한 대로 내야 했다. 법으로는 25~27%인 현물세가 실제로는 30%를 상회해 농민들의 불만을 야기했다. 농민들은 현물세야 의무이니까 그래도 납부했지만 양곡수매에는 제대로 협조하지 않았다. 당시 농민의 5%만 여유 양곡을 가진 상황이었기 때문이다.

양곡수매가 제대로 이루어지지 못하자 김일성 지도부는 당시 양곡수매 사업을 책임지고 있던 연안 독립동맹 계열의 재정상 최창익을 비판했다. 그를 비롯한 수매 담당자들이 양곡수매 사업에서 농민들 속에서의 정치사업을 등한시하고 다만 농민들의 '자유방임'에 의존하고 있다는 비판이었다. 당 비주류의 중심인물인 최창익은 인민정권의 성격을 프롤레타리아 독재가 아닌 '통일전선의 독재'라고 파악했으며, 이 통일전선 권력에서의 '민주주의' 원칙을 강조하던 인물이었다. 그는 양곡수매 사업에서도 농민의 불만을 고려해 온건하게 문제를 해결하려 했지만 당 지도부의 비판의 표적이 되었다.

수매 사업이 부진하자 내각은 1954년 10월 쌀의 자유거래를 금지하는 조치를 내렸다. 그러나 이런 강압은 농민의 반발을 낳았다. 양곡을 강제징수하면서 농민들을 구타, 체포, 강제추방, 이주시키는 방법이 동원되었다. 사업에서 과업을 완수하지 못한 하급 간부들은 무능력자로 낙인찍혔고, 당적이 박탈된 말단 간부들이 자살하는 사례가 발생했다. 결국 수만 명의 농민들이 아사했고, 농민들의 불만은 확산되었다.

이런 상황에 처한 북한 지도부는 후퇴하기보다 오히려 더 전진하고자 했다. 1954년 11월에 열린 당 중앙위원회 전원회의는 농업 협동화운동을 강력히 추진하기로 결정했다. 개인농에 의존하는 한 수확량 증진에 한계가 있고 양곡수매 문제는 계속 발생할 터이므로, 생산과 유통 전반을 국가가 장악할 수 있는 농업 협동화를 본격화하기로 한 것이다. 당은 빈농에 의거하면서 중농과 동맹하고 부농을 제한하며 점차 개조하는 농촌 계급 정책을 취했다. 1954년 말, 조합 수가 갑자기 증가한 데는 이런 당과 정부의 강력한 협동화 정책이 배경이 되었다.

강력한 협동화 정책에 대해 농민의 저항이 크게 일어나지는 않았다. 소련과 비교해보면 저항은 약한 편이었다. 소련의 경우 '쿨락'이라 불리는 부농들이 스탈린의 농업 집단화 정책에 반발해 격렬하게 저항했고, 이를 진압하는 과정에서 수많은 인명피해가 발생했다. 그에 비하면 북한에서의 농업 협동화는 비교적 큰 충돌사건 없이 순탄하게 진행되었다. 그 이유는 무엇일까? 북한의 농촌에는 부농이 0.6%에 불과했다. 전쟁으로 대부분 처지가 비슷해진 상황에서 자기만 잘 살고자 협동화에 반대할 만한 계층이 거의 없었던 것이다. 그리고 북한 정부에 비판적이던 이들은 전쟁 과정에서 많이 사라져버렸기 때문에 조직적으로 저항할 만한 세력이 없었다. 한편 북한 정부는 가급적 농민 스스로 조합에 가입하게 했고, 소 같은 중요한 생산수단은 조합에 들여놓을 때 보상 조치를 해주는 등 농민의 반발을 최소화하기 위해 노력했다. 또한 처음부터 엄격한 사회주의 방식의 협동조합만 고집하기보다는 사정에 따라 다양한 형태의 조합을 만들 수 있게 한 것도 마찰을 완화했다.

농업 협동화에 대한 저항은 적극적인 방식보다는 소극적인 방식으로 널리 나타났다. 협동조합에 가입하기 전에 가축을 시장에 내다 팔거나, 토지 일부를 텃밭으로 떼어놓아 따로 경작하는 일이 빈번했다. 텃밭 일 때문에 조합에 결석하는 사례도 수두룩했다. 조합원들이 수확물 분배 이후 조합을 탈퇴해버리기도 했다. 1956년 말, 1957년 초 '신해방지구'인 황해남도 배천白川 지방에서 발생한 '배천 바람' 사건이 대표적인 경우이다. 배천에서는 1956년 결산 분배가 끝나자마자 협동조합에 가입했던 농민들 다수가 조합을 탈퇴하는 사건이 발생했다. 독립동맹 계열로서 당시 황해남도 당위원장이었던 고봉기는 협동조합 탈퇴를 방임했다는 비판을 받고 후에 숙청되었다.

농업 협동화에 대한 농민의 반응은 농민 개개인의 계층적 처지에 따라 상당히 다르게 나타났다. 빈농은 대체로 농업 협동화에 적극적이었다. 중농 가운데 본래 토지가 없거나 적었다가 토지개혁의 혜택으로 중농이 된 신중농은 비교적 협동화에 순응했다. 그러나 본래부터 자기 토지를 가지고 있던 구중농은 소극적이었다. 부농은 협동화를 외면하거나 반대했다. 그러나 반대자들도 결국 협동화의 대세를 거스를 수는 없었다. 모든 지원이 협동조합에 집중되고 농민들 대다수가 조합에 가입한 상황에서 끝까지 홀로 개인경영을 할 수는 없었기 때문이다.

농업 협동화는 빠르게 진전되었다. 전후 복구 3개년 계획이 끝난 1956년 말까지 농가의 80.9%가 협동조합에 가입했고, 1958년 8월에는 모든 농가가 협동조합원이 되었다. 10월부터 12월 사이에는 모든 농업협동조합들을 행정 단위인 리 단위로 통합했다. 그 결과 조합 수는 13,309개에서

3,843개로 줄었고, 하나의 협동조합에는 평균 300호의 농가와 500정보 (150만 평)의 토지가 포함되었다. 협동조합이 리 단위로 통합되자 경제 활동과 행정 활동이 긴밀하게 결합되었다. 농촌소비조합이나 신용조합이 협동조합 관할로 옮겨졌고, 교육·문화·보건 사업 등도 협동조합이 담당하게 되었다. 협동조합의 관리위원장은 리 인민위원장이 겸임했다. 협동조합 아래 작업반들이 설치되었고, 작업반 밑에는 다시 20명 내외의 분조를 편성해 함께 일하도록 했다.

1950년대에 전쟁과 농업 협동화를 겪으면서 북한의 농민과 농촌은 크게 변모했다. 전시하에 식량 수요 조달의 필요성과 체제 유지를 위한 정치경제적 토대로서 농촌이 중시되면서 북한의 농촌은 전시 동원 체제적인 면모를 띠게 되었다. 바로 그 기초 위에서 농업 협동화가 진행되었고, 그 과정에서 군대식 규율과 경험을 체득하고 돌아온 제대 군인들이 전쟁에서 피해를 입은 계층과 주로 결합하여 저돌적으로 협동조합 건설을 주도함으로써 농업협동조합의 전시적 성격은 더욱 깊이 각인되었다.

전쟁으로 인구 이동이 활성화되고 주민 구성이 바뀌게 된 점, 특히 동족마을의 폐쇄성이 약화된 것도 농촌에 국가와 당의 영향력이 깊이 침투하는 데 긍정적인 요소가 되었다. 평안남도 순안군 택암리의 예를 들어보자. 이 지역 촌락들은 당악 김씨·연산 현씨·석씨·최씨 등이 집단거주하는 동족마을이 대부분이었다. 그러나 전쟁 이후 이주민이 급증해 주민의 30~60%가 외부 이주민으로 바뀌면서 동족마을의 질서는 해체되었다.

토지개혁 이후에도 농촌 내에 여전히 남아 있던 유력가문의 연장자나 부농, 그리고 남성을 중심으로 한 전통적 권위는 해체되었으며, 이를 대신

해서 빈농, 제대 군인, 애국열사 유가족, 인민군 후방가족, 혁명투쟁 경력자, 열성농민을 중심으로 한 새로운 혁명적 농촌 '핵심 진지'가 등장했다. 이들은 조합의 간부직을 맡는 등 조합운영의 중심이 되었다.

농업 협동화는 농민을 농업 노동자로 전환시켰다. 가족 단위로 작업이 이루어지던 소농경리의 관습은 더 이상 존속될 수 없었다. 모든 생산 과정이 체계화·합리화되고 개개인에게 직접적으로 노동규율이 부여되었다. 노동에 근대적 시간 관념이 도입되어 규칙성이 만들어지고, 작업을 마친 이후 시간도 개인 여가보다 회의와 학습이라는 공공 영역으로 짜여졌다.

농업 협동화에 발맞추어 공동경작과 공동 사회문화 활동에 적합하도록 마을과 주택이 집단적으로 개조되었다. 집단마을은 주거 활동 공간과 생산 활동 공간이 구분되는 형태로 건설되었다. 그리고 학교와 탁아소, 유치원 등 문화 시설이 건설되고, 마을 한복판에 농민들이 일상적으로 이용하는 민주선전실이나 구락부가 배치되었다. 전쟁 과정에서 상당수의 농가와 건물들이 파괴되었기 때문에, 새로운 마을의 건설은 정부 후원 아래 농민 자신의 힘으로 공동시설과 '문화주택'을 새로 건설하는 고된 노동을 통해 이루어졌다. 물론 모든 건물이 새로 건설된 것은 아니었다. 조중친선농업협동조합은 부농·지주 등 '과거 부유한 사람들'이 살던 집을 개조해 공공 건물인 관리위원회, 학교, 민주선전실, 상점 등으로 사용하거나 조합원의 주택으로 사용했다.

농업 협동화는 기층 생활 단위인 가족의 풍습에도 변화를 몰고 왔다. 농업 협동화에 의해 가족·가정이 최소 경제 단위의 기능을 상실하게 되면서 가부장적 권위주의가 약화되고 여성의 지위가 향상되었다. 농업기술

협동농장의 가을 풍경

농업 협동화는 빠르게 진전되었다. 전후 복구 3개년 계획이 끝난 1956년 말까지 농가의 80.9%가 협동조합에 가입했고 1958년 8월에는 모든 농가가 협동조합원이 되었다. 농업협동화로 가족이 최소 경제 단위의 기능을 상실하고 가부장적 권위주의가 약화되었으며, 여성의 지위가 향상되었다.

전수자로서 가부장의 가치는 상실되었고, 국가와 당, 사회단체가 그 역할을 대신했다. 아들, 딸, 며느리는 더 이상 가부장의 지시에 따르지 않고 조합장, 작업반장의 지시에 따라 행동하게 되었다. 작업반장 중에는 여성들이 상당수였다. 전쟁으로 인해 농촌에 청장년 남성의 수가 급속히 줄어들었기 때문이다. 1950년대 중반에 농업협동조합에서 여성 노동력이 차지하는 비중은 약 60%에 달했다. 그리고 1950년대에 평안남도의 작업반장 중 40% 이상이 여성이었다. 이로써 여성이 남성에게 지시를 내리는 상황이 벌어졌다. 조합회의에서도 여성이 남성과 대등하게 자기주장을 하게 되었으며, 분배를 받을 때도 남녀차별이 사라졌다.

다만 이러한 변화가 장기간 지속된 농촌의 전통적 풍습 전체를 완전히 해체한 것은 아니었다. 부모나 시부모를 존중하는 풍습은 '미풍양속'으로 지속되고 장려되었다. 소겨리, 품앗이 등 공동노동의 전통은 농업협동조합의 최소 노동 단위인 '분조'의 바탕이 되었다. 마을은 급속히 리 단위 조합에 맞추어 통합·개조되었으나 상당수 지역, 특히 산간지대에서는 한 마을이 하나의 작업반이 되는 등 전통적 삶의 공간이 내면적으로 지속되었다. 작업반장이 주도하여 장례를 치르는 새로운 풍속 또한 마을 단위의 공동체 문화의 연장이라는 측면이 있다. 친족적인 결합이 약화되었다 하더라도, 점차 농촌이 안정화되고 농민의 도시 이동이 억제되면서 마을 단위의 내적 연계망은 1960년대 이후 오히려 다시 강화되는 측면도 있었을 것이다. 북한에서 농업 협동화는 농민을 전통적 생활과 전혀 다른 사회주의적 생활로 인도했지만, 그 내면에서 전통은 완전히 해체되는 것이 아니라 사회주의 양식에 흡입되어 새롭게 재구성되었다.

농업 협동화는 농민의 관습과 사회의식에도 거대한 변화를 일으켰다. 전통적인 관습 중 상당 부분은 낡은 잔재로 취급되었다. 풍수지리에 의거한 주택 관념이 비판되었고, 민간신앙이 '미신'으로 간주되어 타파되었다. 사회의식의 '근대화'가 진행된 것이다. 그 근대적 자각은 개인적 홀로서기의 방향이 아니라 당과 국가를 따르면 무엇이든 가능하다는 집단적 주체로서의 자각, 즉 '인민'으로서의 자각이었다.

농업 협동화와 함께 개인 상공업의 사회주의 개조도 동시에 진행되었다. 개인 상공업자들을 협동조합에 참여하도록 하는 정책은 이미 전쟁 이전부터 시작되었다. 주로 영세한 수공업자들에게 생산협동조합을 결성해 보다 건실한 경영을 하도록 권장했다. 그 결과 1949년 말에는 전체 개인 상공업에서 협동조합의 비율이 22.5%로 늘어났다. 전쟁 이후 북한 정부는 개인 상공업자들을 사회주의적으로 개조하기 위해 보다 적극적으로 노력했다. 농업 협동화와 마찬가지로, 개인 상공업을 사회주의적으로 개조하는 데도 3가지 형태가 있었다. 작업만 공동으로 하는 제1형태와 노동과 출자 몫에 의한 분배를 동시에 하는 제2형태, 그리고 생산수단과 자금을 완전히 공동 소유로 하고 오직 노동에 의해서만 분배하는 제3형태였다.

개인 상공업자들 가운데 먼저 사회주의 개조의 대상이 된 쪽은 수공업자들이었다. 이들은 본래 영세한 데다 전쟁으로 더욱 처지가 어려워진 상태여서 협동조합에 가입하도록 적극 유도되었다. 1956년부터는 자본주의적 기업경영을 하는 상공업자들을 본격적으로 사회주의적으로 개조하기 시작했다. 이들은 1946년에는 사회 총생산액의 20%를 차지할 정도로 비중이 컸지만 1949년에는 8.2%로 줄어들었고, 전쟁을 겪은 뒤인 1953년

1950년대 후반 북한의 시장 풍경

농업 협동화와 개인 상공업자의 사회주의 개조에도 불구하고 북한에서 시장이 완전히 없어진 것은 아니었다. 돈을 벌기 위해서라기보다 일상생활에 필요한 생필품을 교환하기 위해 여기저기에 노천시장이 들어섰다. 고추 바구니를 앞에 두고 시장 바닥에 쭈그리고 앉은 아낙네들의 모습은 남한의 1950년대 시골 장터와 별반 다르지 않다.

에는 2.9%로 감소했다. 또한 인구상으로도 1953년에 개인 기업가는 0.1%, 개인 상인은 1.1%에 불과했다. 자본가 계급의 비중이 이처럼 적었으므로 소련처럼 큰 저항이 있을 수 없었다. 농업과 수공업이 협동화되면서 자본주의적 상공업자들은 원료와 자재를 시장에서 사들이기 어렵게 되었다. 결국 이들은 사회주의 개조에 동참했다. 개인 상공업의 사회주의 개조는 1958년에 마무리되었다.

북한에서 농업과 상공업의 사회주의 개조는 다른 나라에 비해 비교적 순탄하고 빠르게 진행되었다. 그러나 충분한 경제적·기술적 발전이 전제되지 않은 상태에서 오직 인민의 의지만을 토대로 세워진 사회주의 제도는 그 기반이 허약할 수밖에 없었다.

## 1956년 8월 전원회의 사건과 권력 변동

북한에서 전후 경제 복구 사업은 신속하게 완수되었다. 그러나 그 과정에서 아무런 문제나 갈등도 없었을까? 실제로 경제 복구 과정에는 많은 진통이 있었다. 무엇보다, 경제 성장 속도만큼 북한 주민의 생활 수준이 함께 나아지지 못했다. 공산품과 식료품을 충분히 배급받지 못한 상황에서 물가만 높아져 도시 근로자들의 생활고가 가중되었다. 소련 외교 문서에 의하면, 1954~55년에 경제생활 수준이 악화되어 인민대중의 잇따른 소요가 발생하고 지방 하부 단위에서는 정책집행이 마비될 정도로 사회경제적 불안정이 초래되었다. 농촌에서도 앞서 언급한 대로 수매 사업에서 마찰이 일어났다.

　농민을 비롯한 인민대중의 불만이 누적되고 경제 정책에서 혼란이 야기되면서 일방적인 밀어붙이기 방식에는 제동이 걸리지 않을 수 없었다. 무엇보다 그동안 뒷전에 있던 소련이 가만히 있지 않았다. 전쟁 이후 소련은 북한에 막대한 원조를 하면서 북에 파견한 경제고문 및 전문가들을 통해 경제계획에 조언은 해주었지만, 북의 내부 문제에 적극적인 개입은 하지 않는 방침을 고수하고 있었다. 소련계인 내각 부수상 박창옥이 소련의 고문과 전문가들에게 경제 계획의 집행 과정에 적극 개입해 통제해줄 것을 희망했는데도 소련 대사관이 이를 기부한 적도 있었다. 그러나 1955년 초, 북한의 국내 정세가 극히 불안정해지자 소련은 적극 개입으로 방향을 전환했다. 1954~55년에 북한이 처한 상황을 분석한 결과, 소련의 당·정 지도부는 북한 지도부가 경제 정책에서 전반적으로 실패하고 있다는 평가를 내렸다. 앞서 지적한 사회경제적 위기 및 정책실패 외에도 경제원조의 활용상의 문제도 심각하게 지적되었다. 소련을 비롯한 중국, 동구 사회주의 국가들로부터 원조된 산업설비, 기계, 원자재 등이 경제 복구 건설을 위해 계획된 대로 적시 적소에 투입되거나 활용되지 않고 있었다.

　백준기(1998)의 연구에 의하면, 소련 대사관은 소련 지도부에 북한 지도부에 대한 정책수정 권고를 건의했다. 1955년 1월 소련공산당 중앙위원회는 소련 대사관의 건의를 받아들여 김일성을 시급히 초청하고 중국 측에 이런 입장을 알리기로 결정했다. 이는 1956년 8월 전원회의 사건에 대한 소련과 중국의 개입이 있기 전, 이미 1955년에 북한 내부 문제에 대한 소련의 1차 개입이 있었음을 보여준다. 또한 소련이 북한 내정에 개입할 때는 일방적으로 개입하는 것이 아니라 중국과 긴밀한 협의를 해서 접근했음도 확인된다. 동아시아에서 중국의 지도력을 인정한 것이다.

김일성은 4월 20일에 모스크바를 방문했다. 모스크바에서 소련 당·정 지도부는 북한 대표단에게 북의 내부 문제가 심각함을 지적하고 정책을 근본적으로 수정하도록 충고했다. 소련은 양곡판매 금지 조치를 취소할 것과 국유화를 강행하던 상공업 분야 정책을 수정하여 사기업을 폭넓게 허용할 것, 농업 부문의 위기를 초래한 기존의 농업현물세 징수 방식을 폐기하고 새로운 농업세 체계를 마련할 것, 기존의 5개년 계획안을 변경할 것, 그리고 노동당의 사회주의적 신강령 개정 작업을 중단할 것 등을 요청했다.

소련의 위세에 눌린 김일성은 이에 동의하지 않을 수 없었다. 1955년 6월에 소집된 상무위원회 확대회의에서 자본재 생산 부문의 성장 속도를 늦추는 동시에 소비재 생산 부문을 평균적으로 높이고, 협동화의 강행을 중지하며, 인민의 물질생활을 개선하는 문제들이 결정되었다. 구체적으로는 농업현물세의 인하 조치, 양곡의 자유로운 매매 허용 등이 결정되었고 개인 상공업의 국유화 정책도 수정되었다. 이 과정에서 개인 소상공인에 대한 배제와 제한 조치를 통한 국유화 강행에 정책적 오류가 있었던 점이 인정되었고, 생필품을 생산하는 기업에 대한 소상공인의 투자를 장려하기 위해 세금 감면 조치를 고려하는 정책이 입안되었다. 그러나 당 지도부가 소련의 충고만 따른 것은 아니었다. 당 지도부는 소련의 충고를 받아들여 일단 후퇴하면서도 현장 중시, 정치 이념 중시의 북한식 접근법은 그대로 견지했다.

한편 소련의 개입을 전후해 국내 일각에서도 김일성의 독선적인 자세에 대한 공세가 취해졌다. 당내 일각에서는 당 중앙의 전반적인 분위기를 '비정상적'인 것으로 평가하고 있었다. 그들은 정책 수행상 심각한 결함들이 김일성 앞에서의 '아첨'에 의해 은폐되고 있다고 보았으며, 정부와 당이 정확한 보고를 받지 못해 종종 잘못된 결정을 내리고 있다고 판단했다. 1955년 4월 전원회의 직후 열린 정치위원회 회의에서 일부 정치위원들이 김일성에게 내각 수상직을 사임하고 당 중앙위 위원장직만을 수행해 줄 것을 요청하는 사태가 발생하기도 했다.

1955년에는 당 지도부 내의 갈등뿐 아니라 전 사회적 차원에서 사상투쟁이 진행되고 있었다. 4월 전원회의 결정에 따라 국가 및 경제기관들과 그 일꾼들, 전체 당원들, 그리고 관련된 기업가와 상인들까지 사안의 경중에 관계없이 '자백운동'에 망라되었다. 이런 자백운동과 지방 간부들에 대한 통제 및 검열이 진행되는 과정에서, 지방 간부들 사이에서는 중앙의 지도부에 대한 불신이 자라나게 되었다.

그 다음 해인 1956년은 김일성에게 시련과 위기의 해였다. 그러나 다른 한편 이 시련과 위기를 넘김으로써 누구도 넘볼 수 없는 자신의 절대권력을 구축할 수 있었던 계기가 되는 해이기도 했다. 1956년의 충격은 먼저 모스크바에서 불어왔다. 제20차 소련공산당대회에서는 평화공존론이 제창되고 스탈린 개인숭배가 비판받는 등 스탈린 시기의 국제공산주의 노선이 근본적인 도전을 받았다. 북한의 경우 3월에 조선노동당 중앙위원회 전원회의가 열렸고, 여기서 스탈린을 비판한 흐루시초프 비밀연설의 번역·청취가 이루어졌다. 4월에 있을 조선노동당 3차 대회 직전에 열린 이

회의에서는 당내에 약간의 개인숭배 현상이 있었음이 인정되었다.

비판 세력들은 전후 복구 건설 자금을 마련하기 위해 김일성이 소련과 동유럽 국가 순방 길에 오르자(6. 1~7. 19) 그 틈을 타서 반김일성 세력으로 결집되기 시작했다. 반김일성 세력의 결집 과정에 대해서는 다양한 학설이 있지만, 소련 외교 자료에 의거한 백준기(1998)의 연구에 따르면 진행 과정은 다음과 같았다.

당시 소련 대사 이바노프는 조선노동당 상무위원이며 연안파 최고실력자인 노혁명가 최창익에게 당 중앙위원들의 결의로 김일성을 합법적으로 당 위원장에서 끌어내리고 대신 최가 당을 장악해 김일성은 내각 수상에만 전념케 하자고 제의했다. 최창익은 처음에는 주저했으나 몇 차례 같은 제의를 받고 같은 연안파인 직업총동맹 위원장 서휘와 상의한 끝에 이를 수락했다. 이바노프는 박창옥 등 소련계 한인들에게도 소련의 희망을 전달했다.

이 계획은 '2그룹, 2방향'으로 진행되었다. 하나는 연안계 중심의 '지하 그룹'으로, 정부와 당내 지도 간부뿐 아니라 고위 장교들을 포함하고 있었다. 그 핵심에 있던 리필규는 소련 대리대사 페트로프를 만난 자리에서 김일성 제거 계획을 알렸다. 다른 하나는 소련계 중심의 '당내 비판 그룹'으로, 김승화 등이 중심이었다. 연안계 '지하 그룹'은 과격한 무력 방식을 선호한 반면, 소련계 '당내 비판 그룹'은 당내 비판과 자아비판을 통한 상황 반전이라는 온건한 방법을 선호했다. 두 그룹은 모두 최용건을 설득, 동참시키려고 한 것 같다.

최창익·서휘·윤공흠·고봉기 등 연안계와 박창옥·김승화·박의완 등 소련계는 손을 잡고 반격의 기회를 노렸다. 그들은 당 중앙위 전원회의를 통해 합법적 방법으로 김일성을 당 위원장에서 끌어내리고자 했다. 그러나 최용건 등이 이를 포착하여 김일성에게 알렸다. 김일성은 조기 귀국하여 8월 2일 예정되었던 중앙위 전원회의를 8월 30일로 연기하며 사전에 대비했다.

1956년 8월 30일에 평양예술극장에서 조선노동당 중앙위원회 전원회의가 열렸다. 이 회의는 본래 사회주의 국가들을 방문하고 돌아온 정부대표단의 보고를 듣고 인민 보건 사업의 개선 방안을 토론하는 자리였다. 그런데 상업상 윤공흠이 토론자로 나서서 갑자기 김일성 지도부를 공격했다. 윤공흠의 공격은 김일성 개인숭배에 공격의 초점을 맞춘다는 원래 계획에서 약간 벗어나 김일성의 당 독재 비판으로 방향이 맞추어졌다. 그는 당 독재 결과 초래된 당 간부 정책의 난맥상을 거론했다. 그는 민주당 당수였던 최용건이 당 중앙위원회의 어떤 결정도 없이 조선노동당에 와서 부위원장이 되었다고 비판했다. 그리고 정준택과 정일룡 등 김일성의 경제 정책 브레인들을 겨냥하여 당 지도부가 친일파를 중용했다고 비판했다. 아울러 "인민들은 헐벗고 굶주리며, 집도 없이 토굴 속에서 병마에 시달리고 (…) 정부는 이런 처참한 현실을 무시하고 군수공업 중심의 중공업 우선 정책을 펴고 있다"고 비판했다. 농업 협동화와 개인숭배 문제도 비판했다.

이런 비난이 계속되자 장내는 아수라장이 되었다. 윤공흠은 곧장 단상에서 끌어내려졌고, 서휘 한 사람만 반대하는 가운데 그의 출당이 통과되었다.

도전은 실패했다. 대부분의 중앙위원들이 김일성을 옹호했기 때문이다. 오히려 8월 전원회의에서 반대파는 '반당종파'로 몰렸다. 윤공흠, 서휘 등은 당에서 쫓겨났으며 연안 독립동맹 계열의 지도자 최창익과 소련 계열인 내각 부수상 박창옥 등은 당직을 박탈당했다. 이렇게 되자 윤공흠 등은 회의장을 빠져나와 중국으로 망명해 도움을 요청했다. 서휘, 리필규도 중국으로 망명했다.

그러나 상황은 김일성에게 만만하지만은 않았다. 중국 국방부장 펑더화이는 평양으로 들어와 반대파의 손을 들어주었다. 반대파를 뒤에서 부추겼던 소련 측도 부수상 미코얀을 보내 이들을 도와주었다. 김일성은 일단 한 발 물러서서 이들의 지위를 회복시켜줄 수밖에 없었다. 그러나 그는 두 사람이 본국으로 돌아간 뒤 본격적으로 반대파들을 숙청했다. 숙청 작업은 1958년 3월까지 진행되었다.

소련과 중국은 더 이상 깊이 개입할 사정이 못 되었다. 1956년 10월의 헝가리 민주화운동에 놀란 소련은 민주주의가 소련 반대로 이어질 수 있음을 우려하게 되었다. 또한 1957년부터 중국과 소련의 갈등이 심해지면서 두 나라는 서로 북한을 자기편으로 끌어들이고자 노력하게 되었으며, 따라서 북한의 권력자 김일성과 충돌하지 않으려고 했던 것이다. 이처럼 사건은 참으로 허술하게 시작해서 간단히 끝나버렸다. 이 시기에 이미 김일성의 권력이 탄탄했기 때문이기도 하지만, 충분한 사전준비 없이 그저 외세의 도움을 빌어 권력에 도전하려 한 무모함 탓이었다. 이 사건은 북한의 역사에서 유일무이하게 김일성의 권력에 공개적인 도전장을 내밀었던 사건으로 기록된다.

국제적으로는 1953년의 스탈린 사망 이후 소련에서 개인숭배가 비판받기 시작했고, 동유럽에서는 민주주의에 대한 요구가 확산되고 있었다. 반대파들은 이런 국제적인 분위기 변화를 이용해 김일성의 권력을 약화시키고자 했다. 그러나 권력에 대한 섣부른 도전은 오히려 반대파의 몰락을 재촉했다. 대대적인 반종파투쟁이 전개되어 2백여 명이 체포되었다.

남로당 계열, 연안 독립동맹 계열, 소련 계열이 모두 몰락함으로써 김일성과 항일유격대 계열은 권력을 독점하게 되었다. 다만 이들의 숫자는 많지 않아 권력을 함께할 인물들이 필요했다. 국내에서 활동했지만 남로당 계열과는 직접 연관되지 않았던 인물들이 주로 권력의 동반자가 되었다. 이렇게 김일성을 중심으로 한 단일 지도 체계가 만들어졌다. 내외의 도전을 물리친 김일성은 권력을 독점하게 되었고, 소련과 중국의 외압에서 벗어나 점차 독자적인 길을 걸어가게 되었다.

반종파투쟁은 1957년에 접어들면서 더욱 확대되었다. 김일성 지도부는 반대파의 뿌리를 뽑기 위해 1957년 1월 평양시 당 단체들을 시작으로 당 중앙위원회 집중 지도 방조 사업을 전개했다. 아울러 1956년 말부터 이듬해 초까지 숙청과 함께 당증 교환 사업을 실시했다. 5월에는 당 중앙위원회 상무위원회의 결정으로 「반혁명분자들과의 투쟁을 강화할 데 대하여」를 채택하고 반종파투쟁을 더욱 강도 높게 진행시켰다.

서동만(2005)의 연구에 따르면, 당내 연안계와 소련계의 중심인물들에 대한 숙청 작업이 마무리 단계에 들어간 1958년 초부터, 당내 숙청 바람은 군대에도 불기 시작했다. 3월에 열린 인민군 전원회의를 계기로 소련계 한인인 총정치국장 최종학 이하 수백 명의 연안계와 소련계 지휘관들이

'반혁명 종파분자' 혐의로 숙청되었다.

군 숙청 작업은 인민군을 오직 김일성과 당의 군대로 확립하는 과정이기도 했다. 총정치국장 김을규는 인민군이 길주·명천 농민운동을 계승해야 한다고 주장했다는 이유로 비판받았다. 인민군은 오직 항일무장투쟁을 계승한 것으로 강조되었다. 또한 인민군은 당에 의해 조직된 군대이지 통일전선의 군대라고 볼 수 없다고 강조했다. 통일전선을 중시해온 연안계는 비판의 대상이 되었다.

3월에 열린 당 중앙위원회 전원회의에서 김일성은 인민군 내에 당 위원회 제도를 전면 실시한다고 밝혔다. 인민군 전체에 대해서는 '인민군 당 위원회'를 마련하여 당 중앙위 상무위원회의 지도 아래 활동하도록 하고, 군단·사단·연대에도 각각 당 위원회를 설치하여 대대에는 초급 당 위원회, 중대에는 초급 당 단체를 조직하도록 했다. 이어 열린 당 조직위원회 확대회의에서는 '소련식 군사단일제'와 '중국식 정치위원제'가 북한 실정에 맞지 않는다는 이유로 부정되었다. 대신 최고사령관-민족보위상-총참모장-각급 지휘관의 군사 명령 계통, 당 중앙위-인민군 당 위원회-총정치국의 당 명령 계통을 병치하는 이원제가 실시되었다. 인민군 당 위원장에는 빨치산 계열의 김광협이 선출되었다.

아직 소련 및 중국과의 관계에서 대외적으로 표현되지는 않았지만, 김일성은 군을 완전히 독자적으로 통제할 수 있는 기반을 확보했다. 그 제도적 표현이 인민군 당 위원회의 설치였으며, 이념적 표현이 군 정치 사업에서 '교조주의 비판'이었다.

1956년 말부터 1960년까지 북한 정치는 광풍의 시대였다. 김일성은 이 시기에 모든 '이색 사상'에 대한 철저하고 강도 높은 진압에 나섰다. 그 과정에서 일제하 조선 공산주의운동의 주요 분파였던 화요파, ML파 출신들이나 연안 독립동맹 출신들은 극소수를 제외하고는 거의 다 숙청되었다. 소련계 한인들도 대부분 숙청되어 소련으로 돌아갔다. 이로써 북한 내에서 하나의 세력으로서 이견을 밝힐 수 있는 집단은 사라졌다. 이제 북한 정치 과정에 남은 것은 김일성이라는 한 지도자를 향한 강한 구심력뿐이었다.

1950년대 후반 중앙당 집중 지도 사업은 지방 당·인민위원회의 토착 공산주의자 숙청과 혁명전통 수립에 초점이 있었다. "지방주의와 가족주의"를 근절하는 것, 특히 혁명적 농노조운동 관련자와 그 전통을 제거하고 오직 김일성과 항일 빨치산의 혁명전통만을 남겨놓았다.

북한 정권은 중앙당 집중 지도 사업과 병행하여 반혁명과의 투쟁을 군중적 투쟁으로 전개했다. 『조선로동당 력사 교재』는 당시 사정을 아래와 같이 간접적으로 드러내고 있다.

> 당은 당 내부를 튼튼히 꾸리는 사업과 함께 사회주의 혁명, 사회주의 건설을 방해하는 반혁명분자들, 간첩, 파괴 암해분자들을 철저히 폭로 분쇄하기 위한 투쟁을 강하게 집행했다. (…) 당은 반혁명과의 투쟁을 군중적 투쟁으로 조직 진행하였으며 원쑤들에 대한 인민대중의 증오심과 혁명적 경각성을 높이게 함으로써 반혁명분자들에게 발붙일 틈을 주지 않도록 하는 데 큰 주의를 돌렸다.
>
> ─『조선로동당 력사 교재』, 1964, 393쪽.

반혁명과의 투쟁에 대중을 동원하면서 '악질 반동분자'들이 고립되고, 숨어 있던 '반혁명분자'들이 계속 적발되었다. 조선노동당의 반혁명과의 투쟁은 일시적인 캠페인이 아니라 일상적인 정치투쟁으로 진행되었다. 악질분자에게는 엄격한 처벌을 가하는 한편, 죄과를 고백하고 뉘우치는 자들은 관대하게 처리하는 처벌과 포용의 방식이었다. 이런 위로부터의 대중 동원 방식을 통해 당과 인민대중의 관계는 일상 속에서 긴밀하게 결속되었다.

한편 이 시기에는 주민 전체에 대한 계층 구분이 이루어진 것으로 알려져 있다. 북한 정부는 1958년 12월부터 1961년까지 주민들을 적대적 세력과 우호적 세력, 중립적 세력으로 구분해 통제하기 시작했으며, 이후 북한 주민에 대한 계층 구분은 더욱 세밀화되었다.

1953년의 정전 이후, 북에서는 전후 경제 복구와 사회주의 건설이 신속하게 이루어졌다. 표면적으로 북한의 발전 속도는 놀라웠다. 그러나 안으로는 많은 문제가 노출되고 있었다. 경제 복구와 사회주의 건설의 방향에 대한 당내 갈등, 1954~1955년 사이의 경제 난관, 1956년의 8월 전원회의 사건 등 정치·경제 전반에서 갈등이 드러났다. 이런 갈등을 해소하는 과정에서 김일성 등 권력 주류는 인내심을 상실하고 모든 것을 당과 국가 중심으로 통제하며 획일화하는 방향으로 나아갔다. 그러는 사이, 인민민주주의의 다양성과 역동성은 급속하게 소멸되어가고 있었다.

스페셜 테마

# 동독 건축가 레셀의 눈으로 본 북한

바이마르 건축전문대학 교수 레셀(Erich Robert Ressel, 1919~1975, 사진①)은 1956년 12월에 뜻하지 않게 북한에 가게 되었다. 동독공산당이 그를 북한건설단의 일원으로 파견했기 때문이다. 함흥과 흥남시의 도시계획팀장이 된 그는 1957년 12월에 다시 동독으로 돌아가기 전까지 북한의 이모저모를 열심히 카메라에 담았다. 그가 남긴 수많은 사진들은 백승종 교수의 노력에 의해 한 권의 책으로 출판되었다(『동독 도편수 레셀의 북한 추억』, 효형출판, 2000).

레셀이 남긴 사진들을 보면 그가 북녘 주민들과 산하를 얼마나 따스한 애정으로 대했는지 대번에 느낄 수 있다. 그의 사진은 백인우월주의의 시각도, 이데올로기의 편견도 담고 있지 않다. 따스한 가슴을 지닌 한 외국인 건축가가 폐허 상태의 북녘 주민들과 함께 동고동락하며 느꼈을 진솔한 북녘의 모습들을 그대로 드러낸다.

시골 처녀의 순함과 싱싱함이 밝은 햇살 아래 빛나는 사진②, 아기를 대견스럽게 업고 있는 어린 언니의 사진③은 전쟁의 광풍 속에서도 없어지지 않은 고향의 정겨운 모습 그대로이다.

④

⑤

⑥

붉은 깃발로 뒤덮인 노동절 광경④은 우리를 다시 오늘날의 경직된 북한 이미지로 되돌려놓는다. 그러나 시위를 구경하는 주민들의 모습⑤에서, 콧구멍을 후비며 인민 잔치에서 공연할 차례를 기다리는 어린 학생들의 모습⑥에서, 우리는 정치행사의 겉모양 속에 담겨 있는 마을 축제의 흥겨움을 들여다볼 수 있다.

스페셜 테마

## 평률리 민주선전실장의 농촌생활

김진계라는 인물이 있다. 그는 일제하에서 징용살이를 하고, 해방 후에는 남로당원으로, 전쟁 때는 인민군관으로 활동하다가 전쟁이 끝나자 제대하여 평안남도 안주군 평률리에서 민주선전실장으로 일했다. 1958년에 공작원으로 남쪽에 내려온 그는 1970년에 체포되어 무려 18년간 감옥에 있다가 1988년에 71세의 나이로 석방되었다. 그 후 고향인 강원도 명주군에서 여생을 보내다가 1991년에 별세했다. 그가 남긴 파란만장한 삶의 기록은 『조국』이라는 책으로 출판되었다. 이 책에 묘사되어 있는 1950년대 민주선전실장의 삶을 들여다보자.

그는 제대를 하고 나서 1953년에 평률리라는 농촌으로 내려가 민주선전실장이 되었다. 당시 농촌에는 전쟁 때문에 젊은 남자를 찾아보기 어려웠다. 남자 한 명에 여자는 한 트럭이나 될 정도여서 '트럭 대 알'이라는 농담까지 돌 지경이었다. 전쟁이 낳은 비극이지만 '해방 처녀'라는 말도 유행했다. 국군이 들어왔을 때 국군과 사랑하다가 그들이 후퇴하자 다시 처녀 노릇을 하는 여자를 빗대어 하는 말이었다. 김진계가 독신인 것을 안 젊은 과부들과 노처녀들은 끈덕지게 접근해 농담을 건네고 필요 이상의 친절을 베풀었다. 그러나 한가하게 그들을 대할 처지가 아니었다. 한 달 30일 중 각종 지도 사업과 회의가 없는 날이 없었기 때문이다.

1954년 가을, 당에서 농업 협동화운동을 모든 농촌에 확대하라는 지시가 내려왔다. 김 실장은 선전원들을 불러서 협동조합의 유리한 점을 외우게 하고, 이를 농민들에게 전파하도록 했다. 그러나 대다수 농민들은 협동조합을 반대하는 분위기였다. 김 실장과 선전원들은 농민들을 끈질기게 설득했다. 철학적인 강연을 하기도 하고, 연극 공연을 하기도 했다. 이렇게 해서 가까스로 협동조합을 만들 수 있었다.

막상 협동조합에 가입하고 나니 나태해지는 농민들이 생겼다. 꼭두새벽부터 논에 나가던 사람이 해가 중천에 떠도 일하러 나오지 않는 경우도 있었다. 온갖 우여곡절을 겪었지만, 가을이 되어 협동조합이 농민들에게 분배를 시작하자 분위기는 바뀌었다. 제일 많이 분배받은 사람은 달구지에 플래카드까지 붙이고 알곡 가마니를 실어갔다. 열심히 일하면 더 많이 분배받을 수 있음을 알게 된 농민들은 부쩍 열심히 일하게 되었고, 생산량은 늘어났다.

김 실장은 농민들이 서로 화합하도록 하기 위해 농악대를 만들었다. 상쇠를 선두로 해서 장구, 북, 징잡이가 신명나게 두드리는 가락은 마을 사람들의 어깨를 들썩이게 했다. 8·15 경축행사 때는 안주군 주민들 앞에서 농악대의 솜씨를 뽐냈다. 흥이 나자 군 당 위원장은 꼽추춤을 추었고 모두들 일어서서 얼쑤 어깨춤을 추었다. 농업 협동화는 이런 과정들을 거치면서 뿌리를 내릴 수 있었다.

# 06

앞서 5장에서는 전후에 북한사회의 다양성과 역동성이 어떻게 소멸하면서 사회주의 체제로 획일화되었는가에 초점을 맞추었다. 6장에서는 5장처럼 1950년대 중후반을 주로 다루면서도 '북한식'의 독자적인 사회주의 건설 모델이 형성되는 과정에 초점을 맞추고자 한다. 말하자면 북한의 1950년대는 '잃은 것은 다양성이요, 얻은 것은 독자성이다'라고 할 수 있는데, 5장에서는 다양성의 상실에 초점을, 6장에서는 독자성의 획득에 방점을 찍었다.

전후 복구 3개년 계획을 끝낸 북한 정부는 사회주의 건설에서 '혁명적 대고조'를 일으키기 위해 사회를 총동원하는 운동을 전개했다. 노동자들은 집단적 혁신 운동인 '천리마운동'을 펼쳤으며, 농민들은 혁명적 군중 노선이라 할 '청산리방

# 북한식 사회주의의 형성

법'을 받아들였다. 북한 정부는 외교적으로도 소련 일변도에서 벗어나 중소 양국에 대등한 자세를 취하면서 제3세계에 적극 눈을 돌리는 독자외교를 펼쳤다. 재일 조선인 귀국 사업을 실현하여 사회주의의 우월성을 한껏 과시하며 남한과 외교 경쟁을 하기도 했다.

북의 1950년대는 가히 '논쟁의 시대'라 할 만하다. 북한 정부는 자신의 처지에 맞는 사회주의 건설 모델을 만들기 위해 당, 정부, 학계 전반에서 사회주의 건설과 관련한 문제들을 놓고 치열한 논쟁을 벌이도록 장려했다. 소련과 중국을 보고 배우기를 게을리 하지 않으면서도 이를 참고삼아 독자적인 모델을 만들기 위해 노력함으로써, 1950년대는 북의 역사에서 가장 풍성하고 역동적인 사회주의 건설의 경험을 축적하는 시기가 되었다.

## 천리마운동과 청산리방법

조국이여!
더 빨리 다우쳐 내닫기 위해
네 굽을 안으며 갈기를 날리며
먼 앞날을 주름잡아 나래치는
천리마로 내닫자 또 내닫자!

이것은 「천리마로!」(1959)라는 시의 한 구절이다. 사회주의 건설에서 끊임없이 비약과 혁신을 일으키며 천리마의 기세로 질풍같이 내달리는 인민의 힘찬 전진을 격조 높게 표현했다고 하는 북한식 서정시이다. 천리마로 내달아 궁극적으로 가고자 하는 곳은 '젊음과 삶의 상상봉인 공산주의의 위대한 봉우리'이다.

전후 복구 3개년 계획을 끝내고 사회주의 기초 건설을 위한 5개년 계획(1957~61년, 1960년에 1년 앞당겨 완수)을 눈앞에 둔 1956년 12월, 김일성은 당 중앙위원회 전원회의에서 「사회주의 건설에서 혁명적 대고조를 일으키기 위하여」라는 연설을 했다. 현존 설비의 이용률을 높이고 노동생산능률을 제고하며, 내부 원천을 동원하고 절약 제도를 강화하자는 내용이었다. 새로운 투자 없이 내부자원을 최대한 동원해 생산성을 높이자는 이야기였다. 김일성은 "당 일꾼들이 군중 속에 깊이 들어가 대중의 창발성을 최대한 발동시켜 사회주의 경제 건설을 기한 안에 완수하자"고 주창했다. 같은 달 김일성은 강선제강소 현지 지도를 하면서 내부 예비를 최대한 동원하여 더 많은 강재를 생산하자고 노동자들에게 호소했다. 집단적 혁신운동은 뒤에 천리마운동이라고 명명되었다. 근로자들이 "당의 부름에 따라 천리마를 타고 사회주의를 향하여 앞으로 달리고 있다"는 의미에서 붙여진 명칭이었다.

1957년에 본격화된 집단적 혁신운동은 다음 해에 더욱 확대되어 근로자의 100%가 각종 형태의 경쟁운동에 참가했다. 보수성과 소극성을 반대하며 계속 혁신, 계속 전진을 위한 전군중적 운동이 전개되었다.

"철과 기계는 공업의 왕이다!", "모든 힘을 백만 정보의 관개면적 확장으로!"라는 구호 등을 내세우며 모든 근로자들이 천리마 대진군에 나섰다. 그 과정에서 각종 '속도' 초과달성 사례들이 모범으로 강조되고 널리 선전되었다. 철도 노동자들이 3~4년 걸려야 할 해주-하성 간의 철도 부설공사를 75일 만에 완수하는 기적이 일어난 것이 대표적인 사례이다. 신문은 온갖 기적과 혁신을 연이어 보도했다. 설계도면이나 전문 설비도 없는 상태에서, 수입한 자동차와 트랙터를 해체하여 부속품들을 하나씩 그린 다음 그것을 두들겨 만들었다. 그런 식으로 30일 만에 트랙터를, 40일 동안 자동차를 만들어냈다. 주택 건설에서도 일대 혁신이 일어났다. 평양시 건설자들은 7천 세대분의 자금, 자재, 노력으로 2만 세대의 주택을 지었다. 주택 한 채를 단 14분 만에 조립하는 기적이 일어나기도 했는데, 이를 '평양 속도'라고 불렀다.

북한 정부는 천리마운동을 시작하면서 노동자의 의식성을 자극하는 데 중점을 두었지만 물질적인 유인도 함께 제공했다. 1956년 11월에 노동자들의 화폐 임금이 평균 35% 인상되었으며, 과거에 비해 노동의 차이에 따라 임금의 격차가 더욱 커지도록 임금 체계가 개편되었다. 화폐 임금 인상과 더불어 배급 대상 품목은 축소되었다. 배급제로 공급되던 공업 소비품은 각종 상업망을 통해 유일 국정소매가격으로 공급되었으며, 소비재 생산 규모가 확대되었다. 이런 조치는 노동자들이 열심히 일하도록 하는 요인이 되었다.

그러나 물질적 유인 방식은 곧 한계를 드러냈다. 직장 안에서 개인 경쟁이 심해지면서 열성 노동자와 일반 노동자 사이에 작업량과 작업 속도의 차이가 커지고, 같은 작업반 안에서도 노동자들의 갈등이 심화되었다. 북한 정부는 이런 문제를 이기주의 탓으로 돌리고 이를 극복하기 위해 개인 경쟁이 아닌 집단 경쟁을 중시하는 방향으로 선회했다. 집단주의에 의거한 증산 경쟁운동의 구체적 형태가 바로 천리마 작업반운동이었다.

천리마 작업반운동은 1959년부터 시작되었다. "하나는 전체를 위하여, 전체는 하나를 위하여"라는 구호 아래 작업반에 소속된 근로자들은 공동으로 일하고 배우고 생활했다. 이 운동은 단지 생산뿐 아니라 문화, 사상, 도덕 등 노동자들의 모든 생활 영역을 포함하는 집단적 혁신운동이었다. 작업반원들에게는 김일성을 비롯한 공산주의자들이 일본 제국주의를 반대하는 투쟁에서 온갖 난관을 헤쳐나간 혁명전통을 계승·발전시킬 것이 요구되었다.

북한 정권이 대중적인 열정을 끌어내기 위해 제일 역점을 둔 것은 도덕적(정치사상적) 자극이었다. 자본주의사회처럼 금전으로 보상하기 어려운 사회주의 국가인 북한에서는 물질적인 자극보다 노동자의 명예심과 혁명정신을 끌어내는 방법이 주로 사용되었다. 서로 경쟁적으로 열심히 일하

"동무는 천리마를 탔는가?"
"당의 부름에 따라 천리마를 타고 사회주의를 향하여" 달려가야 한다는 의미를 지닌 천리마운동은 1956년 12월에 시작되었다. 이 운동은 곧 북한 주민의 모든 생활 영역에 파고들어, 생산뿐만 아니라 문화, 사상, 도덕 등 노동자들의 집단적 혁신운동으로 자리 잡았다. 사진은 천리마운동을 선전하는 포스터이다.

도록 하기 위해, 모범적인 근로자들에게는 천리마 기수의 칭호를 주고, 좋은 성과를 낸 집단에는 천리마 작업반이라는 명칭을 붙여주었다. 많은 근로자들이 영웅 칭호를 받기도 했다. 다만 물질적인 자극이 없어진 것은 아니었다. 모범적인 근로자들에는 휴양소에 가는 특혜가 주어지기도 했다. 목표를 초과달성한 작업반은 상금이나 상품을 받았다. 또한 노력영웅들은 공장 간부가 되거나 최고인민회의 대의원이 되는 등 정치적인 보상도 있었다.

노력영웅이 되는 것은 보통 어려운 일이 아니었다. 한 노동자는 댐 건설 공사장에서 70킬로그램짜리 모래주머니 580개를 만들기 위해 강에서 29시간 동안 나오지 않고 계속 일해 40일로 예정된 공사 기간을 단 5일로 단축시켜 칭송을 받았다고 한다.

천리마운동은 사회 전체에 파급되어 천리마 학교, 천리마 직장도 생겨났다. 천리마 윤전인쇄기라는 것도 있었다. 천리마 조선이라는 이름의 대집단체조도 공연되었다. 천리마운동을 통해 북한 정권은 5개년 계획을 목표 이상으로 성취했으며, 이로써 사회주의적 공업화의 토대를 마련할 수 있었다. 이 운동은 사회주의를 전면적으로 건설하는 시기였던 1960년대에도 계속되었다. 천리마운동은 이전의 사회주의 경쟁운동과 차이점이 있었다. 이전의 개인 혁신자운동이 주로 새로운 기술적 기준량의 창조에 목표를 두었다면, 천리마운동은 대중의 집체적 지혜와 총명, 애국적·창조적 노력에 호소하는 대중적 사회주의 경쟁운동으로서, 일 년 365일 내내 지속되는 상시적 경쟁운동이었다.

천리마운동은 단지 경제 문제와 관련한 집단운동만은 아니었다. 이 운동은 1950년대에 드러난 사회경제적 불안정과 정치적 위기를 극복하고 체제를 더욱 공고히 하기 위한 체제 수준의 운동이었다. 공산주의 건설을 새 목표로 내세우고, '천리마를 탄 기세로 달리는' 속도감을 제시하여 인민들로 하여금 격정적이고 환상적인 집단적 도취감에 빠지게 하는 것이었다. 이는 반종파투쟁으로 인해 만연한 불안감과 상호불신을 일신하는 데도 기여했다.

한편 사회주의 기초 건설을 마무리하는 시점에 이르자, 근로자들에 대한 북한의 지도 관리 방식에 중요한 변화가 생겨났다. 1950년대 말에 이르러 북한 정권은 경제 발전을 위해서 지도 관리 방식을 근본적으로 개혁할 필요성을 느끼게 되었다. 비록 목표는 달성되어가고 있었지만 당과 국가, 경제기관들의 사업 체계와 사업 방식은 낡은 틀에서 벗어나지 못하고 있었고, 근로자들을 지도 관리하는 수준도 형편없었기 때문이다.

1960년 2월 청산리라는 마을에 내려간 김일성은 농민들과 침식을 같이 하면서 농촌 실정을 파악한 다음, '청산리정신', '청산리방법'을 제시했다. 전쟁의 폐허 위에서 북한 정부는 인민대중의 힘만 믿고 사회주의를 건설할 수밖에 없었다. 여기서 군중(대중)을 믿고 군중에 의지해 그들의 지혜와 창조력을 최대한 동원해내는 혁명적 군중 노선이라는 것이 나왔고, 이 노선을 사회주의 건설의 현실에 맞추어 제시한 정신이 청산리정신이었다. 청산리정신의 기본은 관리자가 군중 위에 군림할 것이 아니라 군중의 이익을 위해 일하며, 군중을 교양 개조하여 공산주의사회까지 끌고 가는 데 있었다. 청산리방법이란 윗 기관이 아래 기관을 도와주고 윗사람이 아래 사람을 도와주며 늘 현지에 내려가 실정을 깊이 알아보고 문제 해결의 방법을 찾으며 사업을 할 때 정치 사업, 사람과의 사업을 앞세우고 대중의 열성을 끌어내는 것을 기본으로 했다. 청산리정신·청산리방법은 단순한 경제 관리 방식이 아니라 당 사업의 기본 방법과 자세를 제시한 것이었다.

북한은 전후 경제 복구와 사회주의 개조 과정에서 기본적으로는 소련식 사회주의 체제를 따르면서도 혁명적 군중 노선에 입각한 북한식 사회주의 모델을 만들어나갔다.

## 독자외교의 모색과 재일 조선인 귀국 사업

북한은 1950년대에 경제 자립을 추구했지만, 이는 소련과 중국을 비롯한 사회주의권의 적극적인 원조를 배경으로 했다. 그런 점에서 1950년대 북한의 자립 노선은 외교적 고립이 아니라 사회주의 진영 내에서 최대한의 후원을 얻어내는 데 초점이 있었다. 소련 등 사회주의권의 후원은 남한과의 체제 경쟁에서 필수적인 요소였다. 그러나 소련을 정점으로 한 진영 중심의 외교는 중소갈등으로 인해 흔들리게 된다.

북한의 외교 노선은 1948년 정부 수립 이후 1950년대 중반까지 소련을 정점으로 하는 진영외교에 충실했다. 수교국은 소련, 중국, 동유럽 등 12개국에 불과했다. 북한은 세계를 미국 중심의 '제국주의 진영'과 소련 중심의 '국제 민주 진영'으로 구분하고, 전 세계적인 사회주의 건설을 위해 국제적으로 단결하고 협력할 것을 주장했다. 북한은 진영 중심의 사고방식 속에서 사회주의 국가들과는 최대한 친선 교류를 하고 사회주의권이 단결하여 자본주의·제국주의와 맞서기를 원했다. 한국전쟁이 종결될 때까지 소련을 종주국으로 하는 북한의 외교 자세는 변함이 없었고, 이 점은 당시 중국도 마찬가지였다. 그러나 전쟁 이후 세계정세의 변동 속에서 중국과 북한은 점차 소련 일변도 외교에서 벗어나기 시작했다.

1954년 4~6월에 열린 제네바 정치회의에서 미국 등 유엔 참전 16개국과 남북한, 소련·중국은 한반도 통일 문제를 토의했다. 유엔 감시하 남북한 자유선거를 주장한 한국 측과 외국군 철수·감군 및 전조선위원회 설치를 주장한 북한 측이 맞선 가운데, 토의는 성과 없이 끝났다. 이 회의 이후 더 이상 남북한과 양대 진영이 한 자리에서 한반도 통일 문제를 포함해 동북아시아의 평화 질서 구축을 논의하는 회담은 없었다.

회의 이후 북한 정부는 소련의 국제적 발언권에 의존하는 방식에서 벗어나 스스로 국제사회에서 존속하기 위한 대외 정책을 모색하게 되었다. 당시 미국은 일본·한국과 각각 긴밀한 동맹관계를 구축하고 있었다. 1952년 샌프란시스코 강화조약 발효, 1954년 1월 한미상호방위조약 발효로 동북아시아에서 미국은 일본·한국과 각각 협력관계를 마련했고, 이를 기반으로 북한을 봉쇄해나갔다. 중소분쟁이 심화되는 상황에서 북한의 독자적인 대외 활동은 더욱 구체화되었다.

중국과 소련의 갈등, 즉 중소분쟁은 1950년대 후반에 시작되어 1960년대 내내 격렬하게 전개되었다. 중소분쟁은 이념 논쟁의 형태로 시작되었다. 1956년 소련공산당 제20차 대회에서 흐루시초프는 스탈린을 비판했으며, 일단 사회주의사회가 건설되면 계급투쟁 없이도 평화적으로 공산주의를 건설할 수 있다고 선언했다. 또한 소련은 미국과 평화공존 정책을 추구했다. 중국은 소련의 평화공존론을 수정주의라고 공격했고, 소련은 중국에 대해 교조주의라고 맞대응했다.

북한은 소련과 중국 어느 쪽도 공개적으로 비난하지 않고 사회주의 국가들이 하나의 대가정으로 굳게 단합하기를 원했다. 자원과 기술이 부족한 북한으로서는 특히 소련의 원조가 항상 절실했다. 1961년에 시작한 7개년 계획을 위해서도, 북한은 먼저 소련과 '통상·경제 협조를 가일층 발전시킬 데 대한 협정'을 조인했다. 처음 5년간 북한은 금속광물, 공작기계, 시멘트, 잎담배, 식료품 등을 소련에 수출하고 소련은 북한에 기계, 금속, 화학제품, 석유, 목면 등을 수출하여 과거 5년보다 상호 무역량을 80% 늘리도록 되어 있었다. 또한 소련은 김책제철소를 확장하는 등 기술 원조를 제공하기로 했다. 김일성은 1961년 6~7월에 직접 정부대표단을 이끌고 소련과 중국을 방문하여 두 나라와 각각 우호·협조 및 상호원조조약을 체결했다. 북한 정부는 1961년의 조선노동당 제4차 대회에 소련과 중국을 포함해 32개 국가와 공산당을 대표하는 외교 사절들을 초청해 국제적 우의를 다지고자 노력했다. 적어도 그때까지만 해도 북한은 수정주의와 교조주의의 양 극단을 피해 실용적인 자주 노선을 걷고자 했다. 그렇지만 중소대립이 날로 심해지는 상황에서 북한이 언제까지나 자기 목소리를 내지 않을 수는 없었다.

자주 노선을 추구하면서 북한은 새로이 등장하는 제3세계에 주목했다. 북한 정부는 당초 비동맹·중립 노선을 표방하는 아시아·아프리카 신생국들을 기회주의적이고 서방에 기생하는 반동국가라고 비난했었다. 그러나

1955년 4월 반둥회의 이후 이들 아시아·아프리카 신생국들이 반제·반식민을 목표로 단결된 힘을 과시하게 되자, '국제 혁명역량'을 강화하기 위해 비동맹 국가에 적극적으로 접근하기 시작했다. 흐루시초프가 1956년 2월 제20차 소련공산당대회에서 스탈린 비하 발언을 하고 서방 진영과의 평화공존 정책을 추진하자 중국과 분쟁이 야기되었고, 이에 북한은 진영 또는 동맹외교에서 탈피하여 다변외교로 전환했다.

1956년 4월에 개최된 제3차 당 대회에서 북한은 다변외교로 전환한다는 방침을 밝혔다. 김일성은 총화 보고에서 상이한 사회 제도를 가진 나라들과의 '평화공존에 대한 레닌적 원칙'을 견지하며 '자주권의 상호 존중과 평등권에 입각'해 세계의 모든 평화 애호국들과 정치적·실무적 관계를 맺기 위해 노력하겠다고 강조했다. 같은 달 북한은 '대외문화연락위원회'라는 '인민외교' 수행 담당기관을 노동당 외곽단체로 만들어 대중립국 외교 활동을 전개하기 시작했다.

외교 활동의 다변화는 '자주 노선'의 정립으로 이어졌다. 1955년에는 사상에서의 주체, 1956년에는 경제에서의 자립, 1962년에는 국방에서의 자위, 그리고 1968년에는 외교에서의 자주로 확대되었다. 1955년 12월에 김일성이 「사상 사업에서 교조주의와 형식주의를 퇴치하고 주체를 확립할 데 대하여」라는 연설을 통해 '주체'를 확립해야 한다고 강조했을 때도, 이는 어디까지나 내부용이었다. 북한의 문제는 북한의 실정에 맞게 풀어 나가야 하며 소련식이나 중국식에 너무 의존해서는 안 된다는 내용이었을 뿐, 소련·중국에 대해 자주를 선언한 것은 아니었다. 그렇지만 소련과 중국의 갈등이 날이 갈수록 심해지면서 공산권의 단결 가능성은 점점

약해졌고, 그럴수록 북한은 스스로의 길을 찾아나가야 했다. 북한이 자주 노선을 대외적으로 천명한 것은 1960년대부터였다.

북한은 외교를 다변화하면서 제3세계에 대해서만이 아니라 한때 식민지 지배자였던 일본에 대해서도 점차 문호를 개방하게 되었다. 1955년 2월, 북한의 남일 외상은 "상이한 사회 제도를 가진 모든 나라가 평화적으로 공존할 수 있다"는 원칙에서 출발하여 북측과 우호적인 관계를 희망하는 국가들과 정상적인 관계를 수립할 수 있음을 표명하고, 일본 정부에게 우선 무역관계와 문화 교류를 하자고 밝혔다. 이는 일본의 하토야마 총리가 그해 1월에 소련·중국과의 관계 개선을 희망하면서 북한과의 경제 관계 개선 용의를 밝힌 데 대한 응답 형식이었다. 하토야마 총리와 남일 외상의 발언을 비교해볼 때, 양국 관계 개선에 보다 적극적인 쪽은 북한이었다. 일본 측은 소련, 중국과의 관계 개선에 초점을 맞추면서 북한과는 경제 관계 개선에 한정해 교류를 희망했지만, 북한 측은 경제·문화 교류는 물론 궁극적으로는 국교 수립에 대한 의지까지 피력했다.

한편 북한의 최고인민회의는 3월에 미군 철수, 한반도 문제의 평화적 조정을 위한 국제회의 소집, 평화통일 문제를 협의하기 위한 남북 국회대표단 접촉 방안을 제시했다. 북한 정부는 안으로 전후 경제 복구와 사회주의 건설에 주력하면서 밖으로는 이를 위해 안정된 환경을 확보하고 미국의 봉쇄를 피하기 위해 일본과의 경제·문화 관계 개선, 남측에 대한 평화공세라는 방법을 선택한 것이다.

1950년대에 북한과 일본은 일조무역회 결성 등 경제 교류 부문에서 가시적인 성과를 얻을 수 있었다. 그러나 냉전과 남북분단의 고착화라는 상황에서 한국 정부를 의식할 수밖에 없었던 일본 측의 사정상, 북일관계에 더 이상 진전이 있기는 어려웠다. 그런 상황에서 1959년부터 북한과 일본 사이에 재일 교포의 귀국(북송) 사업이 실현되었다. 당시 한일 간에 국교 정상화를 위한 회담이 진행 중이었다는 점을 고려한다면, 한국이 아닌 북한으로의 재일 교포 귀국은 의외의 결과였다. 이는 북한과 일본의 관계 개선 노력이 축적되어 나타난 정상적인 결실이었다기보다는, 한국·일본 간의 불협화음이라는 틈바구니에서 북·일 양측의 이해관계가 부합하면서 추진된 예외적인 경우에 해당된다.

1951년 10월 예비회담으로 시작된 한일수교회담의 주요 쟁점은 식민지배에 대한 사죄·배상과 '협정영주권', '강제퇴거' 문제였다. 1958년 4월부터 시작된 제4차 한일회담 당시 일본 측은 "한국 정부가 조선 전토를 대표하는 정통 정부"라는 원칙을 표명할 정도로 한국 정부 측에 경사되어 있었다. 그래서 일본 정부는 강제퇴거 대상 한국인의 인수를 한국 정부 측에 요구했다. 그러나 일본 억류 한국인 중 126명이 북한 송환을 희망하면서 문제가 발생했다. 한국 정부는 이들을 북송하지 않겠다는 서면 보장을 요구했고 일본 측은 이에 불응했다. 이후 한국인 송환 문제를 비롯해 재산청구권 문제와 어업 문제로 한일 간 의견이 불일치하는 상황에서, 일본 측은 인도주의 원칙을 내세워 우선 북송을 희망하는 재일 교포의 귀국을 허용했다.

북한 정부가 재일 교포 귀국을 적극적으로 추진한 배경은 어디에 있었을까? 이에 대해서는 사회주의 체제의 우월성 선전, 부족한 노동력의 보충 등이 그 이유로 지적된다. 북한 측은 재일 교포의 북한 귀국이 자본주의로부터 사회주의로의 최초의 민족 대이동으로서 사회주의 제도의 우월성을 세상에 널리 알린 것이라고 선전했다. 한편 조선노동당 중앙위원회는 1956년 12월에 전원회의를 개최하여 사회주의 건설에서 '혁명적 대고조'를 일으킬 것을 결의했으며, 이에 발맞추어 1958년부터 천리마운동을 전개했다. 재일 교포 중에서 7만 5천여 명(귀국 교포의 80%)은 1959년부터 1961년까지 3년 사이에 집중 귀국했다. 그런 점에서 재일 교포 귀국 사업과 1950년대 후반 이후 사회주의 건설 과정의 노동력 확보 문제가 서로 연관되어 있었음은 부인하기 어렵다. 귀국 교포들은 공장, 기업소, 협동농장, 과학, 교육, 문화예술기관 등 다양한 분야에 배치되었다. 귀국한 재일 교포들이 실제로 북한의 사회주의 건설 과정에 어느 정도 중요한 역할을 했는지는 불확실하다. 당시 '사회주의 낙원'에 대한 동경심은 양질의 노동 능력을 가지고 일본에 적응할 수 있던 교포들보다는 생활보호대상자 처지인 빈민층에 널리 퍼져 있었다. 귀국 비용과 정착 비용을 제공하면서까지 이들을 유치한 것이 실제로 어느 정도 노동력 보충의 효과를 지녔을지는 의문이다.

북측이 재일 교포 귀국 사업을 추진한 또 다른 주요한 계기는 재일 조선인사회를 북한에 우호적인 방향으로 이끌려는 대외 정책과 밀접히 관련된 것이었다고 생각된다. 북한 정부의 영향력 아래 1955년 5월 '재일조선통일민주전선'이 해체되고 '재일본 조선인총연합회'(총련)가 결성된 뒤, 일본혁명의 일환으로 전개되던 좌파적 재일 조선인의 운동은 북한 사회주의 건설과 남북통일을 지지하는 운동으로 성격이 변했다. 재일 교포사회를 둘러싼 남북한의 경쟁이 본격화되기 시작한 것이다. 이때 재일 교포를 친북적으로 유인하는 데 크게 기여한 사업이 북한의 교육원조금 및 장학금 제공과 귀국 사업이었다. 북한 정부는 1957년에 총련 교포들에게 2억 2천만 엔의 교육원조금을 제공했고, 북송 사업이 시작된 1959년 12월까지 모두 7억 엔을 전달했다.

한편 일본 정부가 북송에 동의한 것은 표면적으로는 인도주의 방침에 의한 것이었지만, 실제로는 식민지배의 산물로서 이미 사회문제로 대두되고 있던 재일 조선인 문제를 해결하려는 의도가 작용한 것이었다. 1956년의 통계에 의하면, 재일 조선인 생활보호대상자는 교포의 24%인 9만여 명으로서 당시 외국인 중 약 90%에 이르렀다. 이로 인한 재정적 부담과 사회불안을 제거하기 위해 재일 조선인의 한반도 송환이 필요했던 일본에게, 북한의 무조건적 귀국 사업 제안은 재일 조선인에게 식민지배와 관련된 배상 및 귀환 비용 등을 해결해주지 않고서도 전후처리를 할 수 있는 길을 열어준 것이었다.

일본의 북송 계획에 대해 한국 정부는 강력하게 이의를 제기했고, 미국 측에 북송 저지에 협조해줄 것을 요구했다. 그렇지만 미국 국무부는 1959년 8월 미국 정부는 일관되게 자유의지에 의한 귀국 원칙을 지지하고 있다고 발표했다. 그해 9월에 발표된 「콜론 보고서」에서 확인되듯이, 당시 미국은 이승만 정부의 부패가 미국의 원조를 좀먹고 있으며, 이승만의 고집으로 한일 국교정상화가 이루어지지 않고 있다고 판단하고 이승만 정부에 대한 지지를 철회하고 있었다. 반면 일본 정부 지도부에 대해서는 1960년으로 예정된 '미일안보조약'의 개정을 앞두고 힘을 실어줄 필요성이 있었다. 이에 미국은 재일 조선인 귀국(북송)과 관련해 한국 정부의 반대에도 불구하고 일본 정부의 편을 들어주었던 것이다.

　북한 정부는 귀국자들을 대대적으로 환영했다. 예를 들어 재일본 조선인연맹에 가입하여 조선중앙예술단을 이끌었던 가수 김영길에게는 공훈배우 칭호를 수여했고, 1960년 2월에 평양 모란봉극장에서 대규모 연주회를 열어주기도 했다. 그러나 귀국자들이 모두 잘 적응한 것은 아니었다. 북한식 사회주의 체제에 적응하는 것은 쉬운 일이 아니었기 때문이다. 특히 일본인 부인들의 고통은 이루 말할 수 없었다고 한다.

　북한은 1955년부터 미국의 봉쇄 정책에 대응하여 일본과의 관계 개선, 남측에 대한 평화공세, 재일 조선인사회에 대한 영향력 확대를 통해 돌파구를 마련해나갔다. 당시 한·미·일관계가 한일갈등으로 인해 균열된 상태였음에 비하면, 북일 간 경제 문화 교류와 재일 교포의 귀국(북송) 사업 실현은 적어도 외형적으로는 전후 동북아시아 질서 안에서 북한이 독자적으로 대외적 영향력을 확대해나가는 데 성공하고 있음을 보여주었다. 또한 북한은 1950년대에 전후 경제 복구와 사회주의 개조를 계획대로 실현할 수 있었다. 북한의 대내외적 자신감은 1960년 한국의 4월혁명 상황과 맞물려 더욱 강화되었다. 그러나 이런 외형적 성과에도 불구하고, 북한의 대외 정책, 특히 대일관계는 근본적인 제약성을 내포하고 있었다. 북일관계 개선은 경제 문화 교류에 한정되었으며, 일본 정부는 한국 정부를 한반도의 '정통 정부'로 인정하면서 지지부진하나마 한일수교회담을 진행하고 있었다. 귀국(북송) 사업의 실현은 북일관계의 정상적인 개선을 반영하는 것이 아니라, 한·미·일 3국 간 균열의 틈새에서 북한과 일본의 이해관계가 일치해 예외적으로 실현된 것에 불과했다. 그리고 식민지배와 연관

재일교포 북송의 상징 만경봉호

북한은 사회주의 체제의 우월성 선전, 부족한 노동력 확보 등을 목적으로 1950년대 말부터 재일 동포의 북송을 적극 추진했다. 하지만 북송 사업의 실현은 북일관계의 정상적인 개선을 반영하는 것이 아니라, 한·미·일 3국 간 균열의 틈새에서 북한과 일본의 이해관계가 일치하여 예외적으로 실현된 것에 불과했다.

된 사안에서 사죄·배상(보상) 문제가 전혀 거론되지 않고 처리됨으로써, 귀국(북송) 사업은 동북아시아의 전후 처리 과정에서 문제가 있는 선례로 남게 되었다.

## 학술 논쟁의 시대 1950년대

지금까지 전후 북한의 사회경제와 국제관계의 변화를 살펴보았다. 전후에 북한이 처한 사회경제와 국제관계의 현실은 소련 모델을 모방하는 것만으로는 해결하기 어려운 난제들에 둘러싸여 있었다. 난제들을 해결하기 위해서는 현실에 맞게 북한 자신의 사회주의 건설 노선을 세워야 했다. 새로운 노선을 세워가는 과정에서 당, 정부, 학계는 치열한 논쟁을 전개했다. 북한의 역사에서 1950년대는 '논쟁의 시대'였다.

전쟁이 종료되었을 때 북한은 사회주의 체제를 건설할 수 있는 사회경제적 토대가 지극히 취약한 상태였다. 마르크스주의 원론에 따른다면 북한에 사회주의 이행의 전제인 고도로 발전한 자본주의 생산력은 존재하지 않았다. 고도의 발전은커녕 그나마 존재하는 생산 기반조차 전쟁에 의해 철저히 파괴되었고, 남북한이 대치하고 있는 특수한 상황이었다. 사회주의 체제로 이행하는 데는 고전적인 마르크스 레닌주의 이론만으로는 해명하기 어려운 무수한 난제들이 놓여 있었다.

이 문제들을 이론적으로 해명하기 위해 학계의 연구와 이를 활성화하기 위한 논쟁이 요구되었다. 세계적으로 스탈린주의의 권위가 약화되고 사회주의 이론을 북한 현실에 맞게 창조적으로 적용해야 한다는 대원칙이 세워지면서, 학자들과 문화인들은 허용된 논쟁의 공간 속에서 창조적인 견해를 개진했다. 논쟁은 주로 과학원과 김일성대학교의 연구진들이 학술토론회와 학술지를 통해 개인의 이름으로 견해를 발표하고 이를 조선노동당의 지도하에 정리하는 방식으로 전개되었다.

과학원은 휴전을 앞둔 1952년 10월에 설립되었다. 초대 원장은 홍명희, 제2대 원장은 백남운이었다. 과학원을 학술적으로 이끌 원사로는 아래의 인물들이 임명되었다.

사회과학 : 김두봉(언어학), 홍명희(문학), 백남운(경제학), 박시형(역사학)

자연과학 : 최삼열(화학), 김지정(수학), 리승기(화학), 도상록(물리학)

의학 : 최명학(외과학)

농학 : 계응상(잠조학)

김광진(경제학), 도유호(고고학) 등은 후보원사였다. 홍명희, 백남운, 이승기, 도상록 등은 해방 다음 날 서울에서 조선학술원을 설립하고 신국가 건설을 위해 활동했던 인물들이었다. 과학원 산하에는 력사연구소, 물질문화사연구소, 조선어 및 조선문학연구소, 경제법학연구소, 물리수학연구소, 화학연구소, 공학연구소, 농학연구소, 의학연구소 등이 세워졌다.

논쟁은 사회주의 이행 과정에서 북한적 특수성을 해명한다는 명확한 목적에 종속되었다. 경제학계에서 먼저 북한의 과도기적 특성, 사회주의적 공업화와 농업 협동화의 특성을 둘러싼 논쟁이 벌어졌다. 1956년 11월에 과학원에서 열린 '과도기와 인민민주주의에 대한 토론회'는 북한사회 과학계 최대의 논쟁터였다. 이 토론회에서 단연 주목을 받으며 파란을 일으킨 인물이 송예정이다. 그는 당시 북한이 식민지 반봉건사회에서 비자본주의적 발전 노정을 거쳐 새로운 단계로 나아가고 있다고 파악했다. 그는 국토의 양단 상태를 중시해서, 북한의 급속한 변화에도 불구하고 조선혁명은 전체적으로는 반제 반봉건 민주혁명 단계이며, 이 단계에 인민주권은 프롤레타리아독재가 아니라 몇 개의 혁명적 계급의 연합독재이고 민족부르주아지와의 동맹이 중요하다고 주장했다. 권력의 성격에 대해서까지 문제를 제기한 그의 논의는 큰 파란을 일으켰다. 결국 12월에 과학원 력사연구소 철학연구실 주최로 '조국의 평화적 통일과 북반부에서의 사회주의 건설에 관한 과학토론회'가 열려, 이 문제를 다시 논의했다. 이 논쟁은 북한에서의 사회주의 이행의 길은 자본주의로부터 사회주의로 이행하는 보편성을 전제로 하며, 다만 그 위에서 식민지 반봉건사회라는 한 유형으로부터 이행하는 특수성을 지닌다고 종합 정리되었다.

위 논의에서 소수 의견을 낸 송예정을 비롯한 임해, 정일룡 등은 이미 8월 전원회의 사건으로 숙청된 최창익 도당의 졸개들이라는 비난을 받았다. 이들 '신설정 그루빠'는 북반부에서 사회주의 건설의 성과를 부인하며 프롤레타리아독재 없는 사회주의로의 이행을 운운하는가 하면, 또 한편으로 해방 후 조선에서 즉시 사회주의 혁명 단계로 들어섰다는 등, 우경 투항주의와 좌경 기회주의 사이를 왕복하면서 조선노동당의 혁명 노선과 정책을 허물어버리려는 간책을 일삼았다는 비판이었다.

역사학계에서 1957년부터 1962년까지 전개된 조선 근세사 시기구분 논쟁 역시 사회주의 이행 과정에서의 특수성을 해명하는 문제와 연결되어 있었다. 자본주의=근대, 사회주의=현대라는 단순한 도식을 적용할 수 없는 한국사에서, 보편성과 특수성이 공존하는 조선사의 발전 과정을 체계화하고 이를 시기구분에 반영함으로써 역사의 흐름을 명확히 할 필요가 있었던 것이다.

1957년 5월에 첫 학술토론회가 열린 다음 조선 근세사 시기구분 문제에 관한 학술토론에는 전국의 연구기관과 대학의 근세사 전문가들이 참가했으며, 과학원 력사연구소가 주최한 10여 회에 걸친 전국 학술토론회와 전문가협의회 및 『력사과학』, 『교원신문』이 조직한 여러 회에 걸친 지상토론들에서 논쟁이 전개되었다.

북한의 역사학자들은 1950년대 초중반에 전개된 소련과 중국에서의 시기구분 논쟁을 참고하면서 북한적 특수성을 해명하고자 했다. 소련과 중국 학계의 시기구분 논쟁의 초점은 그 기준을 사회경제관계의 변화에서 찾을 것인가, 아니면 계급투쟁에서 찾을 것인가 하는 점이었다. 중국 역사학계의 경우 계급투쟁을 중시하는 마오쩌둥의 사상을 수용하여 근대사의 시점을 1840년의 아편전쟁으로, 종점을 1919년의 5·4운동으로 정리한 바 있었다. 북한에서도 사회경제관계의 변화를 중시하여 시기구분을 하는 견해(사회구성체 기준설)와 계급투쟁의 성격 변화를 중시하는 견해(계급투쟁 기준설)로 양분되어 논쟁이 시작되었다. 과학원 력사연구소는 1961년에 중간 총화를 하면서 우선 근세사 시기구분의 기준 문제를 확정하고 그 이후 시종점 문제를 심화 토론하기로 결정했다. 토론은 그해 12월부터 본격화되었다.

시기구분의 기준 문제에 대한 토론에서는 계급투쟁의 발전 내용에 기초해서 시기구분을 하는 방법론에 합리성이 있다는 점이 인정되었다. 그러나 1919년의 3·1운동을 경계로 시기구분을 하는 것은, 동일한 사회경제구성을 가지는 사회의 역사를 질적으로 다른 시대의 역사로 갈라놓는 단점이 있었다. 또한 서로 질적으로 구분되는 사회경제구성을 가진 두 사회의 역사를 최근세사에 포함시키게 되어, 생산방식 발전 단계의 교체를 시기구분의 기본원칙으로 하는 마르크스-레닌주의 편사학의 원칙과 배치되는 결함을 지닌다고 비판되었다. 조선 근세사 시기구분은 자본주의적 생산방식에 조응하는 역사가 구체적으로 어떤 특수성을 가지고 어떤 기간에 존재했는가를 구명하는 데 귀착된다고 정리되었다. 그 전제 위에서 사회경제적 변화 과정과 계급투쟁 발전 과정을 주요 징표로서 통일적으로 고려하는 원칙에 의거할 필요성이 인정되었다.

다음 근세사의 시점을 확정짓는 토론에서는 1866년, 1876년, 1884년, 1894년의 각 설들이 모두 일정한 합리성을 지니고 있음을 누구도 부인하지 않았다. 각각의 논리적 타당성을 종합하기 위해 김희일 등은 식민지(반식민지) 반봉건사회로 전화하는 사회경제적 과정의 본원적 계기인 1876년의 개항과 반침략 반봉건투쟁을 내용으로 하는 민족해방투쟁의 시작인 1866년의 반침략투쟁을 통일적으로 보는 전제하에서 1866년 시점 설을 제기했다.

1962년 8월 20일과 9월 25일 양일간 시기구분 문제를 최종 정리하는 학술토론회가 열렸다. 이 자리에서 전석담이 결론을 이끌어냈다. 근세사의 시종점은 1866년~1945년으로 확정되었다. 다만 1866년 시점은 1866

년과 1876년을 통일적으로 보는 전제하에서 인정되었다. 그리고 근세사를 두 시기로 구분하여, 제1기는 1866~1919년으로서 식민지 반봉건사회의 형성기이며 부르주아 민족운동이 발생·발전·종말하는 시기로, 제2기는 1920년~1945년에 걸친 시기로서 식민지 반봉건사회적 사회 제 관계의 지배 시기이자 노동 계급 영도하의 반제 반봉건투쟁의 시기이며 그 투쟁의 승리가 전체로서의 식민지 반봉건사회를 붕괴로 이끄는 시기라고 파악되었다.

논쟁을 통해 북한 역사학계는 시기구분의 기준 문제에서 사회경제구성의 변화와 계급투쟁의 변화 한쪽만을 보는 한계를 벗어나 양자를 통일적으로 보는 시야를 확보했으며, 이를 통해 조선사의 보편성과 특수성, 외적 규정성과 주체적 측면을 종합적으로 해명할 수 있는 길을 개척하는 성과를 거두었다. 이는 당시 북한사회가 추구했던 마르크스-레닌주의의 창조적 적용의 틀을 통해 가능했다.

그 외에도 당과 인민위원회의 관계, 사법 부문에서 인권 및 준법성 문제, 사회주의 개조와 남북분단의 관계, 평화공존과 평화통일, 조선 공산주의 운동사와 조선노동당사 해석 등 다양한 논의가 전개되었다. 문학계에서는 도식주의 논쟁이 전개되었다. 북한의 역사에서 1950년대는 가장 창의적으로 논쟁이 꽃 핀 시기였다. 그러나 1960년대 초에 이르면 논점들이 하나하나 정리되고 체제가 김일성 중심으로 경직되면서 논쟁의 시기가 마감되고 만다.

## 사회주의 건설에 나선 문학예술인

전후 복구와 사회주의 건설에는 노동자·농민만이 아니라 작가와 예술인들도 적극 참여할 것이 요구되었다. 1953년 9월에 열린 전국 작가예술인 대회에서 작가·예술인들은 사회주의 사실주의에 입각해 작품을 창작할 것을 다짐했다. 사회주의 사실주의를 실현하는 방법으로 강조된 것은 '모범과 전형'을 창조하는 것이었다. 곤란을 극복하고 애국적 헌신성을 발휘하는 모범적이고 전형적인 근로인민들을 주인공으로 하는 작품을 창작하는 작업이었다.

사회주의 사실주의에 입각해 모범과 전형을 창조한 대표적인 작품으로는 예술영화 〈산매〉, 〈진실한 사람들〉, 〈행복의 길〉, 장편소설 『석개울의 새봄』(제1부, 천세봉), 『시련 속에서』, 『용광로는 숨쉰다』, 서정시 『새들은 숲으로 간다』, 『등불』, 『열두삼천리벌의 새 노래』, 『천리마로!』, 연극 〈위대한 힘〉, 〈새길〉, 가요 〈복구 건설의 노래〉, 〈우리는 천리마 타고 달린다〉, 군무 〈쇠물은 흐른다〉, 〈평남관개시초〉 등이 있다.

아득히 먼 세월 그 앞날까지도
내 나라는 젊고 또 젊으리니
우리 시대의 복판을 흘러 흘러
기름진 류역을 날로 더 넓히는
도도한 물결
행복의 강하

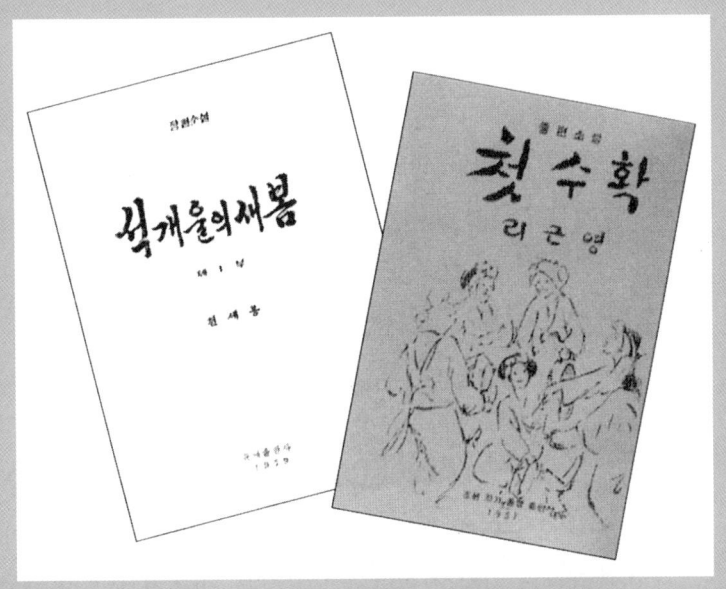

### 1950년대의 북한 소설

1950년대 북한의 작가 예술인들은 전후 복구와 사회주의 건설에 적극 참여할 것을 요구받았으며, 그에 따라 사회주의적 사실주의에 입각하여 많은 작품을 썼다. 천세봉의 장편소설 『석개울의 새봄』과 리근영의 중편소설 『첫수확』은 전후 북한 농촌사회의 변화와 농업 협동화 과정을 다룬 작품으로, 사회주의적 사실주의에 입각해 모범과 전형을 창조한 대표적인 작품으로 꼽히고 있다.

(…)

격류한다! 승리의 물줄기는

우리의 투지 우리의 정열을 타고

사회주의에로!

사회주의에로!

위 시는 이용악의 창작시집 『평남관개시초』(1956)에 실린 「격류하라 사회주의에로」라는 시이다. 이 시집은 당의 수리화 방침의 정당성과 생활력을 격조 높게 노래한 작품이자, 변모된 농촌 현실을 시로 재현하면서 농촌 서정에 따르는 시어의 소박성과 참신성, 민족적 운율의 새로운 탐구 등 특색을 나타낸 작품으로 높이 평가받고 있다.

한편 작가와 예술인들에게는 역사와 문화전통을 열심히 학습하고 민족문화유산을 계승하고 역사물을 창작하는 데도 많은 힘을 기울일 것이 요구되었다. 그리고 항일혁명문학이 부각되기 시작했다. 1953년에 항일혁명투쟁 전적지조사단은 113일에 걸친 조사를 마친 뒤 보고서를 제출했다. 이 보고서에는 『혈해』, 『경축대회』, 『성황당』 등 항일혁명문학 작품이 소개되었다. 전적지조사단에 참여한 송영은 보고서와 같은 제목인 『백두산은 어데서나 보인다』(1956)라는 제목으로 희곡을 썼다. 이 희곡은 압록강변 화전민 마을을 무대로 조국광복회의 영향 아래 인민이 혁명적으로 단련되는 과정과, 광복회 조직과 연계한 빨치산들이 토벌군을 물리치는 내용을 담았다. 그리고 이 희곡을 바탕으로 『밀림아 이야기하라』(1958)라는 시나리오가 만들어져 영화화되었다. 그 외에도 소설 『혁명가의 집』,

서정시「백양나무」,「위대한 숨결이 살아 있는 곳에서」,「세 유격대원의 이야기」,「준령을 넘어서」,「불사조」,「조국의 아들」, 가극〈조선의 어머니〉, 가요〈영광의 땅 보천보〉등이 발표되었다.

이 외에도 인민들의 영웅적 투쟁을 형상화하는 작품들이 많이 창작되었다. 이기영의 『두만강』(총 3부작, 1954~1961)은 19세기 말부터 1930년대 초의 항일무장투쟁에 이르기까지 민족해방운동의 과정을 형상화한 장편소설로서, 북한에서 첫손가락에 꼽히는 역사소설이다. 이 작품은 일반서민의 생활을 풍부하게 묘사하고 생생한 언어로 표현한 점이 특히 돋보인다. 이기영은 1972년에 '김일성상' 계관인이 되었으며, 애국열사릉에 묻혔다.

이 시기에 한국전쟁을 배경으로 한 한설야의 『대동강』과 황건의 『개마고원』도 주목되며, 예술영화〈다시는 그렇게 살 수 없다〉, 연극〈분노의 화산은 터졌다〉,〈리순신 장군〉등도 창작되었다.

문학예술인들은 교조주의와 사대주의, 민족 허무주의적 경향을 극복하고 주체를 세우기 위한 투쟁, 부르주아적이거나 종파주의적인 경향을 청산하는 투쟁에도 나서야 했다. 그것은 이 시기 남조선노동당 계열 등과의 권력투쟁과도 관련이 있었다. 임화, 김남천, 이태준은 반동작가라는 혹독한 비판을 받고 북한 문학예술계에서 사라졌다. 1956년 10월에 열린 제2차 조선작가대회에서 조선작가동맹은 사회주의적 사실주의를 창작의 기본 방향으로 하며 '민족문화유산의 진보적 전통과 카프의 혁명적 전통'을 계승한다고 선언했다. 이 시기 항일혁명문학이 부각되기 시작했지만, 아직 북한 문학의 혁명전통은 카프 문학에 있었다.

전후 복구 시기에 부각된 문예사조로 주목되는 경향은 도식주의 비판이었다. 1948년 이후 북한 문학이 도식주의화되면서 생활의 진실을 추구하지 못하고 당의 정책이라는 미명 아래 관념화되어가는 점에 불만을 품었던 작가들은 전쟁이 끝나자 이를 비판하기 시작했다. 도식주의 비판에는 비평가인 안함광과 한효가 전면에 나섰다. 도식주의 비판은 1952년 말에 열린 소련공산당 중앙위원회 제19차 당 대회에서 말렌코프가 원래의 리얼리즘 정신에 충실하기 위해서는 사회주의 현실의 모순과 갈등을 다루어야 한다고 주장한 데 영향 받은 바 컸다.

박석정의 「토론만 하는 사람」(1954)은 북한사회에서 고질적인 병폐로 자리 잡기 시작한 관료주의를 풍자하고 비판한 작품이다.

> 지배인 앞에 가면 머리는 못 들고
> 련방 '네, 네, 알았습니다'
> 지배인 '사모님께' 경의도 표해가며
> 애로 타령 간부 타령 하소연만 하는
> '능란한 일꾼' '사람 좋은 친구'
>
> 회의 때 그의 '솔직'함이여!
> 공손한 접수며
> '눈물겨운' 자기비판
> 의례껏 뒤따르는 굳은 '맹세'가
> 사람도 달라진 듯…
> 레코드판처럼 쏟아져 나온다.

윗사람에게 잘 보이기 위해 열심히 아첨하면서 토론과 비판은 "레코드판" 돌아가듯 반복하는 허위의식을 통렬히 비판하고 있다. 박태민의 「방임하지 말아야 한다」(1956)는 현지 파견 소설가의 취재 형식을 취한 작품인데, 관료주의를 신랄하게 비판하여 당시 북한 문학계에 큰 관심을 불러일으켰다. 말은 번드르르하고 이론을 앞세우면서 실제로는 가족 이기주의와 관료주의에 빠져 지내는 직장장과, 묵묵히 일하면서도 자신의 의사를 제대로 드러내지 못해 항상 뒤처지는 작업반장의 삶을 대조하여, 당시 북한 사회에 만연된 관료주의 병폐를 고발했다.

도식주의 비판은 1953년부터 1958년까지 6년간 북한 문학계에 신선한 바람을 일으켰다. 그러나 1958년 말 이후 도식주의 비판에 대한 반비판이 일기 시작하면서 위의 작품들은 부르주아 잔재가 강한 작품으로 비판받게 된다. 1950년대 말에 북한사회가 경직되면서 문학 안에서의 현실 비판도 금기의 대상이 되어버렸다.

1960년 11월에 김일성은 「천리마 시대에 맞는 문학예술을 창조하자」라는 연설을 통해, 문학예술인은 천리마 시대 사람들의 보람찬 생활과 영웅적 투쟁을 그려내야 하며 그들의 희망과 염원을 뚜렷이 나타내야 한다고 강조했다. 이 지침에 따라 천리마 시대의 문학예술에서는 사회주의 건설과 투쟁을 다루는 작품, 항일무장투쟁의 혁명전통을 형상화한 작품, 남한의 현실과 인민의 투쟁을 반영한 작품의 창작만이 강조되기 시작했다.

1950년대에 학자와 문화예술인들은 활발한 토론과 참여를 통해 당이 주도하는 사회주의 건설의 길에 보조를 맞추면서 이를 이론화하고 문화적으로 재현해냈다. 1950년대는 가히 풍부한 논쟁의 시대이자, 문화적 창의

성이 꽃핀 시대였다. 그러나 학자와 문화예술인들에게 주어진 자율성과 창의성이란, 어디까지나 당의 노선을 따른다는 대원칙을 전제로 한 것이었다. 당의 노선이 김일성 1인 중심으로 경직되면서 이들의 활동도 그에 맞춰지지 않을 수 없었다. 1950년대는 북한에서 다양성과 역동성이 꽃피다가 급속히 고사해버린 시기였으며, 다른 한편 소련과 구분되는 북한의 독자적인 사회주의 건설 모델이 형성된 시기이기도 했다.

# 07

글을 맺으며
## ─북한의 역사에서 찾아본 열린 가능성

앞서 1945년부터 50년대 말까지 북한의 사회주의 체제 형성기의 역사를 살펴보았다. 인민민주주의 개념을 중심에 놓고 그 체제의 형성 과정을 이해하고자 했으며, 다른 한편 그 역사의 진행 과정에서 묻혀버린 다양한 가능성들을 다시 찾아내보고자 했다.

제2차 세계대전이 연합국의 승리로 끝나면서, 해방을 맞이한 각지의 주민들은 새로운 국가의 수립을 지향했다. 그 흐름 속에서 사회주의운동이 활발하고 소련의 직간접적인 지원을 받을 수 있었던 지역에서는 인민민주주의라 불리는 체제를 표방하는 국가들이 다수 등장했다. 조선민주주의인민공화국도 그런 국가 중 하나였다.

인민민주주의 국가는 정치적으로는 공산당(노동당)이 주도하되 여러 우호 세력과 권력을 공유하는 통일전선의 형태를 띠며, 경제적으로는 국유기업 외에도 개인 중소기업, 소농경리 등 다양한 소유구조를 용인하는 혼합경제를 유지하는 특징을 지닌다. 제2차 세계대전 이후 신민주주의 등의 이름으로 등장한 인민민주주의는 애초에 자본주의와 공산주의를 뛰어넘는 제3의 유형으로서 주목을 받았다. 그러나 냉전이 심화되면서 공산권에서 인민민주주의는 제3의 유형이 아니라 공산주의로 가는 하나의 과도기적 유형으로서만 인정받기에 이르렀다.

북한의 인민민주주의도 이 점에서 예외가 아니었다. 북한은 노동자 계급의 반자본주의 세계혁명이 아니라 반제국주의 반봉건 근대 민주주의혁명의 과정에서 자신의 체제를 구축했다. 북한의 집권층은 애초에 인민민주주의 제도가 과도적으로 오래 지속될 수밖에 없다고 예상했다. 사회주의를 건설하기에는 사회경제적 토대가 취약하며, 북한에 남한과 전혀 이질적인 제도를 만들 경우 통일에 걸림돌이 되리라는 판단에 따른 것이었다. 그러나 국제적으로 냉전이 심화되어 자본주의 대 사회주의의 이분법적 대립이 명확해지면서, 제3의 유형으로서의 인민민주주의의 존속 의미는 점차 퇴색되었다. 사회경제적 토대가 취약하다는 근본적인 문제가 있었지만, 이는 밖으로 소련 등 공산권의 지원을 받고, 안으로 인민의 역량을 총동원하면 해결할 수 있다고 하는 사회주의 이행 급진화의 논리가 점진적 이행의 논리를 압도했다. 이웃 중국의 급진적인 사회주의 개조 정책은 북한을 더욱 자극했다. 체제 경쟁에서 남한에 앞서야 한다는 경쟁심까지 더해지면서, 1950년대 중반을 지나면서 사회주의 개조에는 가속도가 붙었다. 그 과정에서 저항과 마찰이 일어나기는 했지만, 오히려 그런 갈등은 지도력을 더욱 강화하고 체제를 경직화하는 반작용을 낳았다.

이제 책을 마무리하면서 앞서 서술했던 내용을 몇 가지 논점 중심으로 재정리해보기로 한다.

## 북한은 소련의 위성국가였는가?

북한 정부의 수립 과정을 보면 외형적으로는 동유럽의 인민민주주의 국가 형성과 많은 유사점이 있었다. 소련군이 '해방자'를 표방하며 직접 주둔했고, 소련의 영향력 아래 사회주의자들의 힘이 강화되고 이에 반대하는 세력은 압박을 받으며 결국 힘이 약화되었다. 토지개혁 등 북한의 제반 개혁과 정부 수립 과정에서 소련의 영향력은 무시할 수 없다.

이런 공통점에도 불구하고 막상 북한은 이후 동유럽 국가들과 상당히 다른 길을 걸었다. 국가 형성, 전쟁, 전후 경제 복구 등에서 소련에 크게 의존하면서도 북한은 점차 독자 노선을 표방하는 '주체'의 국가로 부상했다. 이 차이점은 어디에 연유하는가? 북한은 위성국가에서 자주국가로 뒤늦게 변모한 것인가? 아니면 처음부터 자주적인 국가였는가? 이에 대하여 균형적인 판단을 하기 위해서는, 당시 소련의 동아시아와 북한에 대한 정책부터 파악할 필요가 있음을 앞서 살펴보았다.

소련은 동유럽을 자신의 안보를 위해 가장 중요한 전략지역으로 간주하여 이곳에 소련군의 역량을 대부분 투여한 다음, 군사력을 바탕으로 점령 정책을 실행하면서 소련에 충성하는 국가들을 세우는 데 깊이 개입했다. 그에 비해 동아시아에 대해서는 가급적 미국 등 다른 연합국에 협조하는 가운데 자신의 국가이익을 보장받는다는 수세적인 자세를 취했다. 소련의 본래 동아시아 구상은 장제스 국민당 정부에 의해 통일될 중국과의 우호관계 유지, 일본 점령에의 동참, 한반도의 신탁통치 참여 등이었다. 하지만 그 구상은 중국내전에서 공산당의 승리, 미국의 일본 단독점령, 한반도에서 신탁통치에 대한 한국인들의 광범한 반대로 인해 근본적으로 뒤틀렸다. 결국 동아시아에서 중국대륙의 공산화와 한반도의 분단정부 수립, 일본의 반공국가화는 소련의 애초 의도에서 유래한 것이 아니라, 동아시아 내부의 혁명 대 반혁명의 충돌과 이에 대응한 미국과 소련의 냉전적 정책으로 인한 것이었다.

북한이 소련의 영향력 아래 있으면서도 강한 민족주의적 성향을 보이게 된 것은, 동아시아 내부의 반제국주의 반봉건 국가 건설의 흐름 속에서 국가를 수립했기 때문이었다. 급변하는 동아시아 정세 속에서 소련은 국경을 같이하는 한반도를 포기할 수 없었으며, 이에 북한 지역을 지배와 수탈의 대상으로 삼기보다는 적극적인 원조의 대상으로 바라보게 되었다. 소련은 북한 지역에 있던 일본의 공장과 기업소를 전리품으로 간주하는 정책을 버리고, 중요산업 국유화 조치를 통해 북조선 임시인민위원회 소유임을 확정해주었다. 그리고 이들 시설의 재가동을 위해 적극적인 원조를 했으며, 더 나아가 북한 스스로의 군사력 강화, 엘리트 양성 등에 체계적인 지원을 제공했다. 1949년에 중국혁명이 달성되자 소련은 동아시아에서 중화인민공화국을 맏형으로 인정해주었으며, 한국전쟁 때는 직접 개입을 자제하고 중국이 북한을 후원하게 했다. 스탈린의 사망과 흐루시초프에 의한 스탈린 비판은 국제공산주의운동에서 소련의 권위를 실추시켰으며, 이후 중소분쟁이 발생하면서 북한은 소련과 중국에 대한 등거리 외교, 제3세계와의 관계 확장을 통해 독자적인 길을 걸어가게 된다.

　이처럼 북한 정부는 소련의 직간접적인 영향력 아래에서 수립되었으나, 그렇다고 초기 북한을 단순한 위성국가로 볼 수는 없다. 북한은 동유럽 국가들에 비하면 상대적인 측면에서 자율성을 지녔으며, 소련은 북한의 든든한 후원국가였다. 북한 집권층은 소련을 비롯한 국제 공산권의 후원을 받으면서 전후 경제 복구와 사회주의 건설을 할 수 있었으며, 그 과정에서 주어지는 외압에 대처하면서 1950년대 후반 시점에는 자율성을 확보하는 데 성공했다. 요컨대 1945년부터 1950년대 말까지 북한의 대외관계는 상대적 자율성에서 절대적 자율성으로 자율성을 확장하는 과정이었다.

## 북한은 어떻게 초기 경쟁에서 남한에 우위를 점했는가?

1946년 북조선 임시인민위원회 수립 이후 사회주의 개조가 완료되는 1950년대 말까지의 인민민주주의 시기에 북한은 남북 경쟁에서 줄곧 우위에 서서 남한을 곤혹스럽게 만들었다. 북은 항일운동 경력자들이 권력을 잡았다는 점, 토지개혁을 비롯한 제반 사회경제개혁을 단행한 점을 내세워, 북이 남보다 민족적 자주성과 사회경제적 개혁성에서 앞섰다고 선전했다. 반제국주의 반봉건 민주개혁에서 우월함을 과시한 것이다. 대한민국 정부의 정당성을 전혀 인정하지 않은 북한은 무력을 동원해 남한을 흡수통일하려 했다. 이 전쟁에서 승리하지 못하자, 북은 남북 경쟁에서 이기기 위해 한편으로는 평화공세를 취하고 다른 한편 내부 단속과 경제건설에 박차를 가했다. 남쪽이 정치적 혼돈과 경제적 침체에서 벗어나지 못한 사이에, 북은 단계별 경제 계획에 따라 빠른 시일 내에 전후 경제복구를 완수하고 자립경제를 건설하며 사회주의 개조를 실현해냈다. 1950년대 후반에 실현된 재일 조선인 귀국 사업은 대내외에 북의 우위를 한껏 과시하는 이벤트가 되었다. 이 시기에 북은 민족적 자주성, 사회경제적 개혁성, 체제의 안정성에서 모두 남을 압도하는 모습을 보였다.

북한이 초기 경쟁에서 남한보다 우위를 점할 수 있었던 이유는 크게 세 가지로 정리된다. 첫째, 북한은 사회혁명과 선전을 통해 밑으로부터 대중의 지지를 얻어내고, 이를 체제 건설과 경제 건설의 동력으로 동원하는 데 성공했다. 1946년의 토지개혁, 중요산업 국유화, 노동법령과 남녀평등권법령 공포 등을 통해 농민과 노동자 등 당시 인구 대다수를 점하던 대중의 지지를 창출해냈다. 그 다음 이를 건국사상 총동원운동으로 연결하여 체제 건설과 경제 건설로 연결시켰다. 대중의 열정을 건설로 연결하는 방식은 전후 경제 복구 때 총동원의 양상을 띠기 시작했으며, 천리마운동을 통해 북한식 집단노동력 동원 방식으로 자리를 잡았다. 이에 비해 남한에서는 농지개혁을 실시하고서도 이를 농업생산성 향상으로 연결하는 사후 대책이 부실했으며, 대중 동원 정책이나 경제 정책이 자리를 잡지 못한 상황에서 자율적인 경제 발전의 토대도 취약했다.

둘째, 북한은 소련 등 외국의 체계적인 원조를 수용하여 이를 경제 건설에 활용할 수 있었다. 북한은 일본 제국주의가 남기고 간 공업 시설들을 소련의 지원하에 복구했고, 전후에는 자립경제 건설 과정에서 소련뿐만 아니라 중국과 동유럽 국가들의 체계적인 원조를 받을 수 있었다. 소련은 북한이 자립경제를 건설하는 데 대해 기본적으로 동의했으며, 다만 보다 현실적인 정책을 집행하도록 부분적으로만 개입했다. 후발국가인 북한에게 소련의 경제 계획 경험, 발달한 과학기술 등은 경제를 건설하는 데 큰 도움이 되었다. 이에 비해 미국은 남한의 자립경제 건설 의지에 대해 부정적이었으며 소비 위주의 원조에 집중했다. 미국은 남한 경제를 일본이 주도하는 경제권에 편입시키고자 했지만, 남한 정부는 이를 받아들일 수 없어 한미 간에 마찰이 생겼다. 소련과 미국 모두 막대한 자금을 북과 남에 지원했으나, 그 효용성에는 큰 차이가 있었다.

셋째, 북한은 체제 안정과 초기 경제 성장에 적합한 강력한 권력구조를 창출했다. 통일전선 형태를 유지하면서도 실제로는 노동당이 권력을 장악했으며 중앙으로부터 리 단위 하부까지 침투할 수 있는 인민위원회 기구를 빠른 시일 내에 정비해냈다. 당내 세력 갈등은 몇 차례의 계기를 거쳐 소멸되었고, 김일성 중심의 권력이 형성되었다. 이 권력 집중은 계획적으로 경제 정책을 집행하는 데 효과적이었다. 그에 비해 남한은 민주주의의 장점이 있기는 했지만 정부와 의회의 갈등, 비효율적인 관료기구 등 많은 문제를 안고 있었다.

이상의 요인들은 북한이 초기에 급속히 체제를 건설하고 경제 성장을 이루는 데 긍정적으로 작용했다. 다만 이 요인들은 장기적인 관점에서 계속 유용한 조건은 아니었다. 개개인의 자율성보다 집단적 열정을 동원하는 방식은 장기 지속되면 피로감을 낳기 마련이며, 권력 집중은 체제 경직화와 역동성 상실을 초래하기 마련이다. 국제적 원조라는 조건도 신생국가에만 적용되는 한시적인 것이며, 이를 통해 창출한 자립경제구조는 고립화의 가능성을 내포하고 있었다.

이 시기에 북한은 남북 경쟁에서 우위를 점하면서 자신의 체제를 건설해나갔지만, 이는 남북관계의 측면에서 보면 이질화의 심화를 뜻했다. 해방 이후 분단 상황에서 일방적으로 단행한 사회경제개혁은 남북의 이질화를 심화시켰다. 남한의 정당성을 전혀 인정하지 않는 북한의 오만함은 결국 동족상잔이라는 치유하기 어려운 트라우마를 낳았다. 전후의 체제 경쟁에서 남과 북이 자본주의와 사회주의를 명확히 함으로써 중도적인 통합의 가능성은 더욱 멀어졌다.

## 북한 체제는 왜 경직되기 시작했는가?

　모든 체제는 초기의 역동성을 잃기 마련이지만, 북한은 그 과정이 너무 빨랐다. 남북대립이 선명해지는 것과 비례하여 북한 내부의 다양성과 역동성은 급속히 약화되었다. 정치적으로는 체제 비판 세력과 인물이 먼저 배제되었고, 그 다음에는 체제 내부에서 김일성의 권력에 도전하거나 위협이 되는 세력과 인물이 탈락했다. 경제적으로는 사회주의 경제 건설의 토대가 취약함에도 불구하고 이를 보완해줄 개인 기업과 자영농들이 사회주의 개조의 대상이 되어 없어져버렸다.

　중국도 사회주의를 건설하는 과정에서 역동성을 잃어가기는 했지만, 거기에는 반동 작용을 통해 다시 균형을 잡는 과정이 있었다. 중국 사회주의의 역사는 홍紅(이념)과 전專(실용)의 상호작용의 역사인 반면, 북한 사회주의의 역사는 '홍'이 '전'을 압도하며 경직화되어가는 일변도의 역사였다.

　인민민주주의 시기에 북한이 다양성을 상실하게 되는 데는 세 번의 중요한 계기가 있었다. 첫 번째 계기는 1945년 말 모스크바 삼상회의의 조선 문제 결정이었다. 이 결정에 대해 조만식 등이 반발하면서 민족주의자들과 사회주의자들의 연합 권력이 붕괴되었다. 북에서 모스크바 삼상회의 결정 반대는 곧 연합국인 소련에 대한 반대로 규정되어 용인될 수 없었고, 이에 민족주의자들 다수가 월남의 길을 택했다. 두 번째 계기는 한국전쟁이었다. 전쟁으로 전시 총동원 체제가 형성되어 북한사회는 국가가 모든 것을 관리하는 전쟁사회주의적 성격을 지니게 되었다. 그리고 전쟁 과정에서 반체제적 성향의 인물들이 노출되어 이들이 대규모로 탄압

받거나 월남하고 나자, 북에는 사회주의에 우호적인 쪽만 남게 되었다. 또한 전쟁책임의 문제가 발생하면서 박헌영의 남로당 계열이 몰락했다. 세 번째 계기는 1954년 말부터 1956년 사이에 발생한 위기 상황이다. 이 위기는 식량조달의 어려움과 소비생활의 궁핍 등 경제적 난관, 전후 사회주의 이행과 관련한 노선 갈등, 소련의 스탈린 비판으로 야기된 사회주의권의 동요라는 배경 속에서, 김일성 권력에 비주류 계열이 정면 도전하는 정치 갈등이 전면화되면서 발생했다. 이른바 8월 전원회의 사건이다. 이 사건에서 비주류 측은 어설프게 외세를 끌어들이려다가 김일성 측의 대대적인 반격을 초래했다. 이는 단지 반김일성 세력의 몰락으로 그치지 않고, 사회 전체가 검열과 숙청의 광기에 휩싸이면서 내부 역동성이 한순간에 사라지는 결정적인 계기가 되었다. 이 사건은 어설프게 일본이라는 외세를 끌어들여 개혁을 하려다가 개화 세력의 대대적인 탄압을 낳아 한국의 역사를 후퇴시킨 1884년 갑신정변에 비견할 만하다.

이상의 세 가지 계기는 북한의 체제 경직화에 큰 영향을 미쳤다. 그러나 이런 계기가 없었다고 북한의 역사가 다른 방향으로 전개되었을까? 분단과 냉전의 조건 속에서 북한 체제의 경직화는 다소 지연되었을지언정 결국 이루어졌을 것으로 보인다.

역사에는 비약이 있을 수 있다. 그러나 비약은 반드시 후유증을 낳는다. 근대적인 시민의식의 형성과 시장경제 발전, 노동자 계급의 성장이라는 토대 없이 사회주의 이상사회에 하루라도 빨리 도달하려는 조급성은 북한 사회의 다양성과 역동성을 헤치면서 급속히 체제가 경직되는 결과를 초래하고 말았다. 사회경제적 토대가 취약한 상황에서 모든 것은 결국 국가가

위로부터 주도하는 방식으로 진행되었다. 인민의 개별적인 자각의 중요성은 간과되었고, 오직 집단적 자각이 중시되었다. 그 집단적 자각을 일으키고 지속시키기 위해서는 국가의 지도력이 인민 개개인의 삶에 깊이 침투해야 했다. 그리고 그 국가는 일사불란한 지도를 위해 당을 필요로 했고, 당은 다시 무오류의 탁월한 지도자를 필요로 했다. 인민은 권력의 주체로 선언되었지만, 그 인민을 지도하는 국가 → 당 → 지도자 중심의 사고방식 속에서 인민은 객체화될 수밖에 없었다. 국가와 당, 지도자 중심의 사고는 사회주의를 건설하는 과정에서 형성되었지만, 일단 사회주의 체제가 건설된 이후에는 더욱 굳어지고 강화되어 오늘의 북한에 이르렀다.

북한은 사회주의 체제를 유지하는 오늘날에도 노동자 계급과 국제공산주의를 강조하는 대신 인민민주주의 단계에서 정당성의 근거로 삼았던 '민족'과 '인민'을 아직까지도 강조하고 있다. 민족과 인민을 정당성의 원천으로 삼는 국가라면, 그에 맞는 민족적·인민적 정책과 이념을 실천해야 한다. 민족을 구성하는 다양한 계급·계층과 집단, 이념을 포용하는 유연한 정책과 그 정책을 실현할 주체로서 인민의 실질적인 밑으로부터의 자각과 자율성이 존중되어야 한다. 그러나 분단과 냉전, 전쟁, 남북대립 속에서 외형상의 급속한 성장에도 불구하고 체제의 역동성을 보장하는 다양성은 급속히 소멸해갔다.

오늘날 동아시아의 다른 사회주의 국가인 중국과 베트남은 냉전과 도식적 이념의 굴레에서 벗어나 본래의 인민민주주의 단계의 경험을 다시 밟아가면서 활로를 모색하고 있다. 두 나라는 인민민주주의의 두 축을 이루는 통일전선과 혼합경제 중에서 우선 혼합경제를 제도화하여 경제성장에 주력하는 중이다. 두 나라가 아직 통일전선을 내실화하여 정치적 다양성을 보장해주는 데까지 나아가지는 못하고 있지만, 이 또한 사회경제가 복잡해질수록 그 필요성이 대두될 것으로 보인다.

북한 역시 다시 활력을 되찾기 위해서는 사회주의 강성대국을 실현한다는 조급성에서 벗어나 다시 초심으로 돌아갈 필요가 있다. 사회주의 실현이라는 꿈은 어디까지나 장기적인 미래의 목표로 설정하고 인민민주주의의 경험을 재활용하면서 체제 내의 역동성을 회복해야 할 터이다. 경제적으로는 시장경제를 부분적으로 수용하여 혼합경제를 운영하고, 정치적으로는 다양한 목소리들이 표현될 수 있는 통일전선적 정치 시스템이 실질화되기를 기대한다. 체제의 역동성과 다원성이 회복된다면, 수령은 모든 사안의 결정자이기보다는 최종적인 권위로서 체제 안정화를 위한 구심점의 역할을 하게 될 가능성도 추측해볼 수 있다. 미래는 과거의 단순한 반복이 아니다. 다만 과거는 미래를 찾아가는 하나의 시금석일 수 있다.

한국 현대사에서 초기에 북의 일방적인 우위가 남북관계에 부정적인 영향을 미쳤던 것처럼, 오늘날에는 그 반대 현상이 나타나고 있다. 그러나 이제 남북은 서로 상대방을 압도하여 무너뜨린다는 비현실적인 미망에서 벗어나, 서로를 인정하고 상호 존중과 교류를 통해 함께 변화해가면서 통합의 길을 찾는 지혜를 얻어야 할 때이다.

# 부록

주요사건일지

참고문헌

찾아보기

## 주요사건일지

### 1945년
8월 15일 해방
8월 17일 평안남도 건국준비위원회 결성
9월 19일 김일성 원산으로 귀국
10월 13일 서북 5도 당책임자 및 열성자대회
10월 20일 조선공산당 북조선분국 조직
11월 3일 조선민주당 창당
12월 13일 조선독립동맹 간부 일행 귀국
12월 16일 모스크바 삼상회의 개최

### 1946년
1월 2일 조선공산당 북조선분국 등 5개 단체, 삼상회의 결정 지지성명
2월 8일 북조선 임시인민위원회 발족
2월 16일 화북 조선독립동맹, 조선신민당으로 개칭
3월 5일 토지개혁 법령 통과
3월 20일 제1차 미소공동위원회
3월 23일 김일성, 「20개조 정강」 발표
7월 22일 북조선민주주의민족통일전선 결성
8월 10일 중요산업 국유화에 관한 법령 발표
8월 28일 조선신민당과 북조선공산당 합당, 북조선노동당 결성
9월 1일 북조선김일성대학 개교
11월 3일 인민위원회 선거(~47. 3. 5)

### 1947년
2월 22일 북조선 인민위원회 성립
12월 6일 화폐개혁 실시(~12. 12)

### 1948년
2월 8일 조선인민군 창건
4월 19일 남북 제정당 사회단체 대표자 연석회의 개최
8월 25일 조선 최고인민회의 선거 실시
9월 8일 조선민주주의인민공화국 헌법 채택
9월 9일 조선민주주의인민공화국 선포, 김일성 수상 취임, 내각 조직

### 1949년
6월 25일 북민전과 남민전 통합, 조국통일 민주주의전선 결성
6월 30일 남로당·북로당 조선노동당으로 합당

### 1950년
6월 25일 한국전쟁 발발
6월 28일 인민군 서울 점령
9월 15일 유엔군 인천상륙작전
10월 19일 평양 함락, 중국 인민지원군 참전

### 1951년
7월 10일 개성에서 정전회담 개시
12월 25일 희천공작기계공장 건설 착공

### 1952년
4월 12일 만경대, 보천보 김일성기념관 건립
10월 9일 과학원 창립

### 1953년
3월 박헌영 등 남로당 핵심 간첩 혐의 체포
7월 2일 허가이 자살
7월 27일 휴전협정 정식 조인
8월 3일 이승엽 등 간첩사건 재판(~8. 6)
8월 5일 조선노동당 중앙위원회 제6차 전원회의(~8. 9)

### 1954년
4월 20일 인민경제복구 3개년 계획에 관한 법령(1954~1956) 채택
10월 3일 중국 인민지원군 7개 사단 철수

### 1955년
2월 15일 외무상 남일, 대일 국교 수립 제의
4월 20일 김일성 모스크바 방문
5월 25일 재일본 조선인총연합회(총련) 결성
12월 15일 박헌영 사형판결

### 1956년
2월 2일 제20차 소련공산당 대회, 스탈린 개인숭배 비판, 평화공존론 제시
4월 23일 조선노동당 제3차 대회(~4. 29)
6월 1일 김일성, 전후 복구 자금 마련 위해 소련 및 동유럽 순방(~7. 19)
8월 30일 노동당 중앙위원회 전원회의. 8월 전원회의 사건 발발

### 1957년
1월 1일 제1차 5개년 계획 시작

### 1958년
3월 3일 노동당 제1차 대표자대회(~3. 6), 천리마운동 시작
8월 말 농업 협동화 완료

### 1959년
3월 8일 '천리마 작업반운동' 발기
12월 16일 재일 교포 북송선 첫 도착(975명)

### 1960년
2월 8일 김일성 청산리방법 제시
8월 14일 김일성 7개년 계획 발표, 남북 연방제 통일 방안 제의

### 1961년
7월 6일 조·소 우호협조 및 호상원조에 관한 조약 체결
7월 11일 조·중 우호협조 및 호상원조에 관한 조약 체결
9월 11일 조선노동당 제4차 대회(~9. 18), 경제 발전 7개년 계획 확정
12월 16일 대안의 사업 체계 수립

## 주요사건일지

### 1962년
10월 12일 조·중 국경조약 체결
10월 29일 『로동신문』 쿠바 사태와 관련 소련 비판 기사 게재
11월 23일 외무성, 중·인 국경전쟁 관련 중국 지지성명 발표
12월 10일 노동당 중앙위원회 제4기 5차 전원회의(~12. 14), 국방·경제 병진 노선, 4대 군사 노선 추진

### 1963년
4월 4일 대안전기공장에 첫 '천리마공장' 칭호 수여
10월 28일 『로동신문』 사설, 소련을 현대수정주의라고 비판

### 1964년
3월 9일 사회과학원 신설
4월 1일 김정일 조선노동당 중앙위원회 배속

### 1965년
2월 11일 소련 수상 코시긴 북한 방문, 북한-소련 관계 정상화
4월 9일 김일성 반둥회의 10주년 기념식 참석차 인도네시아 방문

### 1966년
8월 12일 『로동신문』 사설 「자주성을 옹호하자」, 독자적 자주 노선 선언
10월 5일 조선노동당 제2차 대표자회의 4대 군사노선 재확인(~10. 12)

### 1967년
1월 25일 조선중앙통신, 북한 체제위기설 유포 및 김일성 비판 내용의 홍위병 대자보 부인·공박
5월 4일 조선노동당 중앙위원회 제4기 15차 전원회의(~5. 8), 박금철·이효순 등 갑산파 숙청, 유일사상 체계 확립
12월 14일 최고인민회의 제4기 1차 회의, 공화국 10대 정강 발표(~12. 16)

### 1968년
1월 21일 북한 무장 게릴라부대 청와대 기습
1월 23일 미국 해군함정 푸에블로호 나포
12월 23일 푸에블로호 승무원 83명(시체 13구 포함) 석방

### 1969년
12월 11일 대한항공 KAL기 납북

### 1970년
4월 5일 저우언라이 방북, 북·중관계 회복

11월 2일 조선노동당 제5차 대회, 인민경제 6개년 계획 제시(~11. 13)

## 1971년
11월 1일 김일성, 비공개 중국 방문(~11. 3), 한반도 문제 관련 북한 요구에 대한 미국 측 입장 확인
11월 20일 남북 적십자 예비회담에서 남북 당국자 최초 접촉

## 1972년
1월 26일 박성철 내각 부수상 중국 방문
3월 7일 저우언라이 평양 방문, 북한 지도부에 미·중회담 경과 설명
7월 4일 7·4 남북공동성명 발표. 자주·평화통일·민족 대단결의 조국통일 3대 원칙 제시
12월 27일 조선민주주의인민공화국 사회주의 헌법 채택

## 1973년
2월 10일 3대혁명소조운동 발기
6월 23일 김일성, 조국통일 5대 방침 발표, 고려연방공화국 제안
9월 17일 김정일, 당중앙위원회 비서국 조직·선전 담당 비서로 선임(제5기 7차 전원회의)

## 1974년
2월 13일 김정일 당중앙위원회 정치위원 피선, 후계자로 공인(제5기 8차 전원회의)
2월 19일 김정일 '온 사회의 김일성주의화'(주체사상화) 선포
9월 16일 국제원자력기구(IAEA) 가입

## 1975년
1월 1일 김정일 '전군의 주체사상화' 선포
8월 25일 비동맹 외무장관회의에서 비동맹운동 정식 회원국 가입
12월 1일 3대혁명 붉은기 쟁취운동 개시

## 1976년
7월 23일 키신저 미 국무장관, 한반도 문제와 관련해 4자회담, 교차승인, 남북한 유엔 동시가입 제시
8월 18일 판문점 미루나무사건 발생
8월 19일 김일성, 판문점 미루나무사건 관련해 전군에 전투태세 돌입명령 하달

## 1977년
4월 11일 김정숙 따라배우기운동 전개
7월 1일 200해리 경제수역 선포

## 주요사건일지

**1978년**
1월 1일 2차 7개년 계획(1978~1984) 시작
4월 18일 사회주의노동법 채택

**1979년**
4월 3일 김정일, 김일성훈장 수훈(첫번째)
8월 12일 제1차 재일 동포 단기 조국방문단 니가타항 출항

**1980년**
10월 10일 조선노동당 제6차 대회, 사회주의 경제 건설의 10대 전망 목표, 고려민주연방공화국 통일방안 제시

**1981년**
12월 5일 사회과학원 민족고전연구소, 『리조실록』한글 번역 완료

**1982년**
4월 11일 김일성경기장 준공
4월 15일 주체사상탑 제막
7월 9일 김책제철소 노동자궐기대회, '80년대 속도창조운동'의 전국 확산

**1983년**
2월 1일 팀스피리트훈련 관련 전군 준전시상태 돌입
10월 9일 미얀마 아웅산사건 관련 대남 비난 성명 발표

**1984년**
9월 8일 합영법 채택

**1985년**
12월 12일 북한 핵확산금지조약(NPT) 가입

**1986년**
12월 30일 김일성, 남북 고위급정치군사회담 제의

**1987년**
4월 23일 「조선민주주의인민공화국 인민경제발전 제3차 7개년(1987~1993) 계획에 대하여」 채택
11월 19일 이근모 정무원총리·덩샤오핑, 북·중 총리회담

**1988년**
9월 3일 서울올림픽 불참 공식 선언

**1989년**
7월 1일 제13차 세계청년학생축전(~7. 8)

**1990년**
5월 24일 김정일 국방위원회 제1부위원장으로 피선
9월 28일 일본 자민당·사회당, 조선노동당과 북·일 3당 공동선언 채택
9월 30일 한국과 소련 공식수교 합의

**1991년**
9월 17일 남북한 유엔 동시 가입
12월 11일 제5차 남북고위급회담(~12. 13), 남북 기본합의서 채택
12월 24일 김정일 인민군 최고사령관 피선
12월 28일 나진·선봉 자유경제무역지대 지정(정무원 결정 제74호)

**1992년**
4월 9일 사회주의 헌법 수정
4월 20일 김정일 원수 칭호 받음
7월 19일 김달현 정무원 부총리 서울 방문, 남한 기업 북한 투자 촉구(~7. 25)
8월 24일 한·중 국교 수교

**1993년**
3월 12일 북한 핵확산금지조약(NPT) 탈퇴

4월 9일 김정일 국방위원장 피선
10월 5일 합작법 채택

**1994년**
1월 20일 외국인 투자 유리하게 합영법 개정
6월 28일 남북정상회담 예비접촉, 「남북정상회담 개최를 위한 합의서」 채택
7월 8일 김일성 주석 사망

# 참고문헌

- 김계동, 『북한의 외교 정책—벼랑에 선 줄타기 외교의 선택』, 백산서당, 2002.
- 김광운, 『북한 정치사 연구 I. 건당, 건국, 건군의 역사』, 선인, 2003.
- 김남식 외, 『해방 전후사의 인식 5』, 한길사, 1989.
- 김성보, 『남북한 경제구조의 기원과 전개—북한 농업 체제의 형성을 중심으로』, 역사비평사, 2000.
- 김성보·기광서·이신철, 『사진과 그림으로 보는 북한 현대사』, 웅진닷컴, 2004.
- 김재용, 『분단구조와 북한 문학』, 소명출판, 2000.
- 김진계 구술, 김응교 보고, 『조국』 상·하, 현장문학사, 1991.
- 류길재, 『북한의 국가 건설과 인민위원회의 역할, 1945~1947』, 고려대학교 박사학위논문, 1995.
- 박명림, 『한국전쟁의 발발과 기원』 1·2, 나남출판, 1996.
- 방기중, 『분단 한국의 사상사론』, 연세대출판부, 2010.
- 서동만, 『북조선 사회주의 체제 성립사, 1945~1961』, 선인, 2005.
- 소련과학원 동방학연구소 지음, 이용권 외 옮김, 『한국통사 (하)』, 대야, 1990.
- 신효숙, 『소련 군정기 북한의 교육』, 교육과학사, 2003.
- 에리히 레셀 사진, 백승종 글, 『동독 도편수 레셀의 북한 추억』, 효형출판, 2000.
- 와다 하루키 지음, 이종석 옮김, 『김일성과 만주항일전쟁』, 창작과비평사, 1992.
- 유용태·박진우·박태균, 『함께 읽는 동아시아 근현대사』, 창비, 2010.
- 이신철, 『북한 민족주의운동 연구—1948~1961, 월북·납북인들과 통일운동』, 역사비평사, 2008.

- 이종석, 『새로 쓴 현대 북한의 이해』, 역사비평사, 2000.
- 이종석, 『조선로동당 연구—지도사상과 구조 변화를 중심으로』, 역사비평사, 1995.
- 이충우, 『경성제국대학』, 다락원, 1980.
- 임영태, 『북한 50년사』 1·2, 들녘, 1999.
- 찰스 암스트롱 지음, 김연철·이정우 옮김, 『북조선 탄생』, 서해문집, 2006.
- 최동희, 『소련과 동구 관계론』, 종로서적, 1985.
- 森田芳夫, 『朝鮮終戰の記錄』, 東京: 嚴南堂書店, 1964.


- 기광서, 「1940년대 전반 소련군 88 독립보병여단 내 김일성 그룹의 동향」, 『역사와 현실』 28호, 1998.
- 김성보, 「북한의 민족주의 세력과 민족통일전선운동—조선민주당을 중심으로」, 『역사비평』 16호, 1992.
- 김성보, 「소련의 대한 정책과 북한에서의 분단 질서 형성, 1945~1946」, 역사문제연구소 엮음, 『분단 50년과 통일시대의 과제』, 역사비평사, 1995.
- 김성보, 「북한 정치 엘리트의 충원 과정과 경력 분석—정권기관 간부를 중심으로(1945~50)」, 『동북아연구』 3호, 1997.
- 김성보, 「북한 역사학계의 조선 근세사 시기구분 논쟁」, 『논쟁으로 본 한국사회 100년』, 역사비평사, 2000.
- 김성보, 「조선민주주의인민공화국의 수립」, 『한국사 52. 대한민국의 성립』, 국사편찬위원회, 2002.

## 참고문헌

- 김성보, 「전후 동북아시아 질서와 조일관계」, 이상태 박사 정년기념 논총 간행위원회 엮음, 『한국 전통사회의 재인식』, 경세원, 2006.
- 김성보, 「남북분단의 현대사와 개성—교류와 갈등의 이중 공간」, 『학림』 31집, 2010.
- 백준기, 「1950년대 북한의 권력 갈등의 배경과 소련」, 역사문제연구소 엮음, 『1950년대 남북한의 선택과 굴절』, 역사비평사, 1998.
- 윤경섭, 「1948년 북한 헌법의 제정 배경과 그 성립」, 성균관대 석사학위논문, 1995.
- 전현수, 「1947년 12월 북한의 화폐개혁」, 『역사와 현실』 19호, 1996.

# 찾아보기

## |ㄱ|

갑산계  157
강건  149
강동정치학원  156
강선제강소  212
강양욱  63, 70, 71, 80, 128
개인숭배  152, 197~199, 201
건국사상 총동원운동  94, 247
경무사령부  25, 34, 35
경성제국대학  119, 124, 126
고봉기  187, 198
과학원  229~231
국가계획위원회  126, 133, 147, 162
국토완정론  143
군기헌납운동  160
근로인민당  133, 134
『근로자』  128, 175, 176
금강정치학원  156
기독교사회민주당  47
김경석  35
김광진  22, 126, 229
김광협  154, 202
김구  32, 131
김규식  131
김기전  64
김남천  115, 237
김달현  65, 70, 117
김동원  21
김두봉  36, 38, 68, 71, 107, 115, 118, 128, 131, 174, 229
김두삼  126
김두혁  125
김명희  65
김삼룡  156
김석형  118
김승화  198
김영길  226
김용범  23, 40, 70
김웅  149

김을규  202
김웅순  24
김일  35, 130, 150, 154, 174
김일성  32~35, 38, 42, 47, 49, 71, 73, 78, 80, 86, 107, 112, 114, 118, 126, 128, 130, 131, 133, 143, 145~147, 150, 152, 153, 156, 157, 166, 174, 176~178, 181, 185, 195~204, 212, 214, 217, 221, 239, 240, 248~250
김일성대학  115, 118, 126, 229
김정주  64, 65, 128
김제원  95
김찬  126
김창덕  145
김창만  115, 154
김책  34, 35, 70, 112, 126, 147
김책제철소  220
김택영  117, 118, 128
김파  115
김한주  118
김희일  232

## |ㄴ|

남녀평등권법령  81, 93, 247
남북 제정당 사회단체 대표자 연석회의  129, 130
남북 제정당 사회단체 지도자협의회  129, 131
남일  222
남조선 단독선거 반대투쟁  130, 131
남조선노동당(남로당)  134, 146, 153, 154, 156, 157, 174, 201, 237, 250
남조선민주주의민족전선  146
노동영웅운동  95
노력영웅  216
농민자위대  89
농업 협동화  126, 177, 178, 182~189, 191, 192, 199, 229
농업현물세  89, 160, 185, 196
농업협동조합  161, 184, 187~189, 191
농촌위원회  84, 88, 89

| ㄷ |

대외문화연락위원회  221
대한청년단  148, 165
도상록  118, 229
도용호  23
도유호  229
독립동맹 경성특별위원회  68
동북항일연군  34, 36, 42

| ㄹ |

력사연구소  229~231
『로동신문』  107
리승기  229
리필규  198, 200
리효순  157

| ㅁ |

마오쩌둥  143, 145, 146, 231
말렌코프  176, 238
모스크바 삼상회의  42, 47, 51, 62, 63, 67, 68, 249
몰로토프  47
무산자동지회  65
무정  36, 38, 40, 68, 130, 150, 152, 157
문맹퇴치운동  95
문예봉  115
미곡성출 제도  88
미소공동위원회  62, 70, 73, 74, 77, 79, 80, 91, 106, 110
미코얀  200
민족간부  49, 119, 120, 127
민족혁명당  68
민주독립당  134

| ㅂ |

바실례프스키  25
박극채  118

박금철  154, 157
박문규  125, 133
박석정  238
박시형  118, 229
박영빈  120, 152, 154
박윤길  65, 128
박의완  198
박일우  112, 133, 147, 149, 157
박정애  23, 40, 128, 153, 154, 174
박창옥  152~154, 174, 195, 198, 200
박헌영  38, 133, 145, 147, 148, 153, 154, 156, 157, 174, 250
박효삼  68, 120
반동회의  221
반종파투쟁  201, 217
방호산  145
'배천 바람' 사건  187
백남운  68, 69, 115, 133, 229
백용구  23
복권구입운동  160
북조선 민주청년동맹  70, 107
북조선 인민위원회  94, 106, 109, 112, 113, 124, 129, 142
북조선 인민회의  110, 127~129, 132
북조선 임시인민위원회  50, 69~74, 77~82, 85, 87, 92, 94, 106, 110, 119, 125,~127, 142, 245, 246
북조선 직업총동맹  70, 107
북조선 행정국  32, 62, 63, 70, 71
북조선공산당  41, 69, 71, 106, 107, 109
북조선노동당  69, 106, 107, 110, 112, 113, 124, 128, 130, 132, 134
북조선민주주의민족통일전선(북민전)  106, 107, 109, 110, 130, 132, 146

| ㅅ |

3·1재현운동 사건  67
샌프란시스코 강화조약  219
서북 5도당 책임자 및 열성자대회  38, 40
서철  34, 35

# 찾아보기

서휘  198~200
소거리  161, 184, 191
소련계  36, 152, 157, 195, 198, 200, 201, 203
소작료 3·7제  88
송예정  178, 230
수양동우회  21
쉬킨  47, 49, 50
슈티코프  47, 145
스베레듀크  120
스탈린  145, 146, 176, 186, 197, 201, 219, 221, 228, 245, 250
신간회  21~23
신건회  117
신남철  118
신설정 그루빠  178, 230
신의주 학생사건  46
신천 학살사건  163, 166
신천박물관  163, 165
신탁통치  46, 62, 63, 244
신한민족당  134

| ㅇ |

안길  34, 35
안함광  115, 238
애국단체시국간화회  21
애국미 헌납운동  95
애국열사릉  150, 237
애국지주  87
애국평남호  21
양민산  68
양태원  32
언더우드  156
ML파  203
연안계(연안파)  36, 152, 157, 198, 202
오기섭  34, 38, 40, 73, 112
오윤선  21, 22, 29
유엔 한국통일부흥위원회(UNCURK)  148
윤공흠  198~200
윤기영  32, 73

윤순달  154
윤하영  47
윤행중  126
이그나티예프  115
이극로  115, 133
이기영  115, 128, 237
이동화  117, 118
이문환  73, 112
이바노프  198
이봉수  32, 73, 112
이북명  115
이순근  32, 73, 112, 125
이승만  32, 106, 148, 165, 225
이승엽  125, 133, 153, 154, 156, 174
「20개조 정강」  74, 77~79
이용악  236
이원조  154
이유필  23
이윤영  22, 42
이응진  64
이정우  117
이종식  118
이주연  22, 70, 73, 128
이주하  82, 156
이창인  28
이태준  237
이홍덕  28
인민민주주의  41, 49, 73, 77, 78, 81, 94, 109, 113, 127, 130, 134, 142, 177, 180, 204, 230, 242, 243, 246, 249, 251, 252
인민위원회  20, 23, 28, 29, 31~33, 47, 51, 69, 71, 72, 74, 77, 78, 80, 84~86, 88, 91, 92, 94, 106, 109, 110, 112~114, 120, 124, 129, 142, 154, 233, 248
인천 상륙작전  147
일요 선거 거부사건  80
일조무역회  222
임춘추  35, 150
임해  230
임화  115, 154, 237

| ㅈ |

장대현교회 사건  80
장시우  40, 112, 133, 154
장제스  145, 244
장종식  32, 73, 112, 117
재일 교포 귀국(북송) 사업  223~226, 228, 246
재일본 조선인총연합회  224
재일조선통일민주전선  224
전국 작가예술인대회  234
전석담  232
전우  145
『전진』  107
정달헌  40, 86, 128
정두현  117, 128
『정로』  107
정일룡  199, 230
정전협정  158, 174, 179
정준택  32, 112, 126, 133, 147, 199
정진태  73
제네바 정치회의  219
조·중 경제 및 문화합작에 관한 협정  181
조국광복회  34, 236
조국보위후원회  160
조국통일 민주주의전선(조국전선)  146
조동원  65
조만식  21, 22, 29, 32, 33, 42, 44, 46, 47, 49, 63, 64, 113, 249
조선 임시헌법 제정위원회  128, 129
조선 최고인민회의  132, 133, 147, 160, 216, 222
조선공산당 북조선분국  38, 40, 41, 62, 63, 67, 68, 70
조선노동당  115, 125, 153, 161, 174, 175, 183, 197~199, 204, 220, 224, 229, 230, 233
조선독립동맹  34, 36, 38, 62, 67~69, 143, 174, 185, 187, 200, 201, 203
『조선로동당 력사 교재』  178, 203
조선민족혁명당  68
조선민주당  42, 44~46, 49, 62~65, 85, 86, 107, 134
조선민주당 열성자협의회  63

조선신민당  38, 64, 67~69, 107, 109, 115
조선의용군  36, 38, 67, 120
조선인민군  130, 143, 145, 147~149, 153, 154, 157, 189, 201, 202
조쏘문화협회  71, 107, 115, 154
조쏘석유주식회사  93
조쏘해운주식회사  93
조영렬  32, 73
조일명  154, 156
조중연합사령부  149, 150
주영하  34, 70, 133, 154
중국 인민지원군  148~150, 181
중소분쟁  219, 245
중앙고급지도간부학교  120, 121
중요산업 국유화  74, 79, 81, 91~94, 245, 247

| ㅊ |

천도교청년당  64, 65
천도교청우당  64, 65, 67, 107, 134
천리마 기수  216
천리마 작업반  239
천리마 작업반운동  214
『천리마로!』  234
천리마운동  213, 216, 224, 247
청산리방법  217, 218
청산리정신  217, 218
최경덕  40, 70, 128
최광  150
최명학  23, 229
최승희  115
최용건  32, 34, 42, 63, 73, 112, 128, 130, 147, 198, 199
최용달  73, 124, 125, 127, 128
최용진  35
최종학  201
최창익  68, 178, 185, 198, 200, 230
최현  34, 35
치스차코프  25, 27, 29, 31

# 찾아보기

| ㅋ |

카프(KAPF, 조선프롤레타리아예술동맹)  115, 237
「콜론 보고서」  225

| ㅌ |

「토론만 하는 사람」  238
토지개혁  45, 50, 67, 73, 74, 77, 79, 81, 82, 84~89, 91, 94, 125, 187, 188, 244, 246, 247

| ㅍ |

8월 전원회의 사건  178, 195, 204, 230, 250
펑더화이  149, 150, 200
페트로프  198
평남 인민정치위원회  29, 63
〈평남관개시초〉  234
평안남도 건국준비위원회(평남건준)  22, 28, 46
평양 속도  213
평양혁명자유가족학원  117
품앗이  161, 184, 191

| ㅎ |

하토야마  222
한경직  47
한국독립당  68
한국임시위원단  127
한낙규  32
한동찬  32, 73
한미상호방위조약  174, 219
한빈  68, 117
한설야  115, 117, 237
한웅  23
한효  238
한희진  32, 73
함석헌  23
함흥 학생사건  80
허가이  36, 40, 124~126, 151, 152, 157, 174

현준혁  23, 29
홍기주  42, 63, 112, 128
홍기황  42, 63
홍명희  115, 131, 133, 147, 229
화요파  203
황건  237
흐루시초프  197, 219, 221, 245
흥남공장  126

부록_찾아보기 | 267